预算法律问题国别研究

Country Specific Analysis of the Legal Issues in Budget

傅宏宇　张明媚◎著

中国法制出版社
CHINA LEGAL PUBLISHING HOUSE

目录

第一章

预算法律问题概述

预算管理是国家财政治理的核心部分，推进公共预算制度的完善是建设法治国家的必然要求。预算问题，从纵向来看，是立法、执法与监督的过程；从横向来看，预算制度应当包括预算编制、预算审议、预算执行、政府债务管理、事权财权划分、转移支付、预算监督等内容。

一、预算及其发展形式

（一）预算与预算国家

预算制度和公共预算制度是两个概念，几乎现在所有的国家都建立起了预算制度，但是建立起预算制度的国家并不一定都是预算国家。国家政治制度和组织形式不是预算国家的决定因素，君主立宪制或者总统制，单一制或联邦制国家都可根据本国实际情况建立起预算制度。而预算国家的要求是预算制度的科学性和有效性——透明的预算和决算制度、完善的政府预算体系、有效的预算控制方式、完善的转移支付制度、预算执行合法、预算调整审批、国库管理制度健全、地方政府债务管理规范。预算编制与预算审批权力合一，预算审计不独立，预算不公开不透明，缺乏民主参与的预算制度不符合预算国家的要求。

（二）公共预算

公共预算强调预算制度的参与性，是预算经过一定时期的发展，按照科学的预算理论，结合本国国情进行了制度具体化后，建立起的现代预算制度。预算是政府的钱袋子，这是个固定概念。但公共预算不是一成不变的，公共预算是预算国家在当今这一历史阶段的实施方式，是当代世界主要预算国家的预算制度向透明化、民主化方向发展的产物。公共预算注重公民的对预算的参与程度，是一个宪政问题。公共预算的研究主要从预算编制和预算监督（财政透明与预算公开）两个角度入手。

（三）绩效预算

与公共预算一样，绩效预算也是现代预算制度的表现形式之一，预算制度绩效改革是世界主要预算国家的发展趋势。传统预算关注的重点是投入金额和支出项目，绩效改革将预算重点放在投入与产出的效率上。绩效预算强调提高财政资金使用的效益和政府的工作效率，提高政府公共服务的质量。预算绩效管理产生于私人部门，随后被应用到公共管理。根据公共选择理论的观点，公共管理与企业管理之间不存在本质区别，企业管理中的绩效管理、目标管理、结果控制等方法也可以运用到公共管理中；而且由公共部门提供公共服务造成资源浪费的可能性要更甚于私人部门。在实践中，绩效预算发源于英美国家，现在在许多国家已经推广开来。

在我们选取的国别研究对象国中，非洲国家处于颁布了预算法律，但尚未建成预算制度的阶段，对非洲国家预算制度的研究是为了吸取教训，避免出现同样的错误；美国、英国、法国和日本是偏重公共预算的预算国家，这些国家经济体量与我国有相似之处，其预算制度中对提高预算透明度和预算编制水平的经验是我们研究、学习的重点；北欧四国是当前预算制度比较完善的国家，因为北欧小国寡民高福利的特征，北欧预算制度呈现轻编制、重监督的特点，尤其是绩效预算改革之后，北欧国家的预算制度基本实现绩效监督管理，绩效预算是预算制度的发展方向，也是我国预算制度前进的目标和动力。

二、预算法律制度的主要内容

现代预算制度的两个基本特征是财政统一和预算监督。财政统一是指收入与支出要进行财政集中管理，体现预算的全面性。在 OECD 和 IMF 的范本中，预算的全面性是预算透明度、真实性的前提，是预算监督的基础。预算监督应覆盖预算的全过程，对预算编制、预算审议、预算执行、政府债务都要进行监督；监督的主体应该是多元的，既有来自社会的监督，又有独立审计机构和立法机关的监督。预算法案从通过、执行再到审计的过程，是一个年度立法案从确定受托责任到检验预算产出的过程。预算监督和财政统一相辅相成、互为表里，是预算目标得以实现的两个基本支撑点，预算制度的完善也多从这两方面入手。

（一）预算职能机关

预算过程中两个最重要的职能机关是立法机关和行政机关。职能机关的权力配置深受各国政治制度的影响，当今世界主要预算国家的立法机关均为两院制，上院与下院之间的权利分配往往在宪法中作出规定，立法机构和行政机构的权利配置则是在漫长的政治发展过程中，不断演变，最终形成的动态平衡。

1. 立法预算主导阶段

英国首先完成了对现代预算制度和预算权利配置结构的创设，体现在三个方面：一是实现全面性预算原则和预算收支的统一。预算收入方面，实现了税收收入的制度化和常态化，王室收入范围大大缩小，并受到议会严格控制；预算支出方面，拨款制度逐步形成并成为议会控制支出的主要方式。二是建立了清晰的政府预算收支分类体系，国家公共开支管理逐步加强。三是支出责任原则和审计体制的建立。

法国和美国的预算制度却代表了两种不同的发展方向。法国的行政体制使法国首先建立了强大的行政预算集中控制，在 1814 年首次正式编制了年度预算，随后确立的君主立宪政体才实现了立法机构对预算过程的监督。而美国首先创造了一个强大的联邦议会和州议会体系，使行政权力受到极大限制。联邦政府成立后的将近一个半世纪的时间里，预算权一直单独控制在国会手中，总统没有向国会提交预算的法定责任，各个行政机构准备年度收支估算并提交给财政部长，财政部长不可以进行任何修改，直接提交国会，联邦政府年度收入与支出法案都由国会独立、自主完成，以总统为首的行政机构只负责预算执行。在此期间，美国国会对拨款的控制经历了从宽泛到严格的转变。联邦政府成立之初，国会的拨款分为军事支出和非军事支出两类，二者均为一般性拨款，政府享有很大的自由裁量权。1809 年以后，国会渐渐加强对政府支出的控制，要求政府更清楚地说明款项的用途和挪用的理由。

2. 行政预算崛起阶段

立法机构在预算编制中的地位受到冲击是从 20 世纪国际交往加深、政府治理的范围和内容扩大、第二次工业革命对科技和经济的推动开始的，立法机构在预算中的作用开始向审核、监督转变。这种现象的出现几乎是必然的，历史的发展趋势使政府在国家治理中的地位越来越突出。立法机构的人员规模小、缺乏专业性知识、审议政府预算文件的时间有限等问题都使得立法机构在编制和审批预算中的地位下降，尤其是立法机构在审议整体预算目标的和中期支出框架的时候，因为没有掌握充足的时间或信息资源，只能行使“形式上”的权力。

美国在 1921 年通过《预算与会计法》，这是美国行政预算的起点。虽然国会保留了对总统预算修改的权利，但总统报送到国会的预算一般情况下都可以通过。随着凯恩斯主义得到广泛的接受，政府对宏观经济的干预加强，总统的话语权相对于国会得到了更多的发展。

3. 立法机构与行政机构共同发挥作用

在现代预算制度中，立法机构与行政机构共同发挥作用，立法机构的作用主要是预算监督与问责，行政机构则侧重于预算的编制和执行。财政平衡的重要性越来越突出。从长远来看，税收与预算决定了一国是否有长期、有效地实现国民需求的能力，而政府则是维持这种能力最主要的角色，所以政府不会轻易在预算收入与支出上将权力让渡出去。

政体决定了立法机构在对抗行政机构上的独立性。在类似英国的内阁制国家，政党通过精选争夺下议院议员席位，获得多数席位的政党为执政党，其领袖担任内阁首相，上台组阁。因此，行政权和立法权是掌握在同一内阁手中的，立法机构对预算的监督和审批也更倾向于缓和，一般不会提出异议。而在美国，两党在议会中席位的多少与执政党和非执政党的地位无关，因此立法机构对预算的监督和审批会更加严格，甚至拒绝通过。

（二）预算形式结构与基本原则

复式预算是指在预算年度内将全部政府预算收支按经济性质归类，通常是按照一般性支出和应有收益的资本性支出划分为经常性预算和资本性预算，分别会变成两个或两个以上的预算，并使二者具有稳定的对应关系。经常性预算主要反映税收收入和政府一般活动的经常性费用支出，采用政府会计账户收支对照方式；资本预算主要反映政府的各项资本性收支，如政府对国有企业的投资，对公共工程项目的投资、战略物资储备、政府贷款及各级政府债务等，其收入来源主要包括经常性预算转入结余、国债收入和国外借款收入等。

1. 复式预算起源

复式预算制度起源于丹麦，从 1927 年开始，丹麦就将国家预算分为经常性预算和资本性预算，但丹麦只是建立起复式预算形式。真正的复式预算始于瑞典，瑞典是一个公营事业非常发达的资本主义国家，瑞典从 1933 年开始采用复式预算制度，将公营事业预算列为资本预算，经常收支和资本预算分别编制，各自成为单独的预算，不加综合，经常性预算必须逐年平衡，资本性收入主要来自借债，资本性支出上限是借债可以带来的收益。1937 年，瑞典创立了“预算平衡基金”，按照商业循环实现周期性预算平衡，也就是说，在经济不景气时，经常性支出可以超过经常性收入，超支部分在经济繁荣的时候可以获得弥补。这种弹性平衡的预算原则存在一些问题，如果过分强调经常收入与经常支出的对应关系，那么在政府经常性收入较多的年份，可能会造成政府经常性支出不必要的膨胀；对于资本性预算而言，借债的额度往往由资本性支出决定，容易造成投资的浪费。因此，瑞典政府决定从 1966 年起，在经常性预算和资本性预算分别编制的基础上，另行编制一份总额预算，这样可以显示出整个政府收支的情况，进而充分与长期经济计划、长期财政预算、年度国民经济计划密切配合，更加有利于国家建设和经济发展。

2. 复式预算分类

各国的复式预算模式大致可以分为四类：

（1）经常性预算和资本性预算分离

不管名称为何，通过经常性预算和资本性预算的划分来表明政府各部门的资金活动状况。英国把预算分为统一国库基金预算和国家借贷基金预算，前者相当于经常性预算，后者相当于资本预算。法国把预算分为经常性业务和临时性业务，前者相当于经常性预算，主要用于无偿性收支核算，后者相当于资本预算，主要用于有偿性收支核算。

（2）设有各种资本预算账户

这种账户设置最典型的国家是日本。日本将中央政府预算划分为一般会计预算、特别会计预算和政府关联机构预算。一般会计预算记录国家基本职能的财政收支，收入来源主要是税收和国债收入，支出范围包括地方转移支付、国债支出、公共基础设施与维护支出、教育、国防及其他预算种类（特别会计预算、事业特别会计等）。特别会计预算是国家在经营特定事业上的项目支出，依照其功能、性质分为 17 项。政府关联机构是指政府特殊金融机构或经营特定公营事业的公司，是经政府授予特殊法律地位，拥有独立预算的法人；但由于其经费来源主要是政府拨款，根据全口径预算的要求，政府关联机构的预算、决算均需经过国会审议通过。

（3）在经济分类中进行明确划分

虽然有些国家没有单独的资本预算，但在支出的经济分类中对经常性支出和资本性支出进行明确划分，以便对预算中的资本性支出进行单独核算。

其重点在于强调预算的宏观经济政策意义，通过支出的经济分类分析设想主要支出的作用。美国罗斯福总统政府时期，将联邦预算划分为普通预算和紧急预算，以政府经常性收入支付普通预算，以债务收入支付紧急预算就是这种类型。

（4）转轨国家的预算形式结构

在转轨国家的预算形式结构中，经常性支出和资本性支出没有明确的划分，但是对支出划分为更细、更多的层次。国民经济部门大约被划分为几十个条款，这些条款比支出的经济分类更加接近具体项目和支出活动。

（三）预算编制要求

根据OECD和IMF的范本，预算编制程序在不同的国家可能存在差异，但预算编制的全面性和透明度却是普适性的要求。

1. 透明度

IMF从预算报告、财政预测与预算、财政风险分析与管理三个方面建议政府增强透明度，还制定了财政实践标准分级表，用于衡量政府的预算透明度水平。

（1）美国预算编制程度较为透明

美国联邦预算从编制到国会通过历时长达近1年半。在政府编制预算及议会审议预算各具体阶段，相关管理主体都要对预算内容进行充分地研究论证和沟通协商，并通过具体制度安排，为各相关利益主体提供表达预算诉求的机会。如议会审议政府提交的预算草案时，可举行听证会，要求部门首长说明有关情况并接受询问和质询，各部门首长也可为本部门预算安排进行辩护。预算通过后，除涉及国家安全和秘密的内容外，总统预算管理办公室要及时公开汇总版本，各部门要及时公开本部门预算。这些具体的制度程序设计和相关主体的参与，促进和保障了预算收支安排的科学合理。

（2）美国预算公开程度较高

美国预算的编制过程中，政府提交议会审议的预算草案以及最终批复的预算法律文本都要向社会公布。从公开内容看，主要包括三个部分：一是预算总体概述、主要经济政策和财政财务政策。二是按照功能、部门、项目三个类别分别列示预算数据。为了方便公民对预算的对比、分析和理解，还相应列明上述三个类别的历史年度预算数据（一般为前两年）。三是预算编制所依据的各项法律文件。总的来说，全面、完整、细化的预算编制确保了社会公众能够及时、有效地从公开的预算报告中全面了解各项预算数据和信息，是预算公开的前提和基础，也是预算透明度的保证。

（3）美国预算信息公开方式多样

联邦政府、州政府以及地方政府的预算文件均通过新闻媒体、公开出版物和互联网对外公布。随着信息技术的发展，依靠成本低廉的互联网进行预算信息发布成为美国政府大力推行的新方法。政府部门及各州议会的官方网站上，均有各种预算报告的链接，并且其信息系统的设计充分考虑到公众的使用便捷性，提供了多种检索模式和方法，民众可以通过查询系统看到每个部门每一笔的支出。这些网站通过柱状图等方式，清晰地说明各项支出之间的比例大小。公民监督预算的成本较以往大幅降低，可获得性也更高。

2. 全面性

《OECD 政府预算透明度最优实践》指出只有全面的预算报告才是制定政策、权衡利弊的基础。政府预算如果不是包含所有财政资源，而有一部分游离于预算控制和公众监督之外，很难实现真正的预算平衡。全面的预算报告，应该囊括以下内容:（1）预算或相关文件应当包括各项收入与支出项目的细目说明;（2）财务绩效数据，包括绩效目标，应提交具体支出项目;（3）中期预算：预算报告应该对之后至少 2 个会计年度的收入和支出发展情况进行预测；同时，本年度的预算草案应该体现之前预算案的预测结果，如果出现偏差，应当在预算案中作出解释;（4）决算与绩效：决算时要提供本年度预算案中的项目在过去一年中的实际收入和支出，绩效目标的实现情况也要与预算案中的绩效预测进行比较;（5）即使某些收入和支出项目是永久性的，也应该和其他年度项目一样计入预算报告;（6）支出应以总额的方式呈现，专项的收入和收费应该单独明确核算;(7)支出按照部门进行分类，依照经济和功能进行分类的支出也应该在报告中予以说明。

首先，美国各级政府高度重视预算编制的全面性，所有政府性收支均在预算中反映，不存在预算外资金活动。如美国联邦预算既包括所有联邦税收和举债收入安排的国防、外交等联邦政府日常开支和必要的公共服务支出，也包括来源于各种社会保险专项税收安排的社会保障、医疗保险等支出。其次，预算编制的内容较为细化，能够按照既定的标准，精确到具体的人和物，并且按照功能（functions）、部门（agencies）、项目（programs）等不同类别予以列示。如政府预算支出报告中，每个部门的支出被划分为三个部分：政府经常性支出、对地方政府的补助和资本项目支出。其中政府经常性支出是维持政府各部门正常开展工作的支出，按照功能划分为五个部分：人员经费（工资福利支出）、差旅费、设备购置费、合同服务费和设备维护费。最后，编制分类简单易懂，有效解决了预算专业性强、公众理解难度大的问题。美国政府预算草案采用了联合国推出的分类方法，按照政府职能对预算科目进行分类，包括普通公共服务与安全、社会服务、经济服务等。公众可以从中清楚地看到每一个部门具体的预算使用计划、使用目的和实际支出。为了方便公众阅读，预算部门还专门编写了简要说明，如每年财政部金融财务管理局编写的《公民阅读指南》(Citizen's Guide to the Fiscal Year)，用通俗的语言和生动的图表阐述每财年重要的财政收支数据、政府债务和资产情况等。

（四）中期支出框架

中期支出框架通常是一个为期3至5年，甚至更长，滚动编制的具有一定约束力和导向性的财政支出框架，有时也成为中长期预算编制。中期支出框架是一个由上而下确定财政资源总量、自下至上估计现行政策的即期和中期成本，最终在年度预算过程中匹配这些成本与可能资源的过程。由上而下确定财政资源总量，本质上是对未来宏观经济进行预测，明确财政政策目标，并估计财政收入与支出规模；自下而上估计现行政策的即期和中期成本则是政府各个部门仔细检查本领域的政策与活动，优化部门内部资金分配。预算制度比较完善的欧美国家大都建立了中期支出框架制度，美国除了中期支出框架外，更有长达几十年的预算支出框架。

1. 中期支出框架的实施阶段

中期支出框架从低到高可以分为三个层次，包含从初级到高级的三个阶段：一是中期财政框架（Medium–Term Fiscal Framework，简称 MTFF），是指政府自上而下地制定宏观经济和财政中期目标，包括政府在中期内的总收入和总支出预测。二是中期预算框架（Medium–Term Budget Framework，简称 MTBF），是政府各个部门共同参与，通过自上而下和自下而上的协商，制定中期支出的上限，尤其是对中期内支出项目的成本进行估计。三是中期绩效框架（Medium–Term Expenditure Framework，简称 MTEF），这是一种较为高级的阶段或形式，包括支出绩效的考核评价分析，还要实施产出预算，注重提高支出的效率，可以完整反映财政收入和预算的产出，更加注重对财政中期支出绩效的考量。这三个框架一般都要结合年度预算和财政经济发展情况进行滚动或不断更新。大部分国家在实施中期支出框架的过程中，是从中期财政框架到中期预算框架再到中期绩效框架逐步推进的，也有少数一些国家是直接从中期预算框架着手实施的。

2. 中期支出框架的编制形式

与年度预算不同，中期预算是主要着眼于宏观经济和财政发展趋势以及周期性财政收支平衡目标的实现，确定解决重大政治经济问题的财政政策框架。一般有三种形式：一是以报告年度为基年的滚动方式编制三到五年不等的预算计划，将年度预算纳入其中。二是以报告年度为中心，将年度预算予以前后扩展，只对原年度预算在形式上做一定修改。三是在预算中增加了某些中期预算的因素，对某些重点项目做重点反映。从形式上不难看出，中期预算即年度预算在时间序列上的拓展，具体实施时又要落实到年度预算中去。因此，中期预算和年度预算并不是相互排斥、相互分割的，而是相互补充、相互联系的。

以英国为例：英国确定的中期支出框架不仅是政府财政开支的计划，而且是经济发展总方向的建议。英国在确定中期支出框架时遵循两条法则：一是在经济周期中平衡预算，二是将政府债务控制在 GDP 的 40% 以下。

英国中期支出框架在实践中主要包括预算编制和支出审查两部分。中期支出框架的支出和收入确定均由财政部负责，其具体过程是财政部向各部门发出编制概算的通知，各部门编制概算估计书后提交财政部，财政部审核汇编出英国政府支出概算，最后与收入概算一起提交国会决议。预算支出的编制是为期 5 年的政府公共支出计划，并以白皮书的形式发表。英国的中期支出框架并不是以一个独立的文件出现，它与年度预算一起，作为“财政声明和预算报告”的一个组成部分共同提交给国会。中期支出框架审查主要包括两个方面，一是审查长期的政府支出情况，二是审查未来 3 年的部门支出资源分配情况。

英国中期支出框架主要通过以下三个方面实施：部门支出限额、年度管理支出和总管理支出。其中，部门支出限额通过支出审查，对每三年的财政支出进行计划和管理，将上年开支限额内的结余资金（资本支出不超过 5%，经常支出不超过 0.5%）结转下年使用，同时由财政部管理各部门开支限额的储备金。

（五）预算执行与调整

预算法案的执行应当具有一定的灵活性，以应对在财政年度中的突发状况，减少预测偏差给国家经济活动带来的损失，这就是预算执行中的调整制度。对政府预算收支数额、用途的变化，包括预算收入超额等，只要与预算法案不一致，都是预算调整的内容。大多数国家对预算调整的规定都非常严格。在我们选取的对象国中，法国的预算执行和调整制度最为完整，也最具代表性。

2006 年起，法国通过“任务”“项目”“行动”三个等级编制并执行预算，简化了预算结构，使其更具可读性。“任务”是议会表决通过的预算单位，对应某一项公共政策；"项目"代表了公共政策的实施框架，是一种有支出上限和绩效考核目标的预算细分单位；而"行动"把"项目"拆分成若干个步骤，实现"项目"要达到的目标，是实际发生预算支出的行为或活动。"任务"由一个或几个中央政府部门设立，如食品安全，往往需要数个部门之间配合协作，但每一个"项目"只与中央政府部门有关。

"任务"由几个不同的"项目"组成，同一"任务"内不同"项目"之间的支出比重可以进行调整。每个"项目"都设有中央主管单位任命的项目负责人，负责人的来源在新LOLF法（法国《财政组织法》，简称新LOLF法）中没有明确规定，通常是中央政府部门部长或秘书长等，接受议会财政委员会的监督，可能同时负责几个不同项目，负责人可以在同一"项目"内的不同"行动"之间调整预算分配比例①。这种预算资金分配比例的调整被称为可互换性。可互换性排除了公务人员薪金预算，具体来说，同一"项目"内的公务人员薪金预算可以用于补充其他类别的公共预算支出，但不能削减其他类别的公共预算支出用于支付公务人员薪金。一方面的原因在于公务人员的数量和薪酬标准比较固定，在一个财政年度内很少有大幅波动；另一方面的原因是在中长期预算中，法国为减少财政赤字，将采取裁减公务人员数量、减少公务人员薪金支出的措施。

根据新LOLF法预算执行框架，法国通过"任务""项目""行动"三个等级编制并执行预算，但在实践中，情况往往复杂得多。因此涉及地方政府部门的"项目"还可以被划分为"可操作性预算项目"（简称BOP）。BOP可以是国家级、大区级或省级项目，较为复杂的BOP还可以进一步被划分为"可操作性预算单位"（简称UO），UO是预算支出实际发生的阶段。与"项目"负责人类似，BOP与UO负责人也享有一定自主权，但他们无权调整项目内部预算资金分配。

---

①"项目"预算额度是强制性的，但"项目"内的资金分配比例是指导性的，项目负责人和议会都有权对其进行调整。

为了保证预算执行效果，实现绩效目标，新LOLF法建立了新的负责人协商管理体制，打破了2005年以前一直沿袭的行政级别等级制度，改变了行政级别与预算职能直接挂钩的传统模式。除了在“项目”预算上限内给予负责人调整预算分配比例的权利外，新LOLF法还特别授予“项目”负责人一定的人事权利，以加强“项目”-BOP、UO各级负责人之间的协商配合，促进绩效目标更好地实现。

（六）支出责任划分

1. 支出责任划分原则

政府间支出责任划分受政治、历史、文化等特定国情因素影响，具体项目划分上不存在统一的模式，但通常遵循如下原则：一是适宜性原则。政府各项职能的本质属性天然决定了其在各级政府间的最适配置。国防、外交等与国家利益密切相关，受益范围惠及全民的公共服务，应由中央负责；地方基础设施和消防等以特定区域居民为服务对象，受益范围限于某一区域的服务项目，则由相关地方政府负责。二是效率原则。地方政府更了解辖区内居民需求，凡是由地方政府处理，其行政效率更高的事务归地方，反之则由中央负责。三是法制规范原则。各级政府支出责任通过法律形式明确加以界定，同时，支出责任的调整应按照一定的法律程序，保持稳定性、规范性。

2. 支出责任划分方式分类

从市场经济国家实践看，中央政府主要承担国防、外交、国际贸易、货币、全国性立法和司法等事务；交通、教育、卫生、治安、消防、社会福利等的大部分为地方政府职责。不同国家之间的区别主要在于中央政府介入地方事权的范围与程度。

支出责任划分方式主要有三类：一是中央列举法。由宪法等法律单独列举中央或联邦政府的支出责任，地方概括剩余支出责任。按照这一划分方式，地方支出责任较多，代表国家如美国、日本。二是共同列举法。法律同时列举中央或联邦支出责任与地方支出责任，如有未列举的支出责任发生时，依据事务属性确定其归属，代表国家如加拿大。三是中央推定法。法律列举地方支出责任，而未列举的支出责任推定属于中央，即地方列举，中央概括，故中央支出责任较多，代表国家如南非。

与我国相类似，日本也是典型的单一制国家，但日本中央与地方政府之间的事权划分明确，地方事务分为地方政府的自治事务和受托事务，中央对地方政府的自治事务不会直接进行干涉，而是采用建议、劝告、资料提交请求、协商、更正请求的方式进行指导。在受托事务上，中央可以对地方政府进行适当干预，干预方式为建议、劝告、资料提交请求，协商、同意、许可、认可、更正指示、代替执行等。

（七）地方政府债务管理

地方政府债务管理模式由于各国宪法、法律和财政制度要求不同，中央政府对地方政府的行政控制力度差异较大，财经状况和金融市场成熟程度不一，因此，各国中央政府对地方政府举债控制的模式主要有市场约束、共同管理、制度约束、行政控制。

1. 市场约束模式

中央对地方政府债务管理不作具体规定，由地方政府基于市场秩序自我约束举借债务。目前，采用这种方式的主要有加拿大、芬兰等市场经济比较发达的工业化国家。在加拿大，省级政府举债不受任何宪法或联邦政府的限制，是否借款和借款额度直接受制于金融市场。由于需要一个或多个国际投资机构评定可授信债务额度，实际上各省不得不服从市场秩序。值得注意的是，与省政府不同，省以下地方政府必须按省政府要求进行经常性预算平衡。但各省均通过政府中介机构或以配套拨款方式帮助省以下地方政府举债。涉及长期借款的政府资本性支出必须获得省政府批准。

2. 共同管理模式

地方政府通过参与宏观经济政策目标及其相关指标的制定，与中央政府就各级政府的总赤字目标以及收支项目的增减情况达成协议。目前，澳大利亚、比利时、丹麦等国家采用这种管理模式。在澳大利亚，1927 年正式成立了代表所有地方政府和中央政府的专门借款委员会。根据有关规定，联邦政府和每个州政府需向借款委员会陈述下一年度的净融资需求，在符合国家宏观经济政策的情况下，借款委员会通过成员间的协商，决定联邦政府和各州政府下一年度的融资额度。

3. 制度约束模式

制度约束模式主要是通过法律条款及财经法规对地方政府借款实行管理和控制。目前，南非、巴西等国采用这种模式。在南非，地方政府的主体为市级政府，市级政府财政和债务管理的主要法律依据为 2003 年 7 月通过的《市级财政管理法案》。该法案对市级政府举债的条件、内容、程序、信息报露、风险防范、纠错和惩罚机制进行了详细规定。巴西在三次饱尝地方政府债务危机苦果之后，于 2000 年 5 月颁布了《财政责任法》及其配套法案，建立了三级政府在财政及债务预算、执行和报告制度上的一般框架，对地方政府举债进行了操作性极强的制度层面的量化指标约束。

4. 行政控制模式

中央政府运用行政手段管理地方政府债务，控制范围涉及债务规模、单笔借款、中央转贷地方等，既包括事前审批，也包括事后监控。这种管理模式在单一制国家更为常见。在日本，未经中央政府批准，地方政府不能举债。每年由中央政府制定地方政府贷款计划，内容包括地方债发行总额、用途、发行方式及每种发行方式的债务额度，并与“地方政府财政计划”同时拟定。在法国，中央政府对各级地方政府的债务和财政运行情况，主要是通过审计法院、经济和财政部以及该部派驻各省、市镇的财政监督机构进行监控。

发达国家地方政府举债方式倾向于发行债券或银行借款。美国地方政府主要通过发行市政债券举债，辅之以银行借款和融资租赁。美国市政债券分为一般责任债券和收益债券。一般责任债券是以发行机构的全部声誉和信用为担保并以政府财政税收为支持的债券。而收益债券则是与特定的项目或特定的税收相联系，其还本付息来自于特定项目的收入。发行方式主要有公募和私募两种，投资主体则主要有个人投资者、货币市场基金、共同基金、商业银行、保险公司、封闭式基金以及其他投资者。在日本，地方公债是日本地方债券制度的主体，是地方政府直接发行的债券，主要用于地方道路建设、地区开发、义务教育设施建设、公营住宅建设、购置公用土地以及其他公用事业。地方公共团体不能随便发行地方公债。法国地方政府的债务几乎全部来源于银行，很少发行债券。发展中国家更倾向于由中央政府向地方政府提供直接或间接的长期贷款，如印度地方政府从中央政府贷款所占份额一直较高，目前各邦对中央负债已由20世纪50年代占邦债务总额的50%上升到75%。

（八）债务风险控制

债务风险控制主要有债务规模、偿债准备金和风险评估与预警三种手段。英国在地方政府债务管理方面起步较早，经过多年来的积极探索，取得了显著成效。以英国为例，中央政府控制借款的目标是保障良好的财政秩序和保证公共部门债务维持在较低且可持续的水平之上。地方政府应将其借款保持在规模控制限额之内。在谨慎性制度下，虽然中央政府赋予地方政府借款更多的灵活性，但也采取一定的措施控制地方政府债务风险。中央政府规定政府债务余额应当低于GDP的40%，同时建立资本上限以满足可持续投资规则，地方政府在每年的预算和概算报告中，将资本上限中的地方政府自行筹集部分通过总量预测报告给财政部。

（九）政府间转移支付

财政转移支付是政府间财政资金的无偿流动，校正政府间纵向和横向的财力不均衡、实现宏观调控目标、保障公民统一的宪法权利。从学理上看，转移支付可以分为一般性转移支付、专项转移支付和分类转移支付三种。

1. 转移支付分类形式

一般性转移支付通常不设条件，不对支出项目和使用方式进行限制。专项转移支付和分类转移支出之间的界限不是很清晰，在不同国家差别也比较大，但共同之处在于对资金的使用形式附加一定限制。在名目不一的转移支付中，一般性的、不附条件的转移支付是主要形式。当今世界，主要国家都实行收支两条线的预算原则，政府收入上缴国库之后再进行统一分配，因此附加限制的资金分配是中央政府减少区域不平衡的有效手段之一。

转移支付总额度确定方式通常有两种，一是封顶式，日本即采用此种方式；另一种是开放式，英国、丹麦等采用此种方式。转移支付的总额度还与财权的集中程度有关，如法国，由于法国中央政府财权高度集中，所以对地方政府的转移支付力度非常大。

2. 英国转移支付测算方法

英国实行收支均衡模式的转移支付制度，转移支付分配不仅考虑各地区的收入能力，也将地区间不同的支出需求纳入考虑范围。其中，收入能力通常运用“代表性税制”方法测算，而支出需求的衡量多选择人口、辖区面积等因素，通过回归模型进行分析。就转移支付总额的确定而言，英国采用“基数调整”的方法确定转移支付总量。在前一财政年度的基础上，对本年度相关变量进行考察，如中央地方支出责任的调整变化，失业、社保等“市场敏感”领域的政策变化，物价与工资水平的变动，通货膨胀等。

3. 日本的一般性转移支付

日本转移支付的方式主要有地方转移支付税、国库支出金和地方交付税。地方转移支付税是一般性转移支付，其用途完全由地方政府决定，中央政府不对其进行限制或附加任何条件，地方转移支付税按照一定比例从五大国税中提取。地方转移支付税又可以细分为普通转移支付税和特别转移支付税。对国库支出金的用途，地方政府没有自由裁量权。

4. 地方分权改革下的法国转移支付

在法国，随着地方分权改革的推进，原属于中央的部分职能被下放到地方政府。为了让地方政府有财力完成这部分委托责任，通过税制改革，将部分中央税种改由地方征收，实现支出责任与收入的匹配；反之，如果中央政府出台税收减免政策侵蚀了地方税源或导致地方政府收入减少，则向地方政府进行税收补贴拨款。此外，由于分权改革尚在进行，央地财权事权在部分领域划分不甚明晰，法国还设有综合拨款指标（包括所有因政府职能转移导致的地方政府支出增加或收入减少），进行分类转移支付。

均衡性转移支付是法国转移支付制度的主要形式，均衡性转移支付通常不附限制性条件，接受拨款的省和市镇政府可以根据自主安排使用经费。均衡性转移支付总额的确定与 60 多项因素相关，如接受拨款地区的人口、经济水平、基础设施建设情况等宏观指数。除均衡性转移支付外，中央政府还通过专项转移支付进行拨款，明确限定资金的用途。

（十）预算监督

预算监督不仅仅是立法机构的职能，预算监督环节也不仅体现在预算审议一个阶段。在现代的预算制度的要求中，预算监督从主体上分至少应包括内部监督、外部监督两者，外部监督又可以分为独立的审计机构之监督、立法机构之最高监督、公民及社会各界监督；从时间上可以分为事前监督、事中监督和事后监督。随着绩效改革的推进，监督内容已经从预算投入向预算产出转变。独立审计机构的代表是法国的审计法院和日本的会计检察院。

1. 法国审计法院

审计法院是法国最高的经济监督机关，根据法兰西第五共和国《宪法》第 47 条规定，审计法院的职责是协助议会和政府监督财政法案及社会安全财政法案的执行。此外，审计法院有权对接受公共财政援助的民间机构、国有企业等进行审计。

法国审计法院独立行使职权，不受议会和政府的干涉。审计法院院长经内阁通过后由总统任命，实行终身制。审计法院按照业务分为 7 个法庭和 1 个检查庭，检察庭庭长由总理任命，负责提供审计业务法律咨询服务。全国下设 24 个地方法庭和 1 个海外庭。随着地方分权化的发展，审计法院的部分职权也开始下放。地方法庭负责审计地方政府预算、接受地方政府拨款的民间机构等。

审计法院的事前监督体现在对预算草案的审计上，确保其预算数据的真实性、准确性和预测过程的合法性。审计法院事后审计对象主要有预算执行报告、支出执行人、支出决策人。财政年度结束后，财政部长将预算执行报告首先提交审计法院，审核结束后形成一份核准通告，再将通告与预算执行报告一并提交议会审议。支出执行人和决策人的工作受审计法院监督，情节较轻的错误操作会在审计通告中披露，情节严重的违法行为则移交刑事机关处理。审计法院一般不再重复审计财政稽查局调查过的违法违规行为。审计法院的监督可以向前追溯 4 至 5 年。

作为绩效考核体系的一部分，预算执行绩效也是审计法院审计内容之一。审计法院的审计报告都将向社会公开，保障公民的知情权，增强预算执行透明度，接受舆论监督。

2. 日本会计检察院

根据日本《宪法》第 90 条的规定，每一年度，会计检察院审核国家收支决算，并于次年将决算及审核报告一同提交国会。《会计检查法》第 1 条规定，会计检察院独立于内阁。

会计检察院的决策机关是检察官会议，执行机关是总执行局。检察官会议由 3 位检察官组成，检察官由内阁指派，经国会两院同意后任命，任期 7 年。会计检察院院长是检察官会议知悉，由检察官互选，并由内阁任命。总执行局负责执行检察官会议之决策，下设一秘书处及五个执行局，执行局按职责进行划分，分别负责审计不同的政府部门。

（十一）国际组织对预算治理的建议

预算制度不同于经济或者贸易制度，其公法性决定了在区域合作领域难以深入展开。欧盟的财政趋同是迄今为止预算领域最为深入的实践。IMF 和世界银行、OECD 的在预算治理领域都发挥自身强大的研究能力，发布增强财政透明度、改善预算治理的范本。近年来，也涌现出一些以国际预算合作组织为代表的NGO，致力于提供独立的第三方意见。

1. 欧盟机构预算制度

欧盟本身作为超国家性质的组织，欧盟机构预算已经呈现出一些国家中央部门预算的特点。在欧洲一体化的过程当中，欧盟通过一系列的条约和法案建立起了自有财源，也形成了支出项目。而欧盟的预算政策深受欧洲一体化的影响，预算收入和支出也与成员国的经济状况和财政收入密切相关。欧盟预算包括年度预算和中长期预算，欧盟的中长期预算被称为“财政展望系统”（Financial Perspective System），1988年引入欧盟预算体系，2007年改称“跨年度财政框架”（Multiannual Financial Framework）。欧盟的年度预算是中长期预算的具体实施，财政框架为欧盟的年度财政支出设置了上限（ceiling），包括对总的支出额度和单个支出类别的限制。

2. 欧盟成员国之间财政趋同

欧盟成员国之间的财政趋同是欧盟财政政策协调的第二个层面的内容，与欧盟机构层面的预算协调相比，成员国之间的财政趋同更加复杂，难度也更大。欧盟为推行统一货币，1992年的《马斯特里赫特条约》中规定了五项趋同标准，其中与财政趋同有关的有两项：政府财政赤字不得超过GDP的3%，累积债务（public debt）规模不得超过GDP的60%。这两项标准是欧盟成员国财政趋同的基础。此后，伴随着金融危机、债务危机的困境，欧盟在这两项标准的基础上不断修正和完善其财政趋同政策，促进成员国财政一体化的发展。

3. 国际货币基金组织、世界银行范本

国际货币基金组织（简称IMF）的数据来源广泛，不同国家、不同地区之间的财政制度差别很大。为了使财政数据的横向可比性更强，IMF尤其强调财政政策的透明度。即使国家间政府会计核算基础不同、口径不一，但只有保证了财政文件公开、透明，IMF才能对数据进行技术性调整。IMF颁布了《财政透明度准则》（The Fiscal Transparency Code，简称《准则》），作为成员国增强财政政策透明度的范本。该《准则》包括两部分的内容。第一部分是财政透明度原则，第二部分是财政实践标准详解。IMF 提出的财政透明度原则包括预算报告、财政预测与预算、财政风险分析与管理三部分内容。可见，IMF 认为财政透明度的提高不局限于预算报告的公开，还应当包括财政预算的内容和财政风险分析与管理的公开性。

世行在 1998 年颁布了一份完整的《公共支出管理手册》(Public Expenditure Management Handbook),《公共支出管理手册》正文包括两部分内容：如何提高公共部门的预算和财政管理水平；如何识别预算和财政管理存在的问题。在第一部分中，世行指出，在限制预算部门权力的同时，要兼顾灵活性；财政政策、计划和预算放在同一个中期框架中统筹管理。世行和 IMF、欧盟等合作研究出 PEFA（public expenditure and financial accountability）模型，作为测试和评估公共财政透明度的工具。国际复兴开发银行和国际开发协会依赖政府公开的财政情况对其进行评估，多边投资担保机构（简称 MIGA）除了对经济宏观运行状况和政治稳定程度进行评估外，还需要根据这些具体的财政、政治情况确定保费和保额。因此，各国政府财政文件的透明度是世行开展工作的前提和基础。

4. 经济合作与发展组织范本

经济合作与发展组织（简称 OECD）与 IMF、世界银行虽然都致力于推动全球化进程和世界经济增长，但 OECD 不提供经济援助和贷款。IMF 和世界银行将政府财政指标作为合格贷款人的一项要求，而 OECD 的财政指导范本和财政治理建议是对成员国宏观政策进行数据收集和分析后，提出改善意见。

OECD 向成员国预算制度改革提供了两个范本，一是《预算治理建议书》(Recommendation of the council on budgetary governance)，二是《OECD 政府预算透明度最优实践》(Best practices for budget transparency)。《预算治理建议书》是 OECD 最新的研究成果，体现了较高的制度要求，试图传递给成员国的基本原则是：预算不仅仅是中央政府的职责，虽然国家之间各级政府的任务、自治水平不同，但预算管理同样要求各级政府的参与，预算制度和程序应该在各级政府之间协调、连贯、一致，政府有责任促进公民对预算管理的知情讨论。因为透明度对于预算制度的重要性，OECD 发布《OECD 政府预算透明度最优实践》，阐释如何提高预算透明度的范本，以供成员国参考。该范本包括预算报告、信息披露和预算监督 3 个方面的内容，从全面性、公开性、及时性、有效性和问责性 5 个角度进行了阐释。

5. 国际预算合作组织预算透明度调查

国际预算合作组织（International Budget Partnership，简称 IBP）是一个非政府间的专门性国际组织，在世界范围内开展预算公开化调查，通过问卷方式将国家预算透明状况量化。2006 年，IBP 公布了第一个关于预算透明度和公信力的独立性、比较性调查报告——《预算公开调查》（Open Budget Survey，简称 OBS），OBS 包括三个部分：预算文件的公开性、预算过程的参与性和正式机构（包括立法机关和最高审计机关）的监督力度。OBS 中的大部分问题是从预算实践得出答案，而非直接来源于法律的规定，以最大限度地减少法律执行带来的误差。OBS 是对问题进行打分后，得出一个预算公开指数（Open Budget Index，简称 OBI），指数越大，说明该国预算透明度越高。

IBS 根据公认的公共财政管理良好实践准则，通过衡量所有国家在预算过程中都应公布的 8 项重要预算文件的内容和及时性来评估预算信息的可用性。许多准则都源自多边国际组织，如国际货币基金组织（IMF）的《财政透明度良好实践准则》《公共支出与财政责任倡议》，经济合作与发展组织（OECD）的《政府预算透明度最优实践》与最高审计机关国际组织的《最高审计规则方针利马宣言》。上述指导方针的优势在于其对不同收入水平、不同预算制度国家的普遍适用性。

第二章

英国预算法律问题研究

一、英国财政体制概况

英国是最早创立议会制的国家。英国议会分为上院和下院，上院是贵族院，在立法过程中无决定权，仅对预算法案有一个月的拖延权，对其他立法案有一年的拖延权。拖延权并不能否决下议院议案成为法律，只能在时间上延迟。上院虽然没有立法决定权，但因其议员的特殊身份，对下院议案的修改和完善，能起到一定的积极补充作用。

议会下院议员由选举产生，任期不超过五年。下院有权削减内阁提出的预算支出，拒绝内阁的财政收入提案，要求内阁修改预算草案。但如果下院提议增加预算支出，则意味着议会对政府的不信任，首相则必须辞职或改选议会。

首相由议会下院多数党的领袖担任，领导内阁，可以任免内阁成员。内阁是政府的领导核心，也是议会的议员，在立法和行政活动中，都有极大的影响力。但内阁在预算中发挥的作用比较小，主要是对宏观经济政策和财政政策的讨论，其最主要的预算责任是决定预算上限。

二、英国预算制度概况

（一）预算制度历史沿革

英国是预算制度之母，现代公共财政和预算制度都诞生在英国。英国的预算演变历史非常漫长，支持王权的贵族与支持议会的贵族对垒，引发了光荣革命。议会权力战胜了王权，建立起君主立宪制国家——君主立宪意味着议会主权。19 世纪中叶，英国在没有范本可参照的情况下，内生性地解决了税收审批权、公共债务控制、支出控制、收支两条线等一系列问题，最终确定了预算制度，建立起公共财政。这在当时，是极具建造性的成就，为当今世界预算制度框架奠定了坚实的基础。

（二）预算职能机关

在预算法案制定过程中，动议权归政府，财政动议只能由政府向议会提出。批准权归议会，议会有权削减支出，要求内阁修改预算草案。但在实践中，因为议会多数党上台组阁，所以英国议会在修改预算方面的权力是非常有限的，与“预算决定型”“预算影响型”国家的立法机构相比，英国议会可谓“无预算作用型”。[①]

1. 财政部

英国财政部负责制定与执行财政政策，在预算编制、执行和监督上承担主要职能。财政部有权委派各部门的会计长（Accounting Officer），会计长负责该部门的财务管理、会计核算和内部审计工作。各部门会计长向财政部报告工作，并与国家审计署保持工作联系，发挥内部监督审计职能。

财政部还在公共支出、金融服务、税收征管等方面发挥作用，货币政策和金

---

① 立法机构影响预算决定的能力在于其对行政预算建议以及预算决策的内部程序上都具有权威。根据立法权威性的大小，可分为“预算决定型”“预算影响型”“无预算作用型”三种。

融管理政策的制定也由财政部负责。因此，英国财政部可谓独揽财权于一身。

2. 公共账目委员会

英国公共账目委员会是附属于议会下院的预算监督机构。其主要监督内容包括：政府各部门经费的用途；政府在对公共项目启动初期设定的控制措施和绩效目标，以及对项目是否达到绩效目标进行评估；审议并听证审计署的报告等。

公共账目委员会听证会由委员会委员、审计署审计人员、会计长等相关人员出席。听证会通常在审计署发布审计报告之后召开，是对报告的二次审议程序。通常，听证会的听证陈述人由部门会计长担任。听证陈述人在会上要回答问题，并提供准确、完整的证据材料，若委员提出要求，听证陈述人还需提交补充说明。

3. 国家审计署

英国国家审计署（National Audit Office）是独立的外部审计机构，对议会负责。英国审计制度可以追溯至1314年的国库审计员，1983年英国通过《国家审计法案》，将审计署从国库审计部独立出来，成为专门的审计机关，总审计长（the Comptroller and Auditor General）领导审计署，是下议院议员，有权向下院单独报告工作。审计署的工作围绕预算账目监督和绩效监督展开。

（三）预算原则

1998年，英国修改《财政法》，通过了《财政稳定发展法》，强调如下5项原则。（1）透明原则。公共预算必须透明和公开，议会审议通过之后，公开发布。（2）效率原则。公共预算应当从收入和支出两方面来考虑预算的社会经济效率。（3）公平原则。公共预算必须考虑代际之间的公平。（4）稳定原则。公共预算必须考虑对宏观经济稳定运行的影响。（5）负责原则。公共预算应当体现政府对财政管理、对社会负责的态度。

（四）预算责任原则

2011 年，英国颁布《预算责任与国家审计法案》，以规制预算责任及财政报告，设立预算责任机构—预算责任署，规定审计官的职权。该法案在第一部分开宗明义地指出了“预算责任原则”。

预算责任原则是由财政部制定的一系列具体规则，用于指导财政政策（含国家主权债务管理政策）的制定及实施。与预算原则不同的是，预算责任原则更加具体。预算责任原则应当列明，财政部出台的财政政策及国家主权债务管理的目标，财政部如何实现预期目标以及预算报告准备工作的披露情况。而且预算责任原则需要根据实际情况，定期修改。

三、英国预算编制

（一）复式预算结构

英国从 1996 年起实行复式预算制度。英国国库设立“统一基金账户”（Consolidated Fund Account）和“国家贷款基金账户”（National Loans Fund Account）分别对应经常支出项目预算和资本支出项目预算。经常支出项目主要包括：商品与劳务的购买支出、社会福利支出、对外援助支出、补贴支出、公共部门支出、利息支出等。资本支出项目主要包括：资本形成的投资支出、对公共部门的资本拨款、对私人部门的贷款支出等。

（二）预算编制程序

英国的一个财政年度为 4 月 1 日至次年 3 月 31 日。按照宪法规定，英国财政大臣负责预算编制。预算编制程序分为政府编制和议会审批两个阶段，在政府编制《拨款法案》阶段，财政部需要平衡政府部门之间的预算资源竞争，分配部门预算额度。从 1961 年起，英国开始施行公共支出调查程序（Public Expenditure Survey），将预算产出结果和预算资源分配结合起来，以

3年为一个期间，编制下一财年的预算支出明细及其后2年的预算额度预估。公共支出调查程序将未来3个财年的政府支出计划整合到一个文件中，使议会在审议预算法案时能够对政府未来的整体财政政策走势有所了解，但公共支出调查程序的约束力并不是很强，与实际支出规模往往存在一定差距，在预算执行过程中，需要通过预算调整和追加预算加以补充修正。

1. 部门预算编制

英国财政部在每年2月份会召集中央政府部门长官探讨年度重大议题，拟定公共支出调查程序指导意见，形成指导方针，这是预算编制的基础阶段。根据各部门讨论结果，财政部将下发预算编制指导性文件，向各部门解释下一财政年度预算编制的原则性条款。各部门根据财政部的要求测算本部门的预算支出需求，4月份之前，将下一财年和其后2个财年的预算需求估算结果，以及前一年的支出目标达成情况送交财政部。财政部将部门之间的支出项目顺位、上财年支出目标达成情况和各部门的预算需求作为预算资金分配的依据。

2. 内阁支出委员会讨论

5月份，财政部根据各部门提交的材料形成未来3年支出计划概算。在提交内阁讨论之前，由财政大臣担任主席、资深阁员组成的内阁经济国内支出委员会（Economic Domestic Expenditure Committee，简称支出委员会）将在专家顾问的协助下，对预算资金分配和绩效进行讨论，提出建议。内阁支出委员会的讨论是公共支出调查程序的一部分。

内阁支出委员会一般在7月上旬讨论完毕，7月底或8月初提交内阁讨论。内阁对支出委员会的建议鲜有修改，但预算需求被内阁支出委员会修改的部门部长可以与财政部长进行双边会谈。近些年来，随着政府部门削减支出压力增加，内阁支出委员会对支出上限的决策能力越来越强势，双边会谈的预算影响力大大降低。

进入11月，公共支出调查程序结束，各部门根据公共调查程序的反馈结果，尤其是预算额度上限，编制详细的支出项目计划。财政部整合各部门数据编制预算草案。预算草案编制完成后，进入议会审批阶段。

（三）预算审批程序

次年3至4月，财政大臣向议会提交正式预算报告，下议院进行三读审议。财政大臣要就预算案发表演说，详细阐述预算内容和经济状况，根据未来3年的经济发展进行预测，权衡公共支出重点。随后，下议院在野党主导质询，一读阶段的质询重点是政策层面的支出项目，不对预算额度进行调整，执政党议员也有质询权。质询结束后，下议院对《预算收入法案》中的税收收入提案进行投票，英国的税收分为两大类，一类是永久税，另一类是每年需要议会重新授权的年度税，如个人所得税、公司所得税等。年度税经过一读程序投票通过后，议会通过颁布财政法（Financial Law）① 使其可以先行生效，无需通过二读、三读程序。二读程序通常只持续一天，二读之后，预算草案送交议会筹款委员会、供给委员会（Supply Committee）② 等相关委员会讨论，委员会对预算草案进行详细审查并提出报告意见，这是议会修改预算草案的核心阶段。根据委员会审查意见，下议院会进入三读阶段，进行最后的投票表决。下议院表决通过后提交上议院审议，上议院因无否决权，上下议院之间并无争议。最迟在8月5日之前，英国国王签署同意，预算法案正式生效。

四、英国预算执行

英国自1998年起实行部门支出上限控制，对政府各个部门的支出规模分

① 英国的财政法（Financial Law）和财政法案（Finance Bill）在翻译时常发生误用。财政法是议会审议通过的年度税税率调整等修订内容；狭义的财政法案包括了税收收入在内的政府财政收入的全部内容。广义上，完整的财政法案指代整个预算法案，可以包括预算收入法案和拨款法案两部分。

② 英国的议会审议预算程序被称为Supply Procedure，3月份下议院会期被称为Supply Days，供给委员会也由此得名。

别设定上限，不再实行政府支出总量控制。英国政府部门的预算支出由部门预算支出和年度管理支出两部分组成，其中，部门预算支出限额以 3 年为基础编制，部门预算支出是财政部代表中央政府核定给各部门的支出权限，部门内部有控制权和支配权。部门预算支出总量大约占政府支出总量的 60%。年度管理支出是由议会授权财政部根据各部门实际情况分配的支出，由财政部直接向议会汇报，各部无权自行管理。年度管理支出每年审查 2 次，主要包括社会保障福利、对欧盟净支出、学生贷款等。

原则上，中央部门的支出必须经过财政部的同意，但在实践中，财政部将此项权力授予各部门，由部长负责其部门内支出预算的经济性和有效性；同时，各部门内会计长需要向议会相关委员会就本部门预算绩效执行情况进行说明。为此，会计长须按照财政部颁布的《内部审计指南》（Internal Auditing Manual）制定本部门内部预算执行规则。倘若会计长对部长批准的经费使用有异议，应向部长提出书面通知，甚至向审计署进行报告。由此可见，英国的部门预算执行制度，实质上也是预算监督制度的一部分，外部审计控制机制可以依赖内部审核体系协助实现预算执行的审核目的。

（一）预算调整

根据英国预算执行管理制度，预算支出需控制在年度预算总额内，但经过议会批准，一个部门可以在一个决议拨款中的两个款项之间进行拨转，但不能将一个决议拨款转到另一个决议拨款。根据年终的“灵活性计划”，占中央政府现金限额的资本总数的 5% 的资本支出可以结转到下一个年度。

追加预算需要先报财政部审核后，再报议会审批。在议会没有批准之前，包括首相在内，任何人都无权同意追加支出。由于追加支出涉及资金的再分配，因此议会像对待正式预算案一样对待追加预算，需要重新编制，故称为“修正预算”。英国议会通过的追加拨款从储备金或其他项目的减支中获取。

（二）集中支付制度

根据英国宪法规定，所有因应大不列颠及北爱尔兰联合王国支出所征收之款项应纳入统一基金，但基于本宪法或其他法律，得纳入国家贷款基金或其他公共基金之款项不在此限。国库资本项目支出委托英格兰银行（Bank of England，英国中央银行）代理，并支付英格兰银行手续费；经常项目支出由财政部设立的支付署（Paymaster General Office）统一处理支付事宜。如果出现入不敷出的情形，一般通过发行债券进行融资。

除了上述提到的统一基金账户和国家贷款基金账户外，英国议会还下设有国库现金账户（Paymaster General Cash Account）及国库提款账户（Paymaster General Drawing Account）。各个机构上缴国库的收入先汇入支付署在英格兰银行的国库现金账户，再集中到统一基金账户。英格兰银行定期汇总国库现金账户中子账户收入清单，既用于向财政部和总审计长报告，又用于审核各机构申报账目。与此相对应，国库提款账户承担各机构的费用支出功能，支付署根据各机构支出情况，将款项转入国库提款账户后再进行支取。这样的制度安排也是预算监督制度的一部分。

五、英国转移支付制度

英国是由英格兰、苏格兰、威尔士和北爱尔兰组成的联合王国，与美国式的联邦制存在很大差别。概括地说，英国是“地方分权型单一制”国家。

（一）地方政府组织形式

英国地方政府在享有自治权的同时，立法、司法和行政权都受到中央政府的严格控制。以财政制度为例，美国奉行的是财政联邦制，而英国的地方政府在财政上缺乏自主权，是中央政府的“代言人”。如地方政府的主要支出项目都由中央政府议决后交地方政府执行；地方政府资本支出需获得中央政府批准；地方政府举债或借贷需符合中央政府的规定，并获得批准等。

虽然地方政府组织层级不尽相同，但英国大体采用三级制的政府管理框架，地方政府主要包括苏格兰、威尔士、英格兰和北爱尔兰四个地区及其下辖大都会区（metropolitan）、郡（shire），在大部分郡之下，又有区（district）和县（county）两个层级，少数郡有第三层级称为自治区（parish）或镇议会（town council）。

（二）央地事权财权划分

1. 事权划分

中央政府提供全国范围内的公共产品和服务，通过财政支持等方式协助提供地方性公共产品与服务，即中央政府可能为区、郡道路修缮拨款。地方政府提供区域性公共产品和服务。中央预算支出主要担负国防、外交、高等教育、社会保障、医疗、国债支出和对地方政府转移支付。地方政府的预算支出主要用于基础教育、地方治安、消防、地区交通、住房、预防灾害、地区规划、对个人的社会服务和少量投资等。从中央预算支出所担负的任务看，中央预算支出通常占整个财政收入的80%左右，而地方预算收支缺口比较大，依赖中央政府拨款。

2. 征税权划分

根据事权划分，中央政府与地方政府实行严格分税制，不设共享税。中央政府征收的税种有：个人所得税、公司税、资本利得税、印花税、石油收入税、遗产税、增值税、消费税、关税、机动车辆税、博彩税等。国税收入占全国税收收入的90%。中央与地方政府预算收入按税种划分，中央预算收入约占全国预算收入的80%。国税是中央财政最主要的来源，英国的中央财政集权制度决定了地方政府自有财源十分有限，地方财政的来源是中央对地方的财政拨款、地税收入和地方自筹收入。

英国现行的地方税体系有两套，一是英格兰、苏格兰和威尔士实行的市政税（Council Tax）和统一营业税（Uniform Business Rates），以及辅助地方税（Supplementary Local Rates）；二是北爱尔兰实行的地方税制。统一营业税是中央税，由地方政府征收后上交中央，再由中央政府按比例分配给地方政府。辅助地方税包含了一些小税种，税率和收入规模都比较有限。地方政府只对本级政府的地方税有征收权及适当的税率调整权、减免权，而且受到中央严格限制。

（三）转移支付制度

英国中央政府的一般性转移支付称为收入支持补助制度（Revenue Support Grant System，简称 RSGS），RSGS 是以地方税收为来源的拨款，可以用于协调地区间的财政收入不平衡；此外，英国实行收支均衡模式的转移支付制度，转移支付分配不仅考虑各地区的收入能力，也将地区间不同的支出需求纳入考虑范围。其中，收入能力通常运用“代表性税制”[①] 方法测算，而支出需求的衡量多选择人口、辖区面积等因素，通过回归模型进行分析。

就转移支付总额的确定而言，英国采用“基数调整”的方法确定转移支付总量。在前一财政年度的基础上，对本年度相关变量进行考察，如中央地方支出责任的调整变化，失业、社保等“市场敏感”领域的政策变化，物价与工资水平的变动，通货膨胀等。

六、英国跨年度平衡

英国确定的中期支出框架不仅是政府财政开支的计划，而且是经济发展总方向的建议。英国在确定中期支出框架时遵循两条法则：一是在经济周期中平衡预算，二是将政府债务控制在 GDP 的 40% 以下。

英国中期支出框架在实践中主要包括预算编制和支出审查两部分。中期

---

① 代表性税制的主要内容是在分别测算各地区标准税基和税率的基础上，衡量地方政府的收入能力。其中，标准税基通常采用总量估算和分税种估算两种办法，选择 GDP 等相关因素，通过回归分析进行确定；标准税率通常用地方实际总收入占合计税基的比例表示。

支出框架的支出和收入确定均由财政部负责，具体过程是先由财政部向各部门发出编制概算的通知，各部门编制概算估计书后提交财政部，财政部审核汇编出英国政府支出概算，最后与收入概算一起提交国会决议。预算支出的编制是为期 5 年的政府公共支出计划，并以白皮书的形式发表。英国的中期支出框架并不是以一个独立的文件出现，它与年度预算一起，作为“财政声明和预算报告”的一个组成部分共同提交给议会。中期支出框架审查主要包括两个方面，一是审查长期的政府支出情况；二是审查未来 3 年的部门支出资源分配情况。英国中期支出框架主要通过以下三个方面实施：部门支出限额、年度管理支出和总管理支出。其中，部门支出限额通过支出审查，对每 3 年的财政支出进行计划和管理，将上年开支限额内的结余资金（资本支出不超过 5%，经常支出不超过 0.5%）结转下年使用；同时由财政部管理各部门开支限额的储备金。

七、英国地方政府债务管理

英国在地方政府债务管理方面起步较早，经过多年来的积极探索，取得了显著成效。在英国，有征税权的政府具有举债权，中央政府、苏格兰、威尔士和英格兰等有征税权的地方政府可以举债；北爱尔兰政府因其权力有限，不借款，无负债。为加强对地方政府债务的管理，1998 年，英国财政部正式成立专门的债务管理局。2000 年 4 月 3 日，债务管理局接替英格兰银行，开始全面履行中央国库现金管理的各项职能。此外，英国公共工程贷款委员会成立于 1793 年，1817 年成为常设机构，其核心职能是为地方政府资本性投资提供贷款并负责统一还款。

（一）地方政府债务管理框架

英国地方政府借款的制度框架包括公共工程贷款委员会贷款制度、谨慎性制度和偿债准备金制度。

1. 公共工程贷款委员会贷款制度

公共工程贷款委员会贷款制度提供的贷款基本实行固定利率。债务管理局根据1968年的《国家贷款法案》决定公共工程贷款利率，贷款利率的制定方法需得到英国财政部批准。贷款利率稍高于国债收益率，并尽可能接近政府其他借款利率。近年来，贷款利率基本控制在5%以下甚至更低。贷款的平均期限在40年左右。

2. 谨慎性制度

2004年4月，英国开始构建地方政府资本融资的谨慎性监管框架。这一制度框架要求专业化管理和自我管理，并遵守特许财政与会计协会颁布的会计原则，从而使地方政府可以对其固定资产投资进行更为有效地控制，以提供优质的地方公共服务。地方政府必须遵守专业化的谨慎性准则，同时，根据特许公共财政与会计协会确立的谨慎性指标，地方政府下令将债务规模控制在财政允许且满足地方政府资本投资需要的范围内。当地方政府违法或其借款计划超出承受能力时，中央政府将保留对地方政府谨慎性约束的权力。

3. 偿债准备金制度

英国中央政府规定偿债准备金应保持在债务本金4%的水平，这为控制地方政府支出提供了统一的标准。近年来，地方政府倾向于不再统一设定偿债准备金数额，而是根据债务项目、性质和构成的不同分别设定，以帮助地方政府结合自身特点并结合谨慎性制度确定偿还本息计划。

（二）政府债务风险控制

中央政府控制借款的目标是保障良好的财政秩序和保证公共部门债务维持在较低且可持续的水平之上。地方政府应将其借款保持在规模控制限额之内。在谨慎性制度下，虽然中央政府赋予地方政府借款更多的灵活性，但也采取一定的措施控制地方政府债务风险。中央政府规定政府债务余额应当低于GDP的40%，同时建立资本上限以满足可持续投资规则。在每年的预算和概算报告中，地方政府将资本上限中的自行筹集部分上报财政部。

八、英国预算审查监督

（一）审计署与总审计长监督

1. 审计署和总审计长的独立性

审计署隶属议会下议院，但在运作上，相比其他部门具有极大的自主权。审计署最高行政长官是总审计长，是下议院议员，完全独立于政府，其任命必须先由首相与下议院公共账目委员会达成一致，然后向下议院全院大会提出动议，再由下议院呈请英国国王颁诏任命；非经两院一致同意并呈请国王下诏不得解除其职务。为了保证其独立性，总审计长薪金由国库拨款，不受其他政府部门授权，且在职员任命、审计范围与方法上具有一定自由裁量权。审计署工作人员不是政府官员，其经费由公共账目委员会审核后报全院大会通过，不由政府拨款。

2. 审计署的审计内容

按照审计的时效划分，英国审计署在预算监督中承担以下两方面的工作：一是在下议院每年度的财政监督工作启动之前，审计署先行对政府各单位实施审计，并由总审计长向公共账目委员会提交审计报告。公共账目委员会再依据总审计长的报告，启动自己的监督工作。二是在下议院每年度的财政监督工作结束后，审计署再检查政府各部门的整改情况，并将结果报告议会。

按照审计内容划分，英国审计署在总审计长的领导下，主要进行两种形式的审计：一是就公共部门的账目进行财政审计（financial audit），确保预算资金按照预算法案的内容支出或纳入，保证账目按照公共会计准则记录，支出经过了授权。二是就公共部门的预算绩效进行评估，通过资金价值最大化报告（value for reports）评估预算资金使用的效率性和经济性。除了将审计报告提交公共账目委员会之外，总审计长还需将审计报告向社会公众公开。

（二）公共账目委员会监督

议会下院的公共账目委员会负责审查各部门提交议会的会计账目等决算资料，审查审计署的审计报告。公共账目委员会由 15 名议员组成，按照惯例，召集人由在野党议员担任。公共账目委员会在议会召开期间，每周集会 2 次，以听取被调查机关的会计官员的报告。每年向议会提交审查报告或建议。

审计署与公共账目委员会在职能实现上，是密切配合的。审计署的审议报告由于公共账目委员会的审核更能发挥其功能，公共账目委员会很少直接调查决算本身的数据或事项，而是在审计署的工作之上发挥作用。简言之，公共账目委员会可以被称为审计署在下院的专门委员会。公共账目委员会审查审计报告的程序是：针对审计报告的内容，充分听取被审计部门的意见，由总审计长根据报告内容进行解释和答复，公共委员会形成审查报告，报告内容主要是指出政府工作中存在的问题，并针对支出成果和绩效目标完成情况提出改进意见，下发给政府相关部门后，相关部门应在 2 个月内，就审查报告的内容作出答复。

（三）预算编制监督

除审计署和公共账目委员会外，下院中的其他委员会如全员委员会和各专业委员会（如运输委员会、就业委员会等）也对相应领域中的预算行为进行监督。英国预算支出和收入不是同时决定的，而是把收入和支出计划分开来编审执行，因此议会对政府预算编制的监督包括预算收入和预算支出两方面。

1. 收入监督

英国预算收入中最为重要的就是税收收入，而议会也主要通过控制税收来监督预算收入。议会对税收的监控分为两类：一是永久性税收立法，即不需要每年经过议会审议，政府可以按照相关规定征收（如关税），此类税种占总税种的 3/4 左右；二是每届会期必须通过的年度税，包括所得税、公司税、茶税和酒税等，其中对所得税率进行调整是非常重要的一项内容。议会表决通过的税收调整才能生效，成为预算法案的一部分。

2. 支出监督

议会主要通过以下几条途径来监督政府预算支出：一是年度授权制。按照支出期限，英国预算支出分为长期预算支出和年度预算支出。长期预算支出是已经得到议会授权，并长期有效，不需要每年申请拨款。年度预算支出是每年都要经过议会审批才能得到拨款的支出，大多数政府预算开支属于这类支出。议会通过年度授权制度有力地控制了预算支出。二是专项拨款制。议会拨给政府的款项都是专项拨款，专款专用，不得挪作他用。三是拨款审议制。政府向下议院提交年度开支概算和经费申请后，下议院全院大会要对概算举行审议表决，最后形成若干法案，授权英格兰银行向政府支付款项。四是开支审计制。议会通过《拨款法案》后，还要对政府开支进行审计。

（四）财政部内部监督

1. 会计长负责制

自 1920 年起，英国公共账目委员会采纳了财政部提出的会计长官制度。财政部向部门委派会计长，负责所在部门的会计核算和内部监督工作。虽然会计长一般由财政部任命，但立法机关和司法机关的会计长为保证独立性，只需财政部认可或承认。会计长的职责是提高该部门的财务管理水平，从经济和效益的角度出发，向部门长官提出建议。如果部门长官的决策侵害了部门支出的经济效益或有违规之处，会计长有权提出异议，并以书面形式向财政部和总审计长汇报。会计长按照法定程序汇报后，可免于承担个人责任。

2. 绩效监督

英国绩效预算改革始于撒切尔政府任内。1979 年撒切尔首相上台组阁后成立了政府绩效工作小组，任命雷纳爵士为效率顾问，开展“雷纳评审”，重点对政府行政和经济效率进行评估。“雷纳评审”促使政府部门开始关注预算支出的产出和结果。1981 年开始，政府绩效工作小组成为财政部常设部门，绩效评估结果向内阁和议会报告。1988 年，英国通过“下一步行动法案”，将绩效评估报告纳入政府定期公布的报告之一。在地方政府层面，2003 年布莱尔政府开始运用“全面绩效评估”（Comprehensive Performance Assessment）体系对地方公共实体进行绩效评估。

1997 年布莱尔政府通过了《支出综合审查法案》，根据该法案，公共部门需对预算支出进行全面审查，向议会提交《秋季绩效评价报告》。财政部通过与各支出部门签订公共服务协议（Public Service Agreement），明确支出绩效目标。公共服务协议的内容是财政部进行预算支出评估和绩效考核的重要依据，主要包括责任条款、目标条款和实现目标计划。公共服务协议期限一般为 3 年，一经签订即通过网络、出版物等方式向社会公布，因此也为公众监督预算提供了可比性数据。

九、结语

英国是议会制度之母，同时也是最早建立起公共财政制度的国家。19 世纪中叶，英国在没有范本可参照的情况下，内生性地解决了税收审批权、公共债务控制、支出控制、收支两条线等一系列问题，最终确定了预算制度，建立起公共财政。这在当时，是极具建造性的成就，为当今世界预算制度框架奠定了坚实的基础。

英国名义上实行议会财政制度，议会控制政府财政收支，但在实践中，英国议会在修改预算方面的权力非常有限。英国议会分为上院和下院，上院是贵族院，在立法过程中无决定权，仅对预算法案有一个月的拖延权，对其他立法案有一年的拖延权。拖延权并不能否决下议院议案成为法律，只能在时间上延迟。上院虽然没有立法决定权，但因其议员的特殊身份，对下院议案的修改和完善，能起到一定的积极补充作用。下院有权削减内阁提出的预算支出，拒绝内阁的财政收入提案，要求内阁修改预算草案。

英国财政部负责制定与执行财政政策，在预算编制、执行和监督上承担主要职能。英国公共账目委员会是附属于议会下院的预算监督机构。英国国家审计署是独立的外部审计机构，对议会负责。总审计长领导审计署，是下议院议员，有权向下院单独报告工作。审计署的工作围绕预算账目监督和绩效监督展开。从预算编制、预算执行到预算监督，每个环节都切实体现了英国预算的透明度与公开性。

英国预算编制的周期很长，年度预算编制包括下一财年的预算支出明和和其后 2 年的预算额度预估。这是从 1961 年起英国开始实行的公共支出调查程序的要求，将预算的计划性和实施效果统一到一个文件中，使议会在审议预算法案时能够对政府未来的整体财政政策走势有所了解，也为预算资源的分配提供参照。但公共支出调查程序的约束力并不是很强，与实际支出规模往往存在一定差距，在预算执行过程中，需要通过预算调整和追加预算加以补充修正。英国的预算编制从部长集会开始，由财政部召集，拟定预算编制指导性文件。各部门根据财政部的要求测算本部门支出，在 4 月份之前，提交本部门的预算数据。经过财政部汇总，在 5 月份将未来 3 年支出计划概算提交内阁委员会讨论，根据内阁委员会的反馈结果，财政部整合各部门数据编制预算草案。预算草案编制完成后，进入议会审批阶段。次年 3 至 4 月，财政大臣向议会提交正式预算报告，财政大臣要就预算案发表演说，经过一读质询后，进入二读、三读程序，下议院表决通过后提交上议院审议，上议院因无否决权，上下议院之间并无争议。最迟在 8 月 5 日之前，英国国王签署同意，预算法案正式生效。

英国自 1998 年起实行部门支出上限控制，对政府各个部门的支出规模分别设定上限，不再实行政府支出总量控制。英国政府部门的预算支出由部门预算支出和年度管理支出两部分组成，其中，部门预算支出限额以 3 年为基础编制，部门预算支出是财政部代表中央政府核定给各部门的支出权限，部门内部有控制权和支配权。年度管理支出是由议会授权财政部根据各部门实际情况分配的支出，由财政部直接向议会汇报，各部无权自行管理。英国实行集中支付制度，国库下设统一基金账户、国家贷款基金账户、国库现金账户和国库提款账户，由财政部下设的支付署或英格兰银行统一处理支付事务。

英国中央政府在财政上高度集权，地方政府在财政上缺乏自主权且自主财源极为有限。中央政府与地方政府实行严格分税制，地方政府有征税权及适当的税率调整权、减免权，但同样受到中央的严格限制。国税是中央财政最主要的来源，地方财政的来源是中央对地方的财政拨款、地税收入和地方自筹收入。英国中央政府的一般性转移支付称为收入支持补助制度，综合考虑不同地区之间的收入能力和支出需求，根据“基数调整”的方法确定转移支付总量。

在英国，有征税权的政府具有举债权，中央政府、苏格兰、威尔士和英格兰等有征税权的地方政府可以举债；北爱尔兰政府因其权力有限，不借款，无负债。英国地方政府借款的制度框架包括公共工程贷款委员会贷款制度、谨慎性制度和偿债准备金制度。在谨慎性制度下，虽然中央政府赋予地方政府借款更多的灵活性，但也采取一定的措施控制地方政府债务风险。中央政府规定政府债务余额应当低于 GDP 的 40%，同时建立资本上限以满足可持续投资规则。在每年的预算和概算报告中，地方政府将资本上限中的自行筹集部分上报财政部。

预算审查监督职能主要由审计署和公共账目委员会行使。审计署与公共账目委员会在职能实现上，是密切配合的。审计署的审计报告由于公共账目委员会的审核更能发挥其功能，公共账目委员会很少直接调查决算本身的数据或事项，而是在审计署的工作之上发挥作用。简言之，公共账目委员会可以被称为审计署在下院的专门委员会。公共账目委员会审查审计报告的程序是：针对审计报告的内容，充分听取被审计部门的意见，由总审计长根据报告内容进行解释和答复，公共委员会形成审查报告，报告内容主要是指出政府工作中存在的问题，并针对支出成果和绩效目标完成情况提出改进意见，下发给政府相关部门后，相关部门应在 2 个月内，就审查报告的内容作出答复。

英国绩效预算改革始于撒切尔政府任内。1979 年撒切尔首相上台组阁后成立了政府绩效工作小组，1981 年开始，政府绩效工作小组成为财政部常设部门，绩效评估结果向内阁和议会报告。1997 年布莱尔政府通过了《支出综合审查法案》，根据该法案，公共部门需对预算支出进行全面审查，向议会提交《秋季绩效评价报告》。财政部通过与各支出部门签订公共服务协议，明确支出绩效目标。公共服务协议的内容是财政部进行预算支出评估和绩效考核的重要依据，主要包括责任条款、目标条款和实现目标计划。公共服务协议也为公众监督预算提供了可比性数据。

第三章

日本预算法律问题研究

一、日本财政体制概况

根据日本《宪法》的规定，日本是立法、行政、司法三权分立的议会内阁制国家。日本天皇是国家和国民的象征，统而不治。国会是立法机关，由参议院和众议院组成，众议院有较多的立法权和最后决定权。当参众两院关于预算不能达成一致意见时，众议院决议可以直接压倒参议院[①]。《宪法》第65条规定："行政权属于内阁。"议会选举产生首相，首相任命国务大臣共同组阁，行使行政权力。内阁是日本最高行政机关，对国会负责。首相由国会提名，天皇任命。其他内阁成员由首相任免，天皇认证。

"二战"以后日本实行集权型财政管理模式，地方政府收入的2/3上缴中央，同时承担着2/3的财政支出，央地关系紧张，财权事权划分不合理，地方政府过度依赖中央政府转移支付。20世纪90年代，日本经济萧条，政府陷入严重的债务危机，日本开始推行地方分权改革。1993年6月，日本通过颁布《关于推进地方分权的决议》拉开了地方分权改革的序幕。1995年5月出台《地方分权推进法》，提出改变东京单极集中化、地方过疏化及产业空洞化的现象，建立地方自主的行政与财政体制。1999年，日本国会通过了《地

① 在预算问题上，两院决议不同时，众议院可以压倒参议院形成最后意见；而在其他立法程序上，众议院出席议员的2/3以上多数再次表决同意才能通过。这种程序差异是因为日本宪法对预算法案和一般法律的立法程序规定不同造成的。

方分权一揽子法案》，确定了进行事权分配时必须确保地方自主财源的方针。2002年6月，日本政府《基本方针2002》提出了把削减国库补助负担金、税源转让和调整地方交付税作为三个基本出发点，进行一体化改革的构想。

二、日本预算制度概述

日本现行的预算制度基本框架由“宪法—财政法—会计法—预算决算及会计令”等组成。日本宪法第四章与第五章关于国会和内阁的规定，阐释了立法权和行政权的财政权限，尤其是在预算编制和预算审议上的规定，是日本预算制度的权利分配基础。《宪法》第七章是关于税收和财政支出的规定。《财政法》是日本的预算法，包括财政总则、会计区分、预算的指定、预算的执行、决算和其他规定。会计法是关于政府会计原则和会计操作的法律。预算决算及会计令由国会颁布，是财政法和会计法的具体施行规则。

（一）预算职能机关

1. 财务省

根据日本《宪法》第73、86条的规定，预算动议权属于且仅属于内阁。内阁编制年度预算案提交国会审议。内阁中的财务省[①]是预算编制的主要机关，财务省在编制完成概算后提交内阁讨论，内阁会议通常不会进行大幅度修改。财务省分为本省及外局两部分，本省下设内部部局、施设等机关和地方支分部局。内部部局为国家财政事务主管机构，设有大臣秘书处（Secretariat）、主计局、主税局、关税局、理财局、国际局。外局为国税厅。其中，主计局负责预算收入支出和决算的编制，主税局负责税收制度的制定及税务管理。主计局下设7个课级单位：总务课、司计课、法规课、给与共

① 日本财务省是日本的中央财政机关，主管日本财政、金融、税收。2001年，日本重新编制中央部门时，改大藏省（おおくらしょう）为财务省。

济课、调查课、主计官、主计监察官。除调查课外，其余各科均分别承担一定的预算职能。主计官共12名，负责预算的编制与执行、国家预备金的管理、国家决算的编制和地方公共团体支出的相关事务。调查课负责财政制度运行情况的调查、制定长期财政运营方针、统计并分析财政数据。给与共济课在参考预算中给付部分后，制定公职人员出差费用及保险互助制度。司计课负责支出行为认证、决算管理、国家账簿的管理、预算执行中的监督和调查、政策评价调查、预算执行情况调查等。主计监察官是监督部门。

2. 国会

根据日本《宪法》第41条的规定，国会为最高国家权力机关，并为唯一的立法机关。国会预算委员会是预算审议的主要机构，参议院和众议院预算委员会分别设有45、50名委员，人数均为两院委员会之最。预算委员会又分为数个小组委员会，设有顾问团，协助委员解决专业问题。预算委员会质询采取一对一方式——议员提出质询后，政府官员当即作出答复。议员质询时间按照党派在预算委员会的席次分配，执政党只占一席。预算委员会设有一个专门理事会，协调各党派发言次数及时间。预算委员会的质询按照“总质询—一般质询—公听会—分科会—总结综合质询—辩论”依次进行，最后付诸表决，审议全程约23个工作日。

3. 会计检查院

根据日本《宪法》第90条的规定，每一年度，会计检查院审核国家收支决算，并于次年将决算及审核报告一同提交国会。《会计检查法》第1条规定，会计检查院独立于内阁。日本的会计检察院相当于审计署。

会计检查院的决策机关是检察官会议，执行机关是总执行局。检察官会议由3位检察官组成，检察官由内阁指派，经参众两院同意后任命，任期7年。会计检查院院长是检察官会议主席，由检察官互选，并由内阁任命。总执行局负责执行检察官会议之决策，下设一个秘书处及五个执行局，执行局按职责进行划分，分别负责审计不同的政府部门。会计检查院组成人员的职数由会计检查院自行决定，不受《行政机关职员数额法律》的调整，以显示其人事独立性。

（二）预算种类

日本将中央政府预算划分为一般会计预算、特别会计预算和政府关联机构预算；地方政府预算划分为一般会计预算与公营事业会计预算。

1. 一般会计预算

一般会计预算记录国家基本职能的财政收支，收入来源主要是税收和国债收入；支出范围包括地方转移支付、国债支出、公共基础设施与维护支出、教育、国防及其他预算种类转出等。

2. 特别会计预算

特别会计预算是国家在经营特定事业上的项目支出，依照其功能、性质分为 17 项。如下图所示：

<table>
<tr><td rowspan="12">事业特别预算（共 12 项）</td><td>企业特别预算（1 项）</td><td>国有林野事业特别预算</td></tr>
<tr><td rowspan="7">保险事业特别预算（7 项）</td><td>地震再保险特别预算</td></tr>
<tr><td>劳动保险特别预算（劳动保险与船员保险）</td></tr>
<tr><td>森林保险特别预算</td></tr>
<tr><td>贸易保险特别预算</td></tr>
<tr><td>年金特别预算（厚生保险与国民年金）</td></tr>
<tr><td>农业互助再保险特别预算</td></tr>
<tr><td>渔船再保险以及渔业互助保险特别预算</td></tr>
<tr><td>公共事业特别预算（1 项）</td><td>完善社会基础设施特别预算（城市开发资金、治水、道路、港湾与机场建设）</td></tr>
<tr><td rowspan="3">行政事业特别预算（3 项）</td><td>食品稳定供给特别预算（完善农业基础与粮食管理）</td></tr>
<tr><td>汽车安全特别预算（汽车损害赔偿保险与汽车安全检查）</td></tr>
<tr><td>专利特别预算</td></tr>
</table>

续表

资金运营特别预算（共 2 项）	财政投融资特别预算（财政融资与产业投资）	
	外汇资金特别预算	
其他（共 3 项）	整理划分特别预算（2 项）	转移支付税以及让与税分配金特别预算
		国债整理基金特别预算
	其他（1 项）	能源对策特别预算(电源开发与石油能源）

3. 政府关联机构预算

政府关联机构是指政府特殊金融机构或经营特定公营事业的公司，是经政府授予特殊法律地位，拥有独立预算的法人；但由于其经费来源主要是政府拨款，根据全口径预算的要求，政府关联机构的预算、决算均需经过议会审议通过。2008 年 10 月 1 日根据《株式会社日本政策金融公库法》进行调整后，目前包括 2 家银行、1 家金库和 1 家公库[①]，由财务省进行管理。

4. 地方政府预算

日本地方行政机构被称作地方自治体，有一都（东京都）一道（北海道）二府（大阪府、京都府）和 43 县。都道府县下设若干市、町、村。地方预算分为一般会计预算与公营事业会计预算。一般会计预算是针对一般性政府职能的支出，如教育、消防、警察等；公营事业会计预算是针对服务设施的支出，如住宅、公共运输等。每一财政年度开始前，中央政府对地方政府基本状况进行考察，以决定预算分配战略及下一年度政府间的基本财政政策。为此，自治省[②]必须对各级地方政府的支出和收入状况进行判断，供中央政府决策。

① 公库即国家政策性金融公司。2009 年 1 月日本政策金融公库改名为日本公库。

② 自治省是日本中央省厅之一，主管地方自治事物，代表或协助首相控制和监督地方政府。

三、日本预算编制

（一）预算案内容

日本政府的全部收入和支出都应当纳入预算。根据《财政法》第16条的规定，预算案内容包括预算总则、年度收支预算、跨年度经费、结转经费以及国库举债行为。

1. 预算总则

预算总则是年度预算总则性的规定。预算总则的主要内容是对财政运作的必要基础事项加以列支，提交议会事先议决。主要包括限额和范围等项目。如年度预算、跨年度预算、结转经费和国债的概括规定，国债及国债的限额，公共事业支出的范围，短期国债的限额。

2. 年度收支预算

日本实行部门预算编制方法，按照《财政法》的规定，年度收支预算按照组织单位进行区分。部局机关的预算收入，先按照性质加以划分后，再以项目进行区分。预算支出按照省厅所辖范围进行划分后，再按照所辖各部会、外局、附属机关之部局等组织进行区分，部局按照项、目进行编列。“项”是按照目的进行的分类；“目”是以支出对象进行分类。预算收入编制的最小单位是项，而预算支出则编列至目。议会在进行表决的时候，也表决到项为止，以保证适度的灵活性。

3. 跨年度经费

跨越多个财政年度才能完成，且有特殊需要的国家工程、建设等跨年度支出项目，在确定其经费总额以及年需求额的条件下，先经国会表决，然后按照该表决规定，可跨年度年支付经费。跨年度项目年限一般不超过5年，但在国会表决通过的情况下，可以延长其期限。跨年度经费经批准后，在以后的年度预算审查时，国会还会重复审查该跨年度经费。

4. 结转经费

从项目支出性质及预算执行进度来看，预算在本年不能全部支出时，经过国会表决通过，可结转至下一年度。

5. 国库举债行为

政府超出年度预算支出总额的举债行为，必须向议会提交预算，并经议会表决。在赈灾或处于紧急情况时，政府可以在议会批准的年度预算额度内举借债务。通过政府举借债务方式筹措的资金，应在该财政年度以后的5个年度内支出。但是，通过议会表决延长其年限的，支付给外国人的工资及养老金，地方公共团体的债务担保、债务的本息或利息的补充、土地、建筑物的租金以及国际条约规定的分担金等有关资金，如有法律规定的，不受此限制。

（二）编制程序

日本的财政年度为每年的4月1日至次年的3月31日。具体编制流程在《财政法》中作出规定。议会、法院和会计检查院享有独立的预算权，财务省无权审查。

1. 预测及概算程序

（1）年收支预测

为了在内阁进行预算的统一调整，众议院议长、参议院议长、最高法院院长、会计检查院院长，必须在每个财政年度都起草自己所管辖的年收入、年支出、跨年度经费、结转经费以及国库债务举借行为有关的概算草案，并提交给内阁。首相和各中央部门部长，必须在每个财政年度起草自己所管辖的年收入、年支出、跨年度经费、结转经费以及国库债务举借行为有关的概算草案，将其提交给财务大臣。

（2）年收支概算

财务大臣必须在征求各方面意见后，对上述概算草案进行必要的调整，编制年收入、年支出、跨年度经费、结转经费以及国库举债行为的概算草案，且必须通过内阁会议的表决。内阁在进行前项表决时，关于国会、法院、会计检查院的年预算支出，必须事先征求众议院院长、参议院院长、最高法院院长、会计检查院院长的意见。当内阁减少议会、法院以及会计检查院的年预算支出时，要将国会、法院以及会计检查院提交的预算概算，详细记录到政府概算草案。

2. 预算书编制程序

（1）形成概算书

众议院议长、参议院议长、最高法院院长、会计检查院院长、首相以及各省大臣需要在内阁会议决定的概算范围内，起草预定经费请求书、跨年度经费请求书、结转经费请求书以及国库举债行为请求书（以下称为预定经费请求书等）提交给财务大臣。之后会举行一系列的听证会，由财务省预算主机官和各部主计人员参加，对预算经费需求进行讨论。根据听证会议的结果和年度宏观经济状况，财政部编制概算书，下发至各部并向社会公开。

（2）复核概算书

如果各部对财务省的概算书持有异议，可向其进行陈述，请求复核。社会团体也可以向财务省提出概算异议请求。通常在12月上中旬、下旬，财务省分别答复社会团体、各省的异议。

（3）形成预算草案

财务大臣将最后调整而成的概算方案提交内阁会议决定，最终形成政府预算草案。《财政法》第27条规定，内阁将每个财政年度预算在前一年度的1月份前提交国会。

（三）审议程序

议会众、参两院对政府预算草案进行审议和批准，财务大臣需要针对预算草案的编制方针、内容和特点、财政金融政策、经济现状等，分别在众议院和参议院进行演说。议会演说结束以后，预算草案先要在众议院预算委员会进行详细审议，然后再接受众议院全体大会的表决。如果获得通过就送到参议院，重复同样的过程。如果参议院和众议院的意见不一致，则由两院召开协商会议。如果仍不能取得一致，则以众议院的决议为准。如果要对政府提出的预算草案进行修改，在众议院必须获得50名以上议员的赞成，在参议院必须获得20名以上议员的赞成。

四、日本预算控制与执行

（一）预算调整

预算法案获得批准以后，就进入执行阶段。政府各部门机关的负责人必须制订出预算期内支付计划的日程表，并获得财务大臣的批准。在预算执行过程中，可以对预算作移用、挪用和职能转化等进行调整。

日本预算科目分为类、项、目。“类”是按照政府部门所分的经费，如外务省类经费、农林水产省类经费等。“项”是经国会表决，按支出目的分类的经费，如公共事业费等。“目”是项的明细，是按支出性质分类的经费，如差旅费等。移用是指在执行预算时，对预算总则中已事先得到国会表决通过并根据预算目的分成“类”的经费，在执行中有必要时可以允许“类”之间的移用。而挪用是指对国会议决的“项”经费的变更使用，必须根据性质分类的变更，即行政科目的变更，并且需要得到财务大臣的批准。职能转化则是根据职务权限的变更等对预算组织进行变更，必须在预算总则中进行规定。

（二）预备金

在预算执行过程中遇到难以预知的情况时，可以动用预备金。预备金是为防止预算不足的情况，根据国会的表决确定的。它不像一般预算支出规定了经费使用目的和用途，而是一种预留基金，可以根据内阁的职责和权限进行支出。但是，内阁应当确认将预备金用于合理用途，并得到议会的事后批准。如果在议会召开期间使用预备金，则属于补正预算，须经议会表决。此外，还有规定用途的预备金，如“公共事业等预备金”就是一种特定预备金，在预算案中根据经济形势变化已经确定了大致用途。

根据《财政法》第35条的规定，财务大臣负责管理预备金。各省各厅长官若认为有必要使用预备金时，必须起草明确理由、金额以及估算依据的调查报告，提交给财务大臣。财务大臣必须调查该请求，起草所需调整的预备金使用书，并提交内阁会议决定。但是，对事先已通过内阁会议表决，而且是财务大臣指定的经费，则无需经过内阁表决，可由财务大臣决定预备金的使用。

（三）预算结转

预算的结转则是会计年度独立原则的例外。按照会计年度独立原则，每一会计年度的收入必须在该年度内使用，不能进行预算结转，但由于事先编制的预算有可能与实际情况不符，坚持上述原则难免缺乏效率和经济效益。因此，允许在一定情况下的结转使用，主要包括根据经费的性质就可预测结转发生并事先经议会批准的明许结转、出于无法避免的事故结转以及继续费的逐年结转等。

（四）决算

每一财年的预算执行完毕，各部门负责人必须在下一财年的7月31日之前向财务省提交收入和支出的决算报告，在获得内阁会议通过之后提交会计检查院。会计检查院检查完毕后将检查报告返还内阁，由内阁会议将决算报告连同会计检查院的审计报告提交给议会审议。审议通过，则完成决算。决算中反映的资金结余应当在扣除支出转入财源、地方转移支付税不足等之后，将净结余的1/2转入公债偿付财源，其余1/2转入下年度收入。对预算不足问题，《财政法》没有规定。按照稳健财政原则，《财政法》不允许出现决算不足的情况，因此，必须采取适当的措施来规避决算不足。随着经济形势的变化，为了解决税收不足问题，日本设置了决算调整资金制度。在该资金还不足以填补不足的情况下，可以允许国债整理基金转入。但是，来自国债整理基金的转入，在第二年度一定要转回，以保持国债整理基金的原有数额。

五、日本政府间财政转移支付制度

（一）央地事权划分

日本中央与地方政府之间的事务分工较为明确，界限清晰。对中央与地方关系进行规定的法律主要有《宪法》《地方自治法》《财政法》《地方财政法》以及《地方交付税法》等。一般情况下，中央对地方政府的自治事务不会直接进行干涉，而是采用建议、劝告、资料提交请求、协商、更正请求的方式进行指导。而在受托事务上，中央可以对地方政府进行适当干预，干预方式为建议、劝告、资料提交请求，协商、同意、许可、认可、更正指示、代替执行等。

日本中央和地方政府协同配合，根据《宪法》《地方自治法》和《地方财政法》在国家治理的方方面面承担着共同但有区别的责任，具体如下图所示：

	中央	都道府县（地方）	市町村（地方）
安全秩序	外交、国防、司法	警察	消防、户籍、居民登记
基础设施	高速汽车道、国道（指定区间）、一级河流管理	国道（其他）、都道府县道、一级河流（指定区间）管理、二级河流管理、港口、公营住宅、城市计划决定	城市公共事业（公园及其他）、市町村公路、准用河川管理、港口、公营住宅、自来水、下水道
教育	大学（国立）、私立学校补助（大学）	高中、特殊教育学校、中小学校教职员的工资和人事、私立学校补助、大学（都道府县立）	小学、初中、幼儿园、大学（市立）

续表

	中央	都道府县（地方）	市町村（地方）
福利卫生	社会保险、医生等资格证、医药品许可执照、其他标准的设置	生活救济、儿童福利、老年人保健福利、保健站、环境监管	生活救济、老年人保健福利、护理保健、国民健康保险（事务）、垃圾和粪便处理
产业经济	货币、关税、通信、邮政、经济政策	区域经济振兴、职业训练、中小企业指导	区域经济振兴、农田利用调整

（二）政府间转移支付制度

日本地方政府承担着比中央政府更多的公共事务，但地方政府之间在人口、收入来源、环境等方面的不同导致财力差异比较大。因此，为保障宪法规定的“国民享有平等的生存权、受教育权”等权利，日本中央政府通过财政转移支付等手段调节地方政府的财政能力。日本中央财政对地方政府的转移支付方式主要有地方转移支付税、国库支出金和地方交付税。

1. 地方转移支付税

为了保持各地区财源平衡，保证经济落后地区政府的财政顺利运行，为公民提供均等的行政服务，国家向地方政府转移一定比例的国家税收，这被称为地方转移支付税。地方转移支付税属于一般性转移支付，其用途完全由地方政府决定，中央政府不对其进行限制或附加任何条件。

地方转移支付税按照一定比例从五大国税中提取：所得税及酒税的 32%、法人税的 34%、烟税的 25%、消费税（国税部分）的 29.5%。地方转移支付税有普通转移支付税和特别支付税之分。

（1）普通转移支付税

普通转移支付税是根据基准财政支出需求与基准财政收入之间的差额转移给地方自治政府的财政经费，约为全部转移支付税额的 94%，是地方转移支付税的主体部分。

基准财政支出需求额是地方自治政府依据一定标准自主计算出的行使政府职能所需经费金额，等于提供“标准公共服务”所需金额。具体计算公式为：基准财政支出需求额＝测定单位的基本数值 × 单位费用 × 修正系数。其中，测定单位的基本数值是与所需的公共服务成正比的指标，如人口、面积、公路长度等；单位费用是提供一单位公共服务的费用；修正系数是根据不同的地区、环境等对单位费用作出的调整。

基准财政收入额是地方自治政府税源测算指标。具体计算公式为：基准财政收入额＝计入系数 ×（标准地方税收入＋地方让与税＋交通安全对策特别交付金）。

（2）特别转移支付税

特别转移支付税是为了弥补基准财政支出需求未能考虑的特殊财政需求，或者因基准财政收入额计算过大，需填补普通转移支付税减额部分，而转移给地方政府的经费。特别转移支付税约为全部财政转移支付税的 6%，于每年的 12 月中旬先行拨付总额的 1/3，下一年 3 月支付剩余的 2/3。

2. 国库支出金

国库支出金是一种附条件的专项转移支付。从制度上进行划分，可以分为补助金、负担金、交付金、补偿金、资助金、委托金等。从交付依据进行划分，可以分为法律补助和预算补助。

对国库支出金的用途，地方政府没有自由裁量权。国库支出金的用途主要有以下四种：一是确保重要行政行为的全国性水准，如确保义务教育、生活救济等行政服务能在全国范围内保持一定水准；二是对于特定事务、事业的奖励，如地方政府为执行国家层面的政策和计划，从事特定事业的经费；三是对特殊财政支出行为的补贴，如灾后重建事业等一般财源无法筹措的经费；四是执行国家代理事务，如出于效率和便利原则，地方代办选举等国家事务所需的经费。

3. 地方交付税

地方交付税又称“地方让与税”，是指由于征税的方便性等技术原因和消除税源的地区偏差，将本来应该属于地方的税源作为国税收入国库以后，再返还地方政府的一种资金。地方交付税所占份额不高，规模不大，其总额的确定在《地方交付税法》中有着明确规定。目前共有 5 种，包括地方道路税的全额、石油天然气税的 1/2、航空燃料税的 2/13、机动车辆税的 1/4 和特别吨位税的全额。地方交付税也有普通交付税和特别交付税之分，普通交付税占总额的 94%，按照财政收入缺口计算；特别交付税占总额的 6%，主要用于自然灾害等突发事件的处置。

日本通过财政转移支付，保障了地方自治体提供公共物品和服务的财力需求，保证了所有国民都享有均等的行政服务和平等接受教育的权利，使得日本全国各地的基础设施、教育、社会福利和保障等都保持在一致的较高水准，促进了社会经济和谐稳定发展。

六、日本政府债务管理

（一）国债管理制度

日本国债管理主要由财务省理财局负责。在国债发行上，财务省与日本银行密切配合，财务省决定国债的发行数量、发行时间和发行条件等，日本银行作为财政代理机构，代表财务省进行国债拍卖和债务偿还。国债二级市场由财务省与金融监督厅共同负责监督管理，交易行为受《商法典》《公司法》《证券交易法》和《附担保公司债券信托法》等法律的规范。

（二）国债类别

按照国债融资目的，目前日本国债分为四类：新财政资源债（包括建设国债和特别赤字弥补国债）、复兴债、调换国债（偿债国债）和财政贷款资金特别账户（FILP）国债。

1. 新财政资源债

新财政资源债主要包括建设国债和特别赤字国债。建设国债资金主要用于基础工程和公共设施的建设、资金捐赠或贷款，其规模须经国会批准，且必须在一般账户预算规定的最大发行量之内。当政府收支出现赤字且建设国债不足以弥补时，可以发行特别赤字弥补国债，以用于公共工程以外的其他支出。特别赤字弥补国债也应向国会申请，经批准后才准许发行。

2. 复兴债

2011 年东日本大地震后，日本通过了《复兴基本法案》。该法案规定将由国家发行“复兴债”，以确保灾后重建所需经费来源。

3. 调换国债

调换国债即偿债国债，其资金主要用于偿还以前发行的国债，由于其发行额不增加国债余额，偿还国债的发行规模不需要国会批准。

4. 财政贷款资金特别账户国债

财政贷款特别账户国债资金主要用于财政贷款资金投资，即出于财政支持的目的，政府为中小型企业、医院和福利机构等提供的长期低利率贷款或投资。其偿还资金来源于投资回报，而不是一般税收，其发行规模也需要得到国会批准。

（三）地方债务管理制度

依据日本《地方自治法》第 250 条的规定，“一般性公共团体可以在其他法律规定的场合，按预算规定的数额借入地方债”，从而允许都道府县以及市町村借入地方债。日本地方债由总务省负责，每年末制定下一年度地方债发行计划。2006 年起，日本地方债实行协商制。一般情况下，地方自治团体或供应企业发行地方债只要获得地方自治体议会的认可即可，无需经过现任总务大臣（都道府县）或者都道府县知事（市町村）的许可。获得协商认可的地方债纳入地方财政计划，享受中央政府的优惠政策，而没有获得协商认可的地方债，中央政府则不再承担其融资财源和偿还财源，必须完全依靠自己或市场来解决地方债融资与偿还问题。

1. 地方债的用途

根据日本《地方公债法》规定，地方政府的财政支出必须以地方公债以外的收入作为财源。只有在特殊紧急情况下，地方债才能作为财源填补使用，如灾害紧急事业费、灾害后的生产恢复事业费和灾害救济事业费等。

根据《地方财政法》第5条“适债事业”规定，地方债主要用于几个方面：一是公营企业在交通、煤气、自来水等方面的经费；二是投资以及贷款的原始资金；三是地方债的借换，即以旧债换新债；四是灾害应急、重建、救助等；五是公共、公用设施的建设。

2. 地方债风险管理

日本对于地方债的风险管理较为严格，强调事先监管，具体通过稳健财政指标来实现，即利用稳健财政的指标判断比率，尽早发现地方财政状况是否出现恶化，并进行适当调整。地方公共团体每年都会在上一年结算的基础上，接受监察委员的审查，并将其上报国会，进行公布；都道府县以及政令指定都市向总务大臣汇报健全化判断比率，指定都市以外的市町村以及特别区向都道府县知事汇报；接到报告的总务大臣以及都道府县知事，每年对报告进行总结发布；通过标准财政规模对报告进行判读。标准财政规模是指地方公共团体提供标准行政服务所需的财源金额的基准。历史上，夕张市曾发生过政府破产。

七、日本预算审查监督

概括地说，日本已经构建起“四位一体”的预算审查监督制度。四位是指财政部、议会、会计检查院和居民诉讼是日本预算审查制度的四个主体。一体则是指日本完善的预算审查制度：在预算编制、执行、决算等的各个方面严格把控；财政监督、审计监督、国会监督和公民监督相互配合。

（一）财政监督

日本的财务省除了在预算编制程序中扮演重要角色外，还承担着监督其他政府部门的预算执行的职能。政府各部门机关的负责人制订预算期内支付计划的日程表后，必须获得财务大臣的批准。在预算执行过程中，对预算作移用、挪用和职能转化等进行调整时，财务大臣也有一定的监督职权。例如，根据《财政法》第33条的规定，各省厅的部局之间及部局内部的各“项”之间进行移用，需要以预算形式报经国会审议通过，并得到财务大臣批准；在各“目”之间移用，取得财政大臣许可即可。对于不同级别的预算，采取有区别的监督方式，这是日本财政法律制度合理性的体现，也大大提高了监督效率。

（二）议会监督

预算一经议会批准，即生效为《预算法案》，政府便负有义务贯彻执行。当需要根据实际情况对其进行调整时，较高级别的预算也需要经过议会批准。议会在审批财政支出时，无权增加支出规模，但是可以减少或压缩支出额度。对于会计检查院审计报告中存在的问题，应当是议会审查的重点内容。

（三）审计监督

如果说议会监督是一种政治行为，那么会计检查院的监督则是一种法律行为。会计检查院从法律角度，独立行使审计职能，对决算合法性进行审查。会计检查院的审计重点是中央财政的收支和国有财产的运营。审计报告会连同决算报告一起由内阁提交议会进行审议。

（四）公众监督

日本《地方自治法》在第9章第10节“居民的监查请求及诉讼”中指出，该制度的直接目的是防止和纠正地方公共团体职员违法或不当的财务会计行为，制度的实施为居民提供了参加地方政治与地方行政、维护地方利益的方式，并对地方公共团体财务会计的营运进行监督。

日本居民的监督请求及诉讼制度由两阶段构成。根据《地方自治法》第242条之一，第一阶段是居民监督请求，即普通公共团体的居民如果认定普通地方公共团体的行政首长、委员会或委员以及该普通地方公共团体公务员，具有违法或不当行为时，可以附证明事实的书面报告，向监查委员提出监查请求。如果认定请求没有理由，则附理由书面通知请求人并同时予以公示；如果认定请求理由成立，则向有关主体发出劝告，要求其在一定期限内采取必要措施，并将劝告内容通知请求人并予以公示，情况紧急或危害重大时，监查委员可以劝告立即停止行为。根据《地方自治法》第242条之二，第二阶段是居民诉讼请求，即居民可以向法院提起以下诉讼请求：中止该执行机关或公务员的全部或部分行为；取消或确认该行政处分无效；确认该执行机关或公务员玩忽职守事实；向该执行机关或公务员提出对相关方损害的赔偿或不正当利益的返还。

八、结语

日本现行的预算制度基本框架由“宪法—财政法—会计法—预算决算及会计令”等组成，基本符合现代预算国家的“财政民主主义”要求。日本预算立法层次分明，界限清晰。预算职能机关权责明确，分工合理。

财务省是预算编制的主要机关，财务省在编制完成概算后提交内阁讨论，内阁讨论通过后提交国会。国会预算委员会是预算审议的主要机构，参众两院预算委员会人数均为两院下设所有委员会之众。预算委员会内部又分为数个小组委员会，设有顾问团，协助委员解决专业问题。预算委员会还设有一个专门理事会，协调各党派发言次数及时间。日本会计检查院是独立的审计机关，审核国家收支决算，并于次年将决算及审核报告一同提交国会。为保证会计检查院之独立性，人事及财政均另有安排。

日本将中央政府预算划分为一般会计预算、特别会计预算和政府关联机构预算；地方政府预算划分为一般会计预算与公营事业会计预算。预算案内容包括预算总则、年度收支预算、跨年度经费、结转经费以及国库举债行为。

预算编制程序分为两个阶段，在第一阶段首先完成年收支预测，然后进行年收支概算，概算书在第二阶段形成后即向社会公开，接受复核与异议，经过调整后的概算方案提交内阁会议决定后形成预算草案。

预算审议程序由国会众、参两院对政府预算草案进行审议和批准，财务大臣需要针对预算草案的编制方针、内容和特点、财政金融政策、经济现状等，分别在众议院和参议院进行演说。演说结束后，分别在众议院、参议院进行表决，如果参议院和众议院的意见不一致，则由两院召开协商会议。如果仍不能取得一致，则以众议院的决议为准。

预算获得批准以后，就进入执行阶段。政府各部门机关的负责人必须制订出预算期内支付计划的日程表，并获得财务大臣的批准。在预算执行过程中，可以对预算作移用、挪用和职能转化等进行调整。日本预算科目分为类、项、目。移用是在“类”科目之间进行，而挪用是对“项”经费的变更使用。

预备金是一种预留基金，可以根据内阁的职责和权限进行支出。但是，内阁应当确认将预备金用于合理用途，并得到国会的事后批准。如果在国会召开期间使用预备金，则属于补正预算，须经国会表决。此外，还有规定了大致用途的特定预备金。预备金的使用也需要通过特定的程序。

日本政府分为中央、都道府县和市町村三级，后两者被称为地方自治体。中央与地方政府之间的事权划分明确，地方事务分为地方政府的自治事务和受托事务，中央对地方政府的自治事务不会直接进行干涉，而是采用建议、劝告、资料提交请求、协商、更正请求的方式进行指导。而在受托事务上，中央可以对地方政府进行适当干预，干预方式为建议、劝告、资料提交请求，协商、同意、许可、认可、更正指示、代替执行等。因为地方政府之间在人口、收入来源、环境等方面的不同导致财力差异比较大，所以日本中央政府通过财政转移支付等手段调节地方政府的财政能力。转移支付的方式主要有地方转移支付税、国库支出金和地方交付税。地方转移支付税是一般性转移支付，其用途完全由地方政府决定，中央政府不对其进行限制或附加任何条件，地方转移支付税按照一定比例从五大国税中提取。地方转移支付税又可以细分为普通转移支付税和特别转移支付税。其用途完全由地方政府决定，中央政府不对其进行限制或附加任何条件。对国库支出金的用途，地方政府没有自由裁量权。

按照国债融资目的，目前日本国债分为四类：新财政资源债（包括建设国债和特别赤字弥补国债）、复兴债、调换国债（偿债国债）和财政贷款资金特别账户（FILP）国债。在国债发行上，财务省与日本银行密切配合，财务省决定国债的发行数量、发行时间和发行条件等，日本银行作为财政代理机构，代表财务省进行国债拍卖和债务偿还。日本地方债由总务省负责，每年末制定下一年度地方债发行计划。地方政府和公营企业享有借债权利。日本地方债实行协商制。一般情况下，地方自治团体或供应企业发行地方债只要获得地方自治体议会的认可即可，无需经过现任总务大臣（都道府县）或者都道府县知事（市町村）的许可。获得协商认可的地方债纳入地方财政计划，享受中央政府的优惠政策，而没有获得协商认可的地方债，中央政府则不再承担其融资财源和偿还财源，必须完全依靠自己或市场来解决地方债融资与偿还问题。赤字率、实际债务率过高的地方政府和公营企业发债必须经过总务大臣或都道府县知事批准。

在预算审查监督方面，日本已经构建起“四位一体”的预算审查监督制度。四位是指财政部、国会、会计检查院和居民诉讼是日本预算审查制度的四个主体。一体则是指日本完善的预算审查制度：在预算编制、执行、决算等的各个方面严格把控；财政监督、审计监督、国会监督和公民监督相互配合。

附件一：日本中央政府预算编制程序

时间	工作内容
6月	召开内阁会议，根据经济前景、重点发展政策等讨论下一年度的预算编制方针
7月	决定“有关经济财政运营与结构改革的基本方针”，确定概算要求基准及预算上限。
8月	根据内阁会议确定的预算编制方针和概算要求基准，政府各部门8月31日前，向财务省提交下一年的概算要求书。
9-12月	财政部预算局的预算监察员会同各部门就预算请求的细节问题召开一系列听证会。
12月初	内阁发布“预算编制的基本方针”
12月中	财务省向内阁会议提交概算方案，同时向政府各部门说明有关预算分配情况。政府各部门对财务省的概算方案进行研究，并与财务省和财务大臣进行各种交涉活动。
12月底	财务大臣将最后调整而成的概算方案提交内阁会议决定，最终形成政府预算草案。
1月底	内阁会议决定将政府预算草案提交国会审议。

附件二：日本议会预算审议程序

时间	工作内容
1-3 月	议会众、参两院对政府预算草案进行审议和批准。 财政部长分别在众议院和参议院就预算及政府的财政货币政策进行演说。预算草案先要在众议院预算委员会进行详细审议，然后再接受众议院全体大会的表决。
3 月中	如果获得通过就送到参议院，重复同样的过程。 如果参议院和众议院的意见不一致，则由两院召开协商会议。如果仍不能取得一致，则以众议院的决议为准。
3 月底	日本政府预算经议会表决通过后成立

第四章

美国预算法律问题研究

一、美国预算制度的历史沿革

美国是典型的联邦制国家，联邦政府与州政府没有直接的隶属关系，州政府以下的政府统称为地方政府，遵循本州宪法的组织要求。这一特殊的组织结构在财政上体现为财政联邦制。州政府以及地方政府的税收、预算支出和举债需要经过州议会的决议，州议会对选民负责，体现财政决策的公共意志。美国公共预算制度的发展从 1921 年开始，经历了行政主导、均势预算和多元预算三个阶段。这既是行政权与立法权博弈的过程，也是从政府垄断到公共参与的发展历史。

（一）行政主导预算时代

如果将《1921 年预算与会计法案》的颁布视为美国现代公共预算历史的起点，那么在 1921 年 -1974 年是美国预算史上的行政主导预算时代。这一阶段的预算改革不仅使行政主导预算模式逐渐形成，而且使行政部门在与立法部门的较量中占据了绝对优势，总统在预算编制过程中起主导作用。立法部门主要通过各种政治策略、政治过程和政治原则来与行政部门博弈。

（二）均势预算时代

1974 ～ 1993 年是均势预算时代，这一阶段的标志性事件是《1974 年国会预算与控制截留法案》的出台。该法案在扩大国会预算权力的同时，并未改变总统的预算权能，即总统每年都需要向国会递交预算，并在预算过程中发挥重要作用。该法案改变了只能由美国财政部进行预算编制的格局，赋予了国会独立起草预算提案的权力。国会在收入委员会、拨款委员会的基础上，增设了参众两院预算委员会[①]和国会预算办公室(Congressional Budget Office，简称 CBO)。一系列的预算改革使立法与行政部门在预算功能上势均力敌，国会与总统之间预算权力形成一种对弈型的权力结构。自此，美国国会不仅可以表决预算，也可以独立提出预算提案，美国进入了国会和总统共管预算时期。

（三）多元预算时代

20 世纪 90 年代早期，美国爆发了一系列新公共管理运动，公共部门的绩效导向催生了新的绩效预算改革[②]。分权与参与的理念强化了预算的公开性和透明度，从而开启了多元预算时代。在多元预算模式下，社会各个领域各个阶层的社会团体、普通公民开始通过各种途径不同程度地参与到公共预算中，进而使一种新的预算权力格局——网络型权力结构初现雏形。基层预算单位的主动性和创造性得到发挥，成为了有一定自由裁量权的权力主体。公共预算的权力主体呈现了多中心化态势，立法机构或行政机构不再垄断预算过程。具体的预算执行单位、社会团体、公民个体也开始逐渐成为了公共预算过程的实质性参与者。

二、美国预算管理机构及其职能

根据美国宪法，美国联邦权力分为立法权、行政权和司法权，预算管理权力由行政部门和立法部门分享。立法部门和行政部门各有一套参与预算编

① 预算委员会的职责是发布预算决算报告，研究现有和建议立法对预算的影响，监督国会预算办公室的运行。

② 1993 年，美国成立“国家绩效评鉴委员会”，国会通过《政府绩效与成果法案》，推行绩效改革。为区别于 19 世纪 50 年代推行过的绩效预算，称之为“新绩效预算”。

制和审核的机构，形成了比较完备的分权型管理模式。

美国联邦政府参与预算管理的主要机关包括：总统、财政部、总统预算管理办公室（简称 OMB）等。其中：总统决定预算实施政策，向国会提交预算报告，以及向国会提交追加预算的请求和预算修正案；签署或否决收入、授权和其他与预算相关的法律；向国会通报取消或延期支出的项目；签署停止征收某项预算收入的法案等。财政部主要拟定和建议经济、金融及财政政策，办理国库业务，执行有关预算法令，印铸货币，管理公债、国家政策性银行和国库等，同时还负责根据历年收入情况和经济发展预测，编制收入预算，并根据国会批准的预算筹集相应的资金等。OMB 独立于财政部，是直接向总统负责的机构，主要职责是编制联邦政府预算，监督各部门预算执行情况，进行财政、金融、宏观经济分析和预测，为总统提供各类分析报告和建议，参与拟定预算、税收等政策，为国会有关专门委员会的工作提供支持等。

美国国会由参议院和众议院组成。参众两院各有一套审核联邦预算编制的机构，包括两院的拨款委员会、筹款委员会、预算委员会，以及国会预算办公室等。其中，国会预算办公室作为专业的、非党派的预算机构，负责为两院提供客观、专业、及时、非政治化的经济、预算分析和预测，独立编制整套预算，供国会参考。

三、美国预算编制

（一）联邦预算编制与执行程序

美国联邦财政年度从 10 月 1 日至第二年的 9 月 30 日，为期 12 个月，相关工作总体上分为三个阶段：

第一阶段：准备总统预算。联邦政府各部门于每年 2 月份开始准备总统预算，4 月份 OMB 向各部门发布概括性的预算指导，在 6 月底、7 月初发布明细的预算指导。9 月份各部门向 OMB 递交预算请求，12 月份，OMB 将预算建议递交总统。总统听取预算建议、复审内容，制定年度预算草案，并于第二年2月前递交至国会审议。

第二阶段：国会预算。国会于2月初收到总统预算草案后，进入审议阶段，做出同意、修改或拒绝的决定。在程序上，国会首先通过一份“预算决议”文件。预算决议决定了美国联邦政府的总开支和总收入、财政赤字（或盈余）总量及债务上限。国会预算决议是当期美国联邦预算的总体框架。在通过预算决议后，国会各委员会在预算决议的框架内起草拨款法案议案及其他有关开支和收入的授权性立法。美国国会拨款委员会通过年度拨款法案对有具体用途的财政支出进行授权，通过拨款法案确定的开支被称为自主性支出。美国国会其他相关委员会每年也会通过订立、修改其他授权性法律对财政支出进行调整，通过拨款法案以外的法律确定的支出被称为强制性支出。拨款法案的制定由众议院启动，拨款委员会全体成员及众议院全体成员批准该法案议案，或对法案议案做出修改后，由众议院将该拨款法案议案提交至参议院，由参议院进行审议。通常情况下，拨款法案草案中的部分事项不会获得参议院通过，此时参众两院将组成会议委员会（Conference Committee），致力于解决两院之间在拨款法案议案相关事项上的分歧。经会议委员会修改后的法案议案将被送回参众两院分别进行审议，当修改后的法案议案先后在众议院和参议院获得通过后，获得国会通过的拨款法案将交由美国总统进行签署生效或被美国总统否决。一旦被否决，如果国会仍然坚持自己的审议方案，就必须重新审批预算草案。同时，政府预算严格遵守先审批后执行的原则，如审批未通过，即使新的财政年度已经开始，预算草案也不能执行。在这种情况下，需要编制一项称为“持续决议”（continuing resolution）的临时预算作为过渡，持续决议授权受到未能获得通过的拨款法案影响的机构继续在特定范围内行使职权，直至新的预算草案获得通过。2013年10月1日前，美国联邦政府预算草案没有获得国会通过，导致联邦政府非核心部门关门，直到10月16日国会通过议案调高公共债务上限，才结束关门风波。

第三阶段：预算执行。10月1日财政年度开始之前，总统批准支出法律。各部门编制并提交用款计划。用款计划批准后，各部门负责人将分配到的资金拨付给下属各机构和项目，项目负责人在资金额度内具体执行。在整个财政年度内，各部门执行预算并按季度向OMB和财政部递交预算执行报告。第二年9月底财政年度结束时，各部门要递交年终报告。

（二）预算编制完整性

首先，美国各级政府高度重视预算编制的完整性，所有政府性收支均在预算中反映，不存在预算外资金活动。如美国联邦预算既包括所有联邦税收和举债收入安排的国防、外交等联邦政府日常开支和必要的公共服务支出，也包括来源于各种社会保险专项税收安排的社会保障、医疗保险等支出。其次，预算编制的内容较为细化，能够按照既定的标准，精确到具体的人和物，并且按照功能（functions）、部门（agencies）、项目（programs）等不同类别予以列示。如政府预算支出报告中，每个部门的支出被划分为三个部分：政府经常性支出、对地方政府的补助和资本项目支出。其中政府经常性支出是维持政府各部门正常开展工作的支出，按照功能划分为五个部分：人员经费（工资福利支出）、差旅费、设备购置费、合同服务费和设备维护费。最后，编制分类简单易懂，有效解决了预算专业性强、公众理解难度大的问题。美国政府预算草案采用了联合国推出的分类方法，按照政府职能对预算科目进行分类，包括普通公共服务与安全、社会服务、经济服务等。公众可以从中清楚地看到每一个部门具体的预算使用计划、使用目的和实际支出。为了方便公众阅读，预算部门还专门编写了简要说明，如每年财政部金融财务管理局编写的《公民阅读指南》（Citizen's Guide to the Fiscal Year），用通俗的语言和生动的图表阐述每财年重要的财政收支数据、政府债务和资产情况等。

四、美国预算透明度

（一）预算信息公开的立法进程

美国预算制度的透明度通过预算文件公开和预算过程公开两个方面进行。

1967年，美国通过了《信息自由法案》(Freedom of Information Act，简称FOIA)，该法案规定了公民有获得政府行政信息的权利，以及政府有向公民提供行政信息的义务。这是预算文件公开的法律基础。政府信息公开是原则，不公开是例外，法案规定了9项豁免公开项目。每年联邦政府还需向国会提交一份年度报告，就政府信息公开的情况进行说明，如申请信息公开被拒绝的次数、理由；当事人是否就此进行申诉；拒绝信息公开的政府人员姓名和职位等。美国于1972年通过了《联邦咨询委员会法》，对专家咨询过程的信息加以公开公示，可以让公众对专家参与决策的行为进行有效监督。1976年，美国通过了《政府阳光法案》，该法案赋予了公民监督预算的“观察权”，即出席、旁听和观看预算会议的权利。为了方便公众观察，可以散发或张贴公开会议的指导手册，记载机关的主要人员，他们的职务，投票的程序，专门术语的解释，以及该机关根据该法所规定的程序。随着互联网的发展，政府预算公开的形式和公民获取预算信息的方式也与以往有了很大不同。1996年，美国在克林顿总统任内通过《电子信息自由法修正案》，要求采取更多方式公布政府信息，建设政府预算公布的网站。2006年，布什总统签署通过了《联邦基金责任和透明法》(The Federal Funding Accountability and Transparency Act of 2006)，法案要求OMB建立在线数据库，对每一笔拨款进行分类，公开获得联邦拨款、贷款和采购合同的实体的有关信息。联邦拨款、贷款和采购合同三类支出在联邦财政总支出中所占比重约为1/3，代表了联邦政府的主要开支。在线数据库可以使公众更直观地了解支出的金额、目的，对象以及部门。

（二）预算公开的特点

1. 美国预算文件全面公开

美国预算的编制过程中，政府提交议会审议的预算草案以及最终批复的预算法律文本都要向社会公布。从公开内容看，主要包括三个部分：一是预算总体概述、主要经济政策和财政财务政策。二是按照功能、部门、项目三个类别分别列示预算数据。为了方便公民对预算的对比、分析和理解，还相应列明上述三个类别的历史年度预算数据（一般为前两年）。三是预算编制所依据的各项法律文件。预算文件还包括所有政府基金收入来源，包括一般基金、特殊收入基金和资本项目基金。每项收入来源的详细信息包括所有的税收、收费、联邦政府的拨款、为资本项目的发债收入、数年来每项收入来源的变化趋势、每项收入来源的法律依据和立法过程、每项收入所属的政府基金信息。总的来说，全面、完整、细化的预算编制确保了社会公众能够及时、有效地从公开的预算报告中全面了解各项预算数据和信息，是预算公开的前提和基础，也是预算透明度的保证。

2. 美国预算制定程序较为透明

联邦预算从编制到国会通过历时长达近 1 年半。在政府编制预算及议会审议预算各具体阶段，相关管理主体都要对预算内容进行充分的研究论证和沟通协商，并通过具体制度安排，为各相关利益主体提供表达预算诉求的机会。如议会审议政府提交的预算草案时，可举行听证会，要求部门首长说明有关情况并接受询问和质询，各部门首长也可为本部门预算安排进行辩护。预算通过后，除涉及国家安全和秘密的内容外，OMB 要及时公开汇总版本，各部门要及时公开本部门预算。这些具体的制度程序设计和相关主体的参与，促进和保障了预算收支安排的科学合理。

3. 美国预算信息公开方式多样

联邦政府、州政府以及地方政府的预算文件均通过新闻媒体、公开出版物和互联网对外公布。随着信息技术的发展，依靠成本低廉的互联网进行预算信息发布成为美国政府大力推行的新方法。政府部门及各州议会的官方网站上，均有各种预算报告的链接。并且其信息系统的设计充分考虑到公众的使用便捷性，提供了多种检索模式和方法，民众可以通过查询系统看到每个部门每一笔的支出。这些网站通过柱状图等方式，清晰地说明各项支出之间的比例大小。公民监督预算的成本较以往大幅降低，可获得性也更高。

五、美国政府间事权财权划分

（一）美国政府组织结构

在美国，联邦政府在其管辖事项内是最高主权政府，而州政府在其专属事项内享有较高的自主权。州政府之下，不论规模大小，都是地方政府。地方政府包括县、自治市、乡镇、学区及各种特别区等五种实体。在这些“地方实体”中，又分为具有普遍职能的一般目的实体和仅具有特定职能的特殊目的实体：前者包括郡、自治市、镇，后者包括学区和特别区。美国各级政府原则上都是自主治理单位，地方政府与州政府、州政府与联邦政府之间没有行政隶属关系。

郡以下政府相互交叠是美国地方治理中独具特色的部分。一般来说，州政府辖区面积总和应该等于联邦政府的辖区面积，一州的郡政府辖区面积总和应该等于州政府辖区面积。但在郡级政府之下，自治市、特别区的面积总和不一定是县政府的辖区面积，原因在于这些地方政府的辖区往往是相互重叠的。辖区相互重叠的原因在于自治市和特别区政府是由居民自发组建的。自治市是具有普遍职能的一般目的地方实体，由郡内居民自发组建；而无法达成城市共识的区域以及一些居住较为分散的区域则不设立市级政府，由郡政府管辖。特别区具有特定的职能，在辖区上和其他地方政府重合，例如学区政府仅承担教育职能，很多学区政府是跨市县，甚至是跨州的。

（二）美国政府间事权划分

美国宪法规定，联邦政府的权力包括调整州际贸易、国防、造币、移民、入籍，以及与外国签订条约等，同时联邦政府在空间技术研究和邮政服务等方面有着排他性的责任。为了保持必要的灵活性，宪法有意回避了政府间提供其他公共服务的职责划分。根据宪法第十修正案，政府职权中宪法未直接赋予联邦政府和地方政府的权力，均由州政府行使，即州享有宪法未规定的

“余权”。各州对州内地方政府的权力分配具有决定权，通过各州宪法规定州内地方政府的权力和义务。

总的来说，联邦政府提供的公共物品，如国防、外交和国际事务，具有全国性公共产品性质；州政府由于在税收和支出上高度自治，其自身组织架构与联邦政府较为类似，其提供的公共服务主要是基础设施和收入再分配；地方政府是州政府的延伸，很多地方政府提供的公共服务通常也是州政府涉及的。以社会保障为例，联邦政府负责养老金和医疗保险项目，州政府负责提供食品券、公共医疗补助和主要的福利项目，联邦政府同时为贫困家庭临时救助项目和食品券项目提供资金支持，并负担公共医疗补助项目一半以上的成本。地方政府也能够在社保、医疗保险等项目上获得州政府的支持。

（三）政府间征税权划分

联邦、州和地方三级政府在财政上体现了既有统一、又有分权，既有平等、又有先后的原则。三级政府共同使用的财权有征税权和公债发行权，三级政府对统一税源和同一纳税人都有征税权，但联邦政府优先。比如个人所得税，有的州就存在联邦、州和所在市县三级政府同时向居民征税的情况。在州宪法范围内，各级地方政府还有独立的税收立法权和税收管理权。当然，州与地方政府的税收权力并非不受任何制约，当地方出现不适当课征时，联邦法院有权对其作出停征的判定。

美国90%以上的联邦财政收入来自税收，州和地方政府的税收收入占到其财政收入的70%左右。各级政府都有一个主体税种作为其主要财源。联邦政府以个人所得税、公司所得税和社会保险税为主体，辅之以消费税、遗产和赠与税及关税。州政府以销售税、总收入税收为主，辅之以个人所得税、公司所得税、消费税、遗产税和其他税种。州政府主要收入来源是流转税，占到政府总税收的近60%。市县镇地方政府以财产税为主体，辅之以销售税、个人所得税和其他税种，以及其他收费。财产税在市县镇地方政府收入中的比重达到75%左右，主要因为财产税具有不可转移、易于被当地政府使用的特点，因此成为地方政府的主体税种。美国各级政府之间税种划分不是绝对的，一些主要税种由中央和地方政府同时开征。采用税率分享的方法划分收入，是美国分税制的一个显著特点。由三级政府同时开征的税种有个人所得税、公司所得税、工薪税、销售税、消费税等；由联邦和州政府共同开征的税种有遗产和赠与税；由州政府和市县地方政府共同开征的税种有财产税。

（四）政府间转移支付制度

联邦政府通过与州政府合作，制定一些由联邦提供经费、州政府实施的法律和项目，对于许多州政府和地方政府的公共服务起到宏观控制和协调作用。合作的领域主要有教育、社会福利、住房补贴、国土安全、交通和紧急行动等。联邦政府通过有条件的转移支付影响州和地方政府的运作，从而体现联邦意志，协调各州公共服务的提供。目前，联邦政府通过各种形式的转移支付支持 600 多个州和地方政府的项目，这些转移支付以专项转移支付或分类转移支付为主。

美国每年的转移支付规模由国会决定。医疗卫生和收入保障是两种主要的转移支付类型，约占总额的 2/3，主要拨付给州政府，再由州政府转移至个人。州政府也试图通过各种方法获得尽可能多的联邦政府转移支付，并探索各种创造性的方法提供州应该承担的配套资金。近年来转移支付增长主要集中在医疗卫生领域，州政府往往强调各种支出适合公共医疗补助项目，以获得联邦政府的转移支付资金。

州政府对地方政府的转移支付数额与联邦政府对地方政府的转移支付数额几乎相当，一般而言，联邦和州政府的转移支付占地方政府总收入的 37%。几乎所有州的大部分转移支付资金都用于中小学教育。与联邦政府转移支付不同的是，美国的州政府与地方政府之间存在以财政均等化为目标的转移支付，这些资金主要用于支持特殊类型的政府，尤其是学区政府。

（五）国库集中支付制度

美国实行国库单一账户制度。1974年财政部设立金融财务管理局（Financial Management Service，简称FMS），专门负责财政国库集中支付业务，持有和管理国库单一账户。除国防支出外，联邦政府的所有支付都是由FMS来完成的，每年约有10亿笔支付，约占支付总数的85%。另外，FMS还负责政府收入的征集、管理联邦政府总会计账目并提供财务报告，代表政府催收延期债务等。纳税人纳税时在自己的开户行就可以便捷地实现缴库。财政部和联邦储备银行随时可以通过银行网络动态监控财政收入变动情况。财政部依据法定程序将资金由收入户划到支出户，办理预算拨付。

在预算执行过程中，FMS严格按照各联邦政府部门的支付指令进行资金支付，不对支付指令是否符合预算进行审核，但会通过信息系统直接将支付信息及时反馈给部门，由各部门自己控制本部门的预算执行。另外，美国国库集中支付结算方式主要有电子支付和支票支付两种，目前大约75%的支付采用电子支付，25%左右是支票支付。电子支付的主要流程如下：

1. 资金支付

联邦机构向区域财政支付中心发送支付申请电子文件，区域财政支付中心将支付文件发送至联邦储备银行，联邦储备银行向收款人的商业银行账户电子转账。支付完成后，联邦储备银行向区域财政支付中心发送支付确认电子文件，区域财政支付中心再转发给联邦机构。

2. 每日现金流统计

每一个工作日结束时，联邦储备银行将支付明细信息传送至现金管理系统，将账户汇总信息传送至中央记账系统，由中央记账系统进行信息核对和调整，确保信息的一致性、记账的及时性。确认完毕后，现金管理系统将明细信息传送至区域财政支付中心，区域财政支付中心通过系统转发至联邦机构。

3. 月度对账及差异处理

每月终了，区域财政支付中心向中央记账系统递交包含当月电子支付汇总信息的责任说明，联邦机构向中央记账系统递交账户汇总信息的事务说明，两者经过核对形成差异说明。中央记账系统将差异说明和其他的凭证辅助信息以电子文件和缩影胶片的形式提供给联邦机构。电子文件和缩影胶片上的信息是相同的，财务管理局将缩影胶片作为会计档案存档。

六、美国政府债务管理

联邦政府举债有两种办法：一是向公众借债，二是向政府基金账户借款（按照法律规定，政府设立的大部分信托基金余额必须投资于联邦债券）。州和地方政府发行的债券金额较小，但种类较多，而且只能用于公共建设项目投资，同时能给公众带来较稳定收益或具有偿还能力。为了遏制市场债券“地方政府无节制”现象，州和地方政府发行债券要经过公众投票批准。州政府一般都有法律规定的地方政府举债的使用范围和规模。其发债程序为：需要建设的管理部门提出项目，财政部门提出预算和发债动议，提交议会讨论。议会拥有否决权。一些重大建设项目，在议会要进行各方代表和专家组成的听证会听证；一些特别重大的借款项目，还要通过州或市县镇的全民投票公决。之后再由信用评级机构对政府的信用进行评级，包括政府的收入、赤字、债务等情况，政府未来的收入和偿债能力预测，政府过去还本付息的行为。信用等级越高的政府，发债才相对容易。

七、美国中长期预算

国会预算办公室负责编制中长期预算报告，根据经济发展水平和社会变化情况对预算做出前瞻性预期和安排。美国现有的中长期预算报告分为10年期和75年期两种，每种都在下一年度更新数据和预测。10年期报告的核心内容是以经济周期为基础的跨年度预算和更长经济周期内的预算平衡，10 年期预算报告的主要内容是充分预算就业盈余[①]。75 年期报告的核心关注点是人口特征的变化，包括养老和医疗支出等。下面以 2014 年报告为例进行阐释。

2014 年 10 年期预算报告的主体包括四部分：预算展望、经济展望、支出展望和收入展望。报告的核心内容是联邦政府 2014 年预算赤字会进一步下降到 GDP 的 3%，到 2015 年财政赤字会下降到 GDP 的 2.6%。人口老龄化、联邦政府医疗补助范围的扩大、人均医疗成本的上升和联邦债务利息支出的增长，会导致支出比收入更快增长，预算赤字的相对和绝对规模将在 2015 年后再度上升。

2014 年 75 年期预算报告的主体包括七部分：预算展望、主要健康项目展望、社会保障展望、联邦政府其他非利息支出展望、预算收入展望、不同财政政策对经济和预算的长期影响，以及长期预算展望的不确定性。预测数据主要来自医疗、教育、养老等政府收入和支出，以及失业率、赤字率等。2014 年报告指出，到 2039 年，公众持有的联邦政府债务会超过 GDP 的 100%。这种债务规模的膨胀会引发市场对政府违约的担心，政府未来的财政政策充满不确定性：政府借贷会导致更多的资源从私人部门流出，联邦政府必须增税以应对日益增加的债务支出，针对未来不确定性的税收和支出政策空间被严重挤压。

国会预算办公室编制的中长期预算是美国预算体系的重要部分，主要目的是在总统年度预算的基础上，通过中长期预测，促进财政资金的精细化分配和运作，避免财政支出大幅波动，为市场注入更多的稳定预期，从而形成市场主体决策的稳定制度和市场环境。

① 充分就业预算盈余是指既定的政府预算在充分就业的国民收入水平上所产生的政府预算盈余，不受经济周期的形势影响，是作为衡量财政政策措施优劣的指标。它消除了收入水平周期性波动对预算盈余的影响，从而更准确地反映财政政策对预算状况的影响。

八、美国预算监督

（一）内部控制

OMB负责监督所有联邦机构的会计账目。OMB对预算执行与预算的一致性进行审查。在预算执行过程中，各部门要定期向OMB报告本部门的预算执行情况，包括资金使用及各项绩效指标进展情况，并按账户分类编制。根据《首席财务官法》（Chief Financial Officers Act），每个联邦机构内部必须设置一名首席财务官，以负责各机构财务收支及编制年度决算报告。自1978年起，美国设立监查总署（Office of the Inspector General）负责执行行政部门内部的预算监督审核，防止权力的滥用及公职人员的渎职行为。监察总署监察长经参议院同意，由总统任命；拥有人事权力，可以任命本署职员；有权查阅其负责监督的行政机关的所有文件，而且机构的负责人必须接受监察长的质询。监察总署整合了审查与调查的双重功能，加强预算执行的内部控制，与外部审计形成预算监督"双保险"。

每六个月，监察长需要制作例行报告，在报告完成后的30日内提交国会。如果被监督的机构出现非法操作或渎职行为，监察长以书面报告的形式通知该问题机构的负责人，负责人应当在7日内回复，然后再将该报告转达国会。

（二）外部审计

政府问责办公室（Government Accountability Office，简称GAO）是独立审计机构，也被称为审计总署，隶属于国会，其前身是根据《1921年预算与会计法案》设立的会计总署（General Accounting Office），主要职责是协助国会对政府机构进行独立审计。为了保证审计结论的有用性，GAO在报告中为行政机构制定会计原则及标准，就联邦政府机构的财政及其他相关政策提供建议，说明审计评估标准等。设立以来，国会通过立法强化其职权，以使其具有独立运作的能力。在GAO设立初期，主要负责合法性的审计工作，而今，随着绩效改革的不断深入，绩效评估开始成为GAO审计工作的重点。GAO定期或不定期公布审计报告，就行政部门工作提出意见。联邦年度总决算报告由GAO交由国会审议。GAO向国会提交审计报告的同时，绝大多数审计结果同时向新闻媒体和公众披露，公众还可通过网络等途径便利地获得有关预算审计结果。

GAO审计长官由国会选举产生并经总统任命后生效，任期为15年，不受政府、国会换届影响，保证审计的独立性与政策的连续性。经费由国会单独编列预算予以保证。GAO审计长官依法自主确定其内设机构和人员配备等。

九、美国州和地方政府预算管理制度

（一）州预算年度安排

美国各州政府的预算周期不同：有31个州是年度预算；有19个州是两年期预算。其中有9个州的立法机构每两年进行一次预算审核，其他10个州每年进行预算审核。联邦财政年度始于每年10月1日，但除阿拉巴马州（10月1日）、密歇根州和纽约州（4月1日）以及德克萨斯州（9月1日）外，其余州财政年度均始于7月1日。地方政府财政年度一般与所属州一致。

（二）州预算预测方式

从州预算的时间安排上，一个年度预算过程至少要两年，这就给预算预测带来困难。预算预测包括收入预测和支出预测，而收支情况除受到整体经济状况的影响，还要受到联邦政府间转移支付的影响。一般而言，州政府收支预测的误差保持在1%—2%已很可观，但这样可能产生4%的预算赤字。

预算预测工作有30个州是由行政机关负责，其中18个州是预算部负责、5个州是收入部负责、7个州是由该两个部门共同负责。在其他16个州，则是由独立的收入预测委员会负责，以减少技术错误和政治因素的影响。

（三）州预算平衡原则

大多数州都有一些限制财政赤字的法律规定。其中 17 个州规定，州长必须提交或立法机构必须通过收支平衡的预算。为防止在执行过程中突破预算约束，有些州还规定，当赤字出现时必须减少支出。37 个州通过立法的形式规定不许将赤字带进下一个财政年度，即一定要将赤字在当期消化，这比仅要求提供预算平衡计划限制更为严格。对此，很多州和地方政府通过发债来缓解赤字危机。各州中仅有佛蒙特州没有执行平衡预算的法律要求，州长只被要求提出解决财政赤字的预算方案，而且该方案也不要求是平衡的。

（四）州预算跨年度平衡机制

在许多不允许将赤字带进下一财政年度的州，州长就有责任采取措施应对可能出现的财政赤字。根据美国政府间关系咨询委员会（Advisory Commission on Intergovernmental Relations，即 ACIR）的统计，有 20 个州调整预算的权力完全在行政部门（大多数由州长行使），在这些州，行政部门可以不经立法机构同意就削减预算支出。在 11 个州，行政部门仅需经立法机构预算委员会同意就可调减一些项目的预算。另外 8 个州对州长调减的权力作出限定，如限定项目支出调减的最大比例或总量。还有 8 个州要求州长调整预算须经立法机构的批准。

为应对不可预期的赤字，州政府普遍设立了预算稳定基金。有 44 个州通过立法设有预算稳定基金，规定了其资金来源、基金规模和基金使用的目的和管理方式。历史上，保持预算支出的 5% 的预算平衡基金被认为是比较合适的。

（五）对州预算随意性的限制

大多数州的预算收入按不同目的被分成不同的基金。在许多情况下，只有一般收入才可以用于一般性支出；特殊的收入来源则被用于满足特殊的支出需要。通过立法划分收入的使用范围，限制了州行政部门改变预算的随意性。

（六）地方政府预算管理

美国地方政府在预算管理方面的职能分工一般是：财政部门负责预算编制和执行，对当地议会或市长负责；国库部门负责拨款、现金管理、账户管理以及税收征管，国库负责人由全市公民选举产生。

州财政预算的规则和程序一般直接适用于该州的地方政府。但在州和地方政府之间，也存在一些重要的区别，如相对于州政府而言，地方政府更依赖于政府间转移支付；地方政府的收入来源、支出方式、税率设定、税收标准等都受到州政府的管理。

几乎所有的地方政府和近一半的州政府在立法上对政府的税收和支出进行限制。对地方政府的税收和支出限制包括：地方税率的限制、税收收入的限制、支出总量的限制以及收入和支出增长幅度的限制等，其中最常见的形式是对财产税率的限制，其次是对税收收入的限制，即征收限制。

在地方债领域，美国地方政府债务预算分为经常性预算和资本性预算。经常性债务预算用于满足经常性开支需要，主要支出项目是为社会提供公共服务，如行政办公、发展社会公益事业及社会保障、维护国家安全和社会秩序等。主要收入来源是各项税收收入（占绝大部分）和其他一般性收入（如罚没收入）。资本性债务预算主要用于大型基础设施建设、地方收益性项目等特定项目。预算收入来源是各种收益类债券。

美国实行严格的地方政府债务预算制度，地方政府发行债券取得的资金只能用于弥补资本性预算的不足，不能用于弥补经常性预算赤字。同时，作为实行预算硬约束的国家，美国地方政府资不抵债可以申请破产，但不会放开债务规模和债务预算，上级政府也不会承担担保责任。

（七）州和地方政府综合财务报告和透明度规则

1996年6月，美国政府会计准则委员会（GASB）颁布了第34号政府会计准则《州和地方财务报表及管理层阐述与分析》。该准则要求州和地方政府除了编制反映政府短期预算信息的基金报告外，还必须编制以完全的权责发生制为基础的政府整体财务报告，以使信息使用者全面有效的评价政府财务状况，避免基金制会计带来的缺陷。随着第34号准则的发布，州和地方政府开始按照统一的模式和要求编制政府综合财务报告。

州和地方政府财务报告的主体范围包括政府部门、政府附属机构（如公立学校）、基金会等。政府年度财务报告包括三部分：介绍部分、财务部分、统计部分。基本财务报表主要由政府层面财务报表（资产负债表、运营表）和基金财务报表构成。基金财务报表包括政府基金财务报表、权益基金财务报表、信托基金财务报表，分别反映用于各种政府活动的一般性政府财务资源、与政府商业活动有关的财务资源和政府以信托或代理方式持有的财务资源。

在政府财务信息披露的会计基础选择上，州和地方政府在日常账务核算时主要采用权责发生制。在操作上，首先将核算对象分为三大类基金：政府基金、权益基金、信托基金；其次对不同的基金采取不同的核算基础：政府基金的核算采用修正的权责发生制，权益基金和信托基金采用权责发生制；最后根据账簿数据编制政府财务报告。政府财务报告中除政府基金财务报表采用修正的权责发生制外，其他都实行完全的权责发生制。

十、结语

如果在政治体制上美国被称为三权分立的联邦制国家，那么在财政组织上，美国属于财政联邦制。财政联邦制的体现之一是税收分权，税收分权遵循税权平等和效率优先的原则。在某些税种上，如果联邦政府、州政府和地方政府对同一税源和同一纳税人都有征税权，联邦政府的征税权优先。联邦政府有权对州政府的征税权施加限制，如联邦法院有权作出停止征收的判决，但在州宪法的范围内，州政府和地方政府有独立的税收立法权和税收管理权。美国公共预算制度的发展从 1921 年开始，经历了行政主导、均势预算和多元预算三个阶段。如今，美国的预算管理权力由行政部门和立法部门分享。立法部门和行政部门各有一套参与预算编制和审核的机构，形成了比较完备的分权型管理模式。

美国预算立法程序包括制定总统预算案、国会审议预算并进行相应立法以及美国政府执行预算相关立法三个相互联系的主要阶段。美国联邦政府参与预算管理的主要机关包括：总统、财政部、总统预算管理办公室（简称 OMB）等。国会拨款委员会通过年度拨款法案对有具体用途的财政支出进行授权，通过拨款法案确定的开支被称为自主性支出。自主性支出主要包括：教育、环境、国防等项目资金，约占联邦预算的 1/3。强制性支出包括：社保、医疗保险、医疗补助、失业保险及联邦雇员退休基金。自主性支出和强制性支出分别受拨款法案和授权性法律的调整。联邦政府预算严格遵守先审批后执行的原则，如审批未通过，即使新的财政年度已经开始，预算草案也不能执行。在这种情况下，需要编制临时预算作为过渡，直至新的预算草案获得通过。

美国各级政府高度重视预算编制的完整性，所有政府性收支均在预算中反映，不存在预算外资金活动。预算编制的内容较为细化，能够按照既定的标准，精确到具体的人和物，并且按照功能、部门、项目等不同类别予以列示，有效解决了预算专业性强、公众理解难度大的问题。美国预算编制的透明度较高，预算编制过程中政府提交议会审议的预算草案以及最终批复的预算法律文本都要向社会公布。

美国预算信息公开主要是通过政府信息公开相关的法案保障实施。政府信息公开进程从 1967 年《信息自由法案》开始起步，20 世纪 70 年代颁布了《联邦咨询委员会法》和《政府阳光法案》，20 世纪 90 年代以后通过了《电子信息自由法修正案》和《联邦基金责任和透明法》，已经形成了比较完备的法律体系。美国预算透明度具有文件全面公开，制定程序透明和公开方式多样的特点。

美国政府事权财权划分明确，联邦政府通过有条件的转移支付影响州和地方政府的运作，从而体现联邦意志，协调各州公共服务的提供。州政府对地方政府的转移支付数额与联邦政府对地方政府的转移支付数额基本相当。总的来说，联邦政府提供的公共物品，如国防、外交和国际事务，具有全国性公共产品性质；州政府由于在税收和支出上高度自治，其自身组织架构与联邦政府较为类似，其提供的公共服务主要是基础设施和收入再分配；地方政府是州政府的延伸，很多地方政府提供的公共服务通常也是州政府涉及的。州和地方政府发行债券要经过公众投票批准。州政府一般都有法律规定的地方政府举债的使用范围和规模。其发债程序为：需要建设的管理部门提出项目，财政部门提出预算和发债动议，提交议会讨论。议会拥有否决权。一些重大建设项目，在议会要进行各方代表和专家组成的听证会听证；一些特别重大的借款项目，还要通过州或市县镇的全民投票公决。

美国实行国库单一账户制度。财政部下设金融财务管理局对财政国库集中支付业务进行管理。在预算执行过程中，金融财务管理局严格按照各联邦政府部门的支付指令进行资金支付，通过信息系统直接将支付信息及时反馈给部门，由各部门自己控制本部门的预算执行。国库集中支付结算方式主要有电子支付和支票支付两种。

国会预算办公室编制的中长期预算是美国预算体系的重要部分，美国现有的中长期预算报告分为10年期和75年期两种，10年期报告的核心内容是以经济周期为基础的跨年度预算和更长经济周期内的预算平衡，75年期报告的核心关注点是人口特征的变化，例如婴儿潮对养老和医疗支出的影响。

从预算编制、执行到决算，美国预算监督渗透在预算过程的方方面面。在预算执行过程中，各部门要定期向OMB报告本部门的预算执行情况。联邦机构内部设置一名首席财务官，以负责各机构财务收支及编制年度决算报告。监查总署负责执行行政部门内部的预算监督审核，防止权力的滥用及公职人员的渎职行为。监察总署监察长享有人事任免权，更彰显其独立性。政府责任办公室协助国会对政府机构进行独立审计。联邦年度总决算报告由GAO交由国会审议。

具体到州政府预算层面，不管是预算周期还是预算原则都存在差异。州财政预算的规则和程序一般直接适用于该州的地方政府。但在州和地方政府之间，也存在一些重要的区别，如相对于州政府而言，地方政府更依赖于政府间转移支付；地方政府的收入来源、支出方式、税率设定、税收标准等都受到州政府的管理。

根据OECD报告显示，截至2014年底，美国联邦政府债务已超过18万亿美元，历史上首次超过其GDP。《2011年预算控制法案》确立的减赤规则要求美国联邦政府在2012年至2021年减少1.5万亿美元的财政赤字。按照现行美国预算法律的要求，美国政府和国会需同时满足赤字中性原则下的支出控制目标，同时按照OMB确定的年度减赤要求进一步控制支出，以满足大幅削减赤字的远期目标。这在美国财政改革的历史上，迈出了背离凯恩斯主义赤字财政政策的一步。

附件：美国预算主要日期表

1月第一个星期一至2月第一个星期一	总统向国会提交预算草案
6周后	国会各专门委员会向国会预算委员会报告预算概算
4月15日	表决通过国会预算决议案
5月15日	众议院开始审议年度拨款法案议案（即使国会预算决议未获通过）
6月10日	众议院拨款委员会报告上年度拨款法案
6月15日	国会完成“协调法案”
6月30日	众议院审议完成年度拨款法案
7月15日	总统向国会提交预算中期评议报告
10月1日	财政年度开始

第五章

法国预算法律问题研究

一、法国财政体制概况

法国是半总统制国家，立法、司法、行政三权分立，但是行政权相对于立法权和司法权要强大得多。法国实行行政双头制，总统和总理都是政府行政长官，但总统权力大于总理。总统由人民直选产生，总理由国民议会[1]多数党领袖担任，经总统任命，对议会负责。1958 年的法兰西第五共和国宪法对总统和总理的权力界限没有明确的规定，总统与总理之间可能产生权限争议。

法国是中央集权型单一制国家。在政治结构上，法国分为中央、大区、省、市镇（或市镇联合体）四级，大区行政长官和省级行政长官由中央任命，市镇长官由地方选举产生。目前法国共有 26 个大区、100 个省、3 万多个市镇。

在财政体制上，法国实行集权型预算管理制度，财政立法权主要集中在中央。国家预算分为中央预算、地方预算和国家社会保障预算三部分。法国现行预算法《财政组织法》（La Loi Organique relative aux Lois de Finances，简称新 LOLF 法）于 2001 年 8 月 1 日颁布，2005 年 1 月 1 日起生效，正式指导

① 根据法兰西第五共和国宪法，国民议会是法国国会下议院，国民议会的权力大于参议院。财政法案只能由国民议会提出。当两院对法案的审议发生意见分歧时，国民议会拥有最后裁决的权利。

2006年的政府预算编制。

二、法国预算基本原则

（一）全面性原则

法国实行统一预算制度，不存在预算外资金。虽然社会保障基金和政府经营性资本在理论上被划分为预算外资金，但在法国，社会保障基金和政府经营性资本都是预算法案的调整内容，确保可问责性。法国社保基金与一般预算收支分开，单独编列专项账户，基金收支作为年度预算的一部分提交立法机关进行审批。法国对国有企业实行分类管理，将国有企业分成垄断型国有企业和竞争型国有企业两种，实行不同管理制度。财政部是国有企业财政主管部门，决定企业获得的财政拨款数量和国家的参股范围，议会和国家审计法院行使监督权。

（二）专用性原则

议会对专用支出项目进行表决通过之后，非经议会授权不得在支出项目之间转移资金。但专用性原则不是绝对的，存在着两项例外：一是额度不高于10%的拨款可以在同一部门的同一支出类别之间转移，无需经过议会审议；二是如果支出的性质不变，政府可以不经过议会，直接通过法令授权的方式，在不同部门之间转移资金。

（三）可分性原则

可分性原则也称收支两条线，是指预算收入与支出进行分别管理，支出不与收入挂钩。财政法案中不得规定预期预算收入的具体用途，但有两项例外：一是邮政等商业性公共部门采取自负盈亏的运作方式；二是预算内专项账户的收入可以直接用于公共项目的投资，如燃油税收入用于高速公路建设。

（四）年度性原则

每一财政年度的预算支出都要经过议会投票表决。新 LOLF 法实施前，94% 的预算支出都在下一年自动延续，也就是说一项新的预算支出在经过议会第一次投票确立后，下一财年几乎不需要经过议会再次投票确认，而是自动延续下来，因此每年只有 6% 的预算支出经过了预算辩论及投票的过程。新 LOLF 法实施后，每一笔预算支出都要经过年度预算程序的审批。

（五）真实性

新 LOLF 法深入改革了法国的公共预算会计系统，对政府公共账户的透明度做了进一步规定。新 LOLF 法要求财政信息准确、公开，政府预算必须真实地反映政府的全部收入和支出。

三、法国预算编制

（一）编制程序

法国预算编制是在总理领导下，由财政部长组织预算司、国库司、公共会计司负责具体编制工作，并由预算与会计监督司[①]进行监督。每年的 1 月 1 日至 12 月 31 日为法国的一个财政年度。2016 年度的预算计划从 2014 年 12 月份起进入起草阶段。

1. 起草预算

每年 12 月至次年 2 月，法国财政部预算司将进行预算前景分析，并负责起草下一财政年度的预算草案。预算草案主要包括以下内容：（1）根据上一个财政年度的预算执行结果以及当前财政年度经济指标，预测下一财政年度的

---

① 预算与会计监督司的前身是财政监察专员制度。财政监察总署专员由预算司派驻行政部门内部，代表财政部长监督各行政部门负责人的拨款使用情况，在预算编制中也发挥着重要作用。从 2006 财年起，预算会计监督司取代财政监察专员制度。

政府收支状况；（2）预测政府当前财政年度的经济政策对下一财政年度的经济运行可能产生的影响；（3）预计政府在下一财年必然增加的支出项目。预算草案不仅要对下一财政年度的收支情况进行预计，还要对未来3年的情况进行预算分析。

2. 内阁会议

每年3月至4月初，预算司司长将向财政部长[①]提交预算司起草的预算草案。预算草案包括政府的基本经济政策，预算编制程序、原则、支出概况、税收制度等。财政部长会同总理、总统、经济政策顾问等对预算司的预算草案进行商讨、修改后，提交内阁会议进行讨论。4月下旬召开的内阁会议由总理、各部部长及顾问共同参与，讨论并决定政府预算分配的优先顺位、支出项目及赤字规模等。预算司根据内阁会议讨论结果将预算草案修正为预算框架决议书（Framework letter），并由总理负责下发至各部。预算框架决议书内容主要包括宏观经济数据预测、财政政策分析、财政赤字等。各部门参照预算框架决议书进行预算编制。

3. 预算会议

每年五六月份，将集中进行数次不同级别的预算会议。各部在预算会议中提出其支出要求，但由于各部之间存在预算利益冲突，预算会议阶段往往产生激烈的辩论。预算会议首先由预算司司长、各部预算代表、各部顾问及预算司内部成员进行辩论，通常大多数的争议可以在这个级别的会议中解决。如未能达成一致意见，则该部部长需亲自参加预算会议，与预算司司长协商；如仍有待解决的争议，该部部长需进一步与财政部长，甚至总理进行会谈；在极为个别的情况下，总统或其顾问将出面调停争议，但仅就原则性问题，如预算支出重点进行干涉，不涉及具体的支出分配争议。

4. 部门支出上限

进入7月，总理就支出争议进行最后的仲裁，确定部门预算的分配情况，

① 如果内阁设有独立的预算部，则预算司需要向财政部和预算部分别进行报告。

形成支出上限决议（Ceilings letters），并下发至各部。支出上限决议与预算框架决议不同，包括了预算会议达成的一致意见。上限决议的形成说明政府就支出项目的准备阶段已经结束，除非有特殊情况发生，不会再对支出项目进行大的改动。

5. 财政收入项目

确定了部门上限之后，在每年七八月份，预算司司长、财政部长的预算顾问、总理共同协商确定预算草案中的财政收入项目，其中，税收政策由预算司和税收立法司提出。总统对于财政收入项目的讨论也有发言权。

6. 财政议案草案

每年八九月份，预算司将支出项目与收入项目的讨论结果编制成完整的财政议案，先送至经济与社会委员会及中央行政法院，经部长会议通过后提交国民议会进行审议。依照惯例，财政议案与相关的预算文件至迟在10月的第一个星期二之前送交国民议会。

至此，行政编制程序暂时结束，接下来将由立法部门进行预算审议程序。

（二）审议程序

根据宪法规定，法国国会实行两院制，国民议会代表全国利益，参议院代表各行政区利益。议会审议财政议案的期限是70日，且国民议会如果无法在财政法案提出后的40日内进行一读，则政府可将财政法案提交参议院在15日内通过。如果议会70日内没有通过预算，政府可以启动紧急程序，将预算作为行政法令付诸实施。

1. 国民议会审议

根据《宪法》第39条规定，财政法案必须先送国民议会审议①。财政议案送交国民议会后，先由财政委员会进行初审，再向院会提交报告，由院会就财政议案的不同项目进行讨论及投票。国民议会首先就财政收入项目的条

① 其他政府议案在咨询中央行政法院后，先经部长会议讨论，再送交国民议会或者参议院秘书处。

款进行逐项表决。在审议财政收入时，国民议会议员无权削减政府收入；其次就预算平衡进行表决，主要涉及预算赤字水平和资本项目开支。财政收入项目审议结束后，进入财政支出审议阶段。在此阶段，首先就维持性支出进行表决，这部分支出是政府机构维持基本服务的支出，支出额度根据以前年度水平进行测算得出。其次就新增支出项目进行表决，这部分支出是各部向政府提出的新项目支出，因此需要以书面形式对其重要性和必要性加以说明。在审议财政支出时，国民议会议员无权提出增加支出或重设部门预算的提案，只能进行删减或接受。最后，国民议会就财政议案进行整体表决。

需要特别指出的是，国民议会对财政议案的审议权限，是基于宪法关于国民议会立法权的规定，而非预算法的内容。根据法兰西第五共和国《宪法》第 40 条规定，议案的提出者可以是政府或者议员①。但如果国民议会议员提出的议案或修正案，涉及减少公共财务收入或增加公共财务支出时，该议案视为不被内阁接受，不予成立。国民议会在预算审议中的作用以及议员意志的表达，很大程度上受宪法的程序性规定约束，这也体现了第五共和国宪法对于行政权力的倾斜。

2. 参议院审议

国民议会审议通过后，将审议过的财政议案提交参议院审议。参议院进行审议的程序与国民议会审议的程序相同。根据宪法规定，一项法案的生效需要议会两院批准。由于国民议会和参议院代表不同利益，在预算审议过程中，一部财政法案可能在国民议会和参议院之间多次往复②（navettes），才能最终获得通过。

3. 联席委员会审议

联席委员会（Commission Mixte Paritaire）或称调解委员会，由国民议会或参议院各 7 名议员组成，以促成两院达成一致意见。如果联席委员会达成

---

① 法国议会通过的法律中，有 15% 为议员动议。

② 一个议院通过后提交给另一个议院，另一个议院修改后又传回第一个议院，第一个议院需要重新进行立法程序。除财政议案外，政府有权选择先提交哪个议院进行审议。

协议，则将协议草案提交两院院会投票。如果协议草案在两院审议通过，则预算法案得以通过；如果协议草案仍无法获得通过，那么国民议会可以压倒参议院做出最后决定。总统、总理、议会两院议长或60名以上议员如果对财政议案提出异议，宪法评审委员会将启动合宪审查程序。最后，财政议案将由总统对外公布。至此，财政议案成为财政法案预算编制过程结束。

（三）中长期预算编制

《公共财政多年发展变化规划书》是法国的3年期多年预算规划书，随年度预算一起滚动编制，由财政部预算司牵头并整合财政部其他各司局提供的数据，每年对未来3年的经济数据进行更新。其中包括宏观经济政策对税收收入影响预测、“任务”层面财政资金的优先分配领域等。

四、法国预算控制与执行

新LOLF法是预算绩效改革的阶段性成果，体现了以绩效为核心的公共预算管理理念。预算绩效改革的目的在于限制政府在预算执行中的自主权，扩大国会对政府预算的决定权、监督权，并推动监督重点从“支出”到“产出”的转变，建立绩效考核体系，确保议会和政府在国家财政资源分配上权责统一，提高公共支出效率。

（一）预算执行框架

新LOLF法实施之前，法国按照支出类别划分预算种类，如：国家安全、教育、医疗等，共分为850章。2006年起，法国通过“任务”“项目”“行动”三个等级编制并执行预算，简化了预算结构，使其更具可读性。“任务”是议会表决通过的预算单位，对应某一项公共政策；“项目”代表了公共政策的实施框架，是一种有支出上限和绩效考核目标的预算细分单位；而“行动”把“项目”拆分成若干个步骤，实现“项目”要达到的目标，是实际发生预算支出的行为或活动。“任务”由一个或几个中央政府部门设立，如食品安全，往往需要数个部门之间配合协作，但每一个“项目”只与中央政府部门有关。

“任务”由几个不同的“项目”组成，同一“任务”内不同“项目”之间的支出比重可以进行调整。每个“项目”都设有中央主管单位任命的项目负责人，负责人的来源在新 LOLF 法中没有明确规定，通常是中央政府部门部长或秘书长等，接受议会财政委员会的监督，可能同时负责几个不同项目，负责人可以在同一“项目”内的不同“行动”之间调整预算分配比例①。这种预算资金分配比例的调整被称为可互换性。可互换性排除了公务人员薪金预算，具体来说，同一“项目”内的公务人员薪金预算可以用于补充其他类别的公共预算支出，但不能削减其他类别的公共预算支出用于支付公务人员薪金。一方面的原因在于公务人员的数量和薪酬标准比较固定，在一个财政年度内很少有大幅波动；另一方面的原因是在中长期预算中，法国为减少财政赤字，将采取裁减公务人员数量、减少公务人员薪金支出的措施。例如 2007 年，时任法国总统的萨科齐推出了一项公共政策整体改革方案（Révision générale des politiques publiques），方案含有结构改革、治理模式改革等多项内容，包括了公务员退休后空缺岗位的 50% 不再进行招聘，合并税务征收部门等措施，以优化政府结构，精简公务人员数量，改善政府服务质量。

根据新 LOLF 法预算执行框架，法国通过“任务”“项目”“行动”三个等级编制并执行预算，但在实践中，情况往往复杂得多。因此涉及地方政府部门的“项目”还可以被划分为“可操作性预算项目”（简称 BOP）。BOP 可以是国家级、大区级或省级项目，较为复杂的 BOP 还可以进一步被划分为“可操作性预算单位”（简称 UO），UO 是预算支出实际发生的阶段。与“项目”负责人类似，BOP 与 UO 负责人也享有一定自主权，但他们无权调整项目内部预算资金分配。

---

①“项目”预算额度是强制性的，但“项目”内的资金分配比例是指导性的，项目负责人和议会都有权对其进行调整。

为了保证预算执行效果，实现绩效目标，新 LOLF 法建立了新的负责人协商管理体制，打破了 2005 年以前一直沿袭的行政级别等级制度，改变了行政级别与预算职能直接挂钩的传统模式。除了在“项目”预算上限内给予负责人调整预算分配比例的权力外，新 LOLF 法还特别授予“项目”负责人一定的人事权力，以加强“项目”-BOP-UO 各级负责人之间的协商配合，促进绩效目标更好地实现。

（二）预算执行

2012 年 11 月 7 日，法国颁布了《关于预算管理和公共会计的法令》，主要对预算执行进行了规定。

1. 预算收入执行程序

预算收入执行程序相对于支出程序相对简单，主要分为三步：

（1）结算阶段。确定具体政府债权数额。

（2）向“债务人”发出征收通知。通知到达“债务人”时，“债务人”产生支付义务。

（3）实际征收阶段。本阶段征收负责人，一般是预算会计，需要对上一阶段征收通知的合法性进行审核确认。

2. 预算支出执行程序

（1）拨款及分配。预算支出按照“项目”进行拨款，再按照“项目”构成逐级放款。如果“项目”由几个“行动”组成，“项目”负责人将预算分配给“行动”负责人；如果“项目”由 BOP 和 UO 组成，那么“项目”负责人将预算分配给 BOP 负责人，BOP 负责人分配给 UO 负责人。

（2）承付。承付是一种产生预期支付效力的法律行为，政府承诺将在未来进行支付。承付是预算支出的必经阶段。

（3）结算。结算是对承付合法性进行审核，并确认支出数额的过程。

（4）发出支付通知。支出决策者向支出执行人发出支付通知。

（5）实际支付。支出执行人划拨款项，完成实际支付。

（三）预算修改

财政法案原则上只能由议会通过法定程序进行修改，根据新 LOLF 法第 13 条第 3 款的规定，国民议会财政委员会应当在预算修正案移交后 7 日内向首相表达议会的意见。

新 LOLF 法第 13 条还进一步规定，在紧急状态下，财政部在告知国民议会财政委员会后，可以通过“垫付法令”的形式追加预算。垫付法令可以在生效后立即提交议会审批，也可以在生效后的议会会议召开时提交。

上述新 LOLF 法第 13 条的预算修改存在两项限制：一是预算修改不得打破本财年预算法案中的预算平衡规定，也就是说，垫付法令追加的预算必须相应的撤销或收回等额的预算支出；二是垫付法令追加的预算额度不得超过年度预算总额的 1%。

就减少预算支出，新 LOLF 法第 14 条列举了两项原因：一为上述提到的为预算平衡目的而减少预算支出，二为一项支出失去了其“目的”时被撤销，例如养老金、失业保险金因为受领人的死亡、再就业而被撤销。被撤销的预算支出额度不得超过年度预算总额的 1.5%。由此可见，追加预算额度与撤销预算额度并不完全吻合，这可以对预算赤字进行适当的控制。

（四）预算会计系统

为了对预算绩效目标进行考核，新 LOLF 法革新了法国政府会计系统，将政府会计分为一般会计、预算会计及成本分析会计。一般会计以权责发生制为基础，对政府的资产、负债情况进行反映。预算会计以收付实现制为基础，核算国库收入与支出。成本分析会计对财政支出的实际发生阶段，如“行动”、BOP 和 UO 进行成本分析，反映预算成本，用于绩效考核。

一般会计、预算会计和成本分析会计相互配合，对政府预算的适用情况进行完整的记录与核算，详实、完整地反映了政府资产债务情况及预算绩效目标的实现情况。作为政府决算报告的一部分，增强了政府预算的透明度，也有利于议会进行监督和审计法院进行审计。

五、法国政府间事权财权划分

（一）法国地方分权改革进展

近30年来，法国通过地方分权改革，中央与地方财政关系取得了积极进展。1982年，法国颁布了《关于市镇、省和大区权利与自由法》(Loi relative aux droits et libertés des communes, des départements et des régions)，重新调整了地方行政区划；地方政府官员产生方式由任命制改为选举制；将一些中央职权下放至地方政府；强化了地方民主，如公民有权要求地方政府公开预算文件，在地方议会建立口头质询制度等。到2003年，法国通过了宪法修正案《法国地方分权组织法》(La loi relative à l'organisation décentralisée de la République)，首次将地方分权写入宪法，确立了以下四项原则：(1)地方优先原则。在中央与地方事权配置上，凡是在各级地方政府层面能够完成的事项，地方政府具有最终的决定权；只有在地方政府层面无法最优实施的事项，中央政府才有介入权。(2)权限整体转移原则。在权力下放时，明确各级政府事权，避免出现各级政府间事权不清、责任不明，导致管理上出现混乱的情况。(3)事权财权相统一原则。当事权下放时，为行使事权所必须的财政收入权力应当同时进行调整。(4)地方政府平等原则。法国的各级地方政府之间相对独立、没有直接的行政隶属关系，财政预算由同级议会审批。

（二）央地财政来源与支出责任划分

法国实行分税制，央地政府税源划分清晰，不设共享税。中央税收主要包括个人所得税和公司所得税、增值税、消费税、遗产税和关税等。地方税收包括房地产税、营业税、专利税、娱乐税和电力税等。中央和地方政府税收法律由国会制定，税收法规及条例由财政部制定。法国的税务管理机关是税务总局，隶属于财政部。税务机构实行自上而下的垂直领导，不受议会和同级政府的干涉。地方税由财政部派驻地方的公共会计负责征收，统一上交国库，国库分 12 个月返还地方。地方税收约占全国税收的 25%。法国税收收入的绝大部分集中在中央财政一级，仅把次要的税源划给地方，这是法国税制最主要的特点。

按照比重划分，法国地方政府收入主要来自以下方面：地方税收、中央政府转移支付的资金、其他政府拨款、政府借款、服务性收费收入、公共资源使用费。其中，地方税收约占总收入的 50%，中央转移支付资金约占 25%。

在法国 2015 年的中央财政支出中，退税及减免支出（Remboursement et dégrèvement）占 22.4%，基础教育及高等教育支出占 22.36%，医疗、社保、环境改善等基础服务性支出占 16.67%，国家金融活动支出占 11.33%，国防支出占 11.32%。在地方财政的支出中，社会公共服务的支出、地方经济活动支出、一般公务活动的支出位列财政支出前 3 位。

（三）政府间转移支付制度

由于法国财权比较集中，法国中央政府对地方政府的转移支付力度非常大。为了减少中央与地方以及各地区之间的财政差异，均衡性转移支付（le transfert fiscal d'égalisation）是法国转移支付制度的主要形式，均衡性转移支付通常不附限制性条件，接受拨款的省和市镇政府可以根据自主安排使用经费。均衡性转移支付总额的确定与六十多项因素相关，如接受拨款地区的人口、经济水平、基础设施建设情况等宏观指数。除均衡性转移支付外，中央政府还通过专项转移支付（le transfert fiscal spécifique）进行拨款，明确限定资金的用途。在法国，随着地方分权改革的推进，原属于中央的部分职能被下放到地方政府。为了让地方政府有财力完成这部分委托责任，通过税制改革，将部分中央税种改由地方征收，实现支出责任与收入的匹配；反之，如果中央政府出台税收减免政策侵蚀了地方税源或导致地方政府收入减少，则应向地方政府进行税收补贴拨款。此外，由于分权改革尚在进行，央地财权事权在部分领域划分不甚明晰，法国还设有综合拨款指标，包括所有因政府职能转移导致的地方政府支出增加或收入减少，进行分类转移支付（la subvention gouvernementale）。

六、法国政府债务管理

法国作为典型的单一制国家，在政府债务管理中，行政权发挥着极其重要的作用。法国财政部设有专门的债务管理机构“债务管理中心”，对各级政府的债务情况进行管理和监督。此外，财政部还在各个省、市镇派驻监督机构。根据欧盟条约和法国国内法的规定，累积债务上限是年度 GDP 的 60%，预算赤字不得超过年度 GDP 的 3%。国库账户在发债后应当保持平衡。如果年度实际财政收入超过预算法案的预估收入，经财政金融部门的批准，分期债务可以提前清偿。根据新 LOLF 法第 26 条第 4 款的规定，债务的发行、兑换和管理都需要符合年度财政法案的规定。如果没有特殊规定，国债以欧元发行和结算，国债债权人不享受纳税减免优惠。国债或公债不得用于支付公共开支，且利息在发行合同中列明。

七、法国国库单一账户管理制度

法国财政部在央行（法兰西银行，Banque de France）设立国库单一账户，同时设置国库分账户，为所有政府支出部门记录资金变动和资金使用情况。法国实行复式预算制度，将国家预算分成经常性业务和临时性业务两个组成部分，其中经常性业务包括总预算、专项账户以及附设预算。临时性账户目前主要有六种：专项账户、贸易账户、贷款账户、预付款账户、货币业务账户和与外国政府结算账户。分账户的设置是为了更好地记录交易流程，实际支付仍通过国库单一账户。

国库单一账户不仅管理中央政府财政资金，还要管理地方政府和公共部门资金。地方政府的资金变动实时反映在央行国库账户中，财政部门可以随时查询，以实现有效监督。

八、法国预算审查监督

法国通过预算审查监督体系和绩效考核制度，实现了预算全过程、多维度的监督。从监督主体来看，财政部、议会、审计法院根据宪法或预算法授权进行监督；从实施方式来看，财政部下设的各内部机构是行政机构内部的监督机关，而议会和审计法院则负责独立的外部监督；从监督过程来看，各个机构相互配合，覆盖预算全过程；从监督效果来看，财政部、议会、审计法院的监督各有侧重，互相配合。

（一）财政部监督

财政部是预算管理部门，预算监督是其职能之一。随着新 LOLF 法的实施和绩效改革的推进，财政部监督的重点也逐渐从合法性监督向绩效产出和风险规避转移。具体来看，财政部下设的财政监督部门主要有预算与会计监督司、公共会计司、财政稽查局、国企监察署。

1. 预算与会计监督司

预算与会计监督司内设部门预算监督处与部门会计监督处。部门预算监督处的前身是财政监察专员制度。财政监察专员的监督工作主要围绕受监督部门的最高负责人开展，监督其对拨款的使用情况和支出文件的合法性，支出文件必须财政监察专员签字后，公共会计才会接受。与之不同，部门预算监督处将监督重点从“个人”“合法”向“机构”“行为”“风控”转移。在预算准备阶段，部门预算监督处负责审查预算预测文件，确保其真实性和可靠性，在下一财年开始前一个月签署预算预算文件。在预算编制阶段，部门预算监督处要审核储备金额度，防止预算风险。在预算执行过程中，部门预算监督处与部门会计监督处配合协作，对于重要的公共支出议案，支出负责人申请部门预算监督处先行审核，之后再交由公共会计完成支付程序。这也是基于规避风险的考量。

2. 公共会计司

根据法国的会计系统，公共会计负责国家财政收入与拨付，支出决策者与支付执行人相分离。根据新 LOLF 法的规定，公共会计司的工作重心从“事务型监督”向“选择性监督”进行转变，监督的对象主要是公共支出的风险和支出负责人的行为，试图建立一种协调配合的“伙伴关系”，而在新 LOLF 法实施之前，政府部门公共会计接到支付指令后需要进行完整的合规性审查，支出决策者与公共会计之间的关系一旦陷入僵化[①]，则会降低办公效率。

3. 财政稽查局

财政稽查局是财政部下设的专门监督机构，直属于财政部长，根据部长指示对财政收支或部门进行专项监督。与部门预算监督处的职能不同，财政稽查局对财政部下设的国库司、预算司、海关总署、税务总局等特殊部门进行监督，不仅包括机构内部资金使用情况，还包括对外投资、海外援助等经济活动的监督。如果财政部长对个别机构或行为提出质疑，财政稽查局还负责开展专项调查，形成书面报告，直接递交部长。财政稽查局的部分监督活动不具有常规性，往往是对监督对象实行突击检查。财政稽查局是财政部内的“准司法”部门。

4. 国企监察署

法国的国有企业在国民经济中占有非常重要的地位，国企监察署是财政部监督国有企业经济活动的部门。国企监察署将 50 多名检察员派驻到国家控股企业，对企业日常经济决策活动和预算使用情况进行监督，一旦发现问题，直接向该企业主管部门汇报。

---

① 即使公共会计拒绝了支出决策者的支付请求，支出决策者仍可以做出强行执行的支付令，公共会计也应当执行支付。此时，执行后果或损失由决策者承担。

（二）议会监督

议会对政府的监督权来自《宪法》第 24 条的规定：议会监督政府行为，评估公共政策。各级议会对本级政府预算进行监督，议员提出质询时，政府部门要进行解释。

新 LOLF 法在议会财政委员会中新设立“监督与评估”小组，重申议会对公共预算执行的监督职能，政府对预算进行修改时，必须书面告知议会财政委员会，强化事前监督。此外，事前监督还体现在预算法案的编制过程中，只有经过议会审议通过，预算法案才能付诸实施。

财政年度开始前，预算草案提交审议时，需附带年度绩效草案。年度绩效草案对预算资金的使用目标和预算项目预期达到的效果进行阐释。财政年度结束后，年度绩效报告是议会财政决算的重点，年度绩效报告包括本财年预算执行的结果，预期目标的完成情况等。绩效考核指标和目标是议会审议政府工作报告、评估政府服务质量的重要参照标准。

（三）审计法院监督

审计法院是法国最高的经济监督机关，根据法兰西第五共和国《宪法》第 47 条的规定，审计法院的职责是协助议会和政府监督财政法案及社会安全财政法案的执行。此外，审计法院有权对接受公共财政援助的民间机构、国有企业等进行审计。

法国审计法院独立行使职权，不受议会和政府的干涉。审计法院院长经内阁通过后由总统任命，实行终身制任期。审计法院按照业务分为 7 个法庭和 1 个检查庭，检察庭庭长由总理任命，负责提供审计业务法律咨询服务。全国下设 24 个地方法庭和 1 个海外庭。随着地方分权化的发展，审计法院的部分职权也开始下放。地方法庭负责审计地方政府预算、接受地方政府拨款的民间机构等。

审计法院的事前监督体现在对预算草案的审计上，确保其预算数据的真实性、准确性和预测过程的合法性。审计法院事后审计对象主要有预算执行报告、支出执行人、支出决策人。财政年度结束后，财政部长将预算执行报告首先提交审计法院，审核结束后形成一份核准通告，再将通告与预算执行报告一并提交议会审议。支出执行人和决策人的工作受审计法院监督，情节较轻的错误操作会在审计通告中披露，情节严重的违法行为则移交刑事机关处理。审计法院一般不再重复审计财政稽查局调查过的违法违规行为。审计法院的监督可以向前追溯4-5年。

作为绩效考核体系的一部分，预算执行绩效也是审计法院审计内容之一。审计法院的审计报告都将向社会公开，保障公民的知情权，增强预算执行透明度，接受舆论监督。

九、结语

法国现行的新LOLF法充分反映了法国当前的政府结构和治理模式特点——行政集权、地方分权、程序正当、有效监督。法国行政权高度集中，从政府与议会的权力制衡到中央对地方政府的控制，都体现了单一制下行政权集中的特点。但新LOLF法在赋予政府自主权的同时，又强调了议会对预算的监督权以及中央与地方之间预算权的平衡。法案对预算权力的分配体现了法国政治改革的趋势，即行政机关与权力机关的关系从传统的制衡模式向合作模式进行转变。为了推进改革，防止腐败和权力寻租，法国着重强调预算程序合法和预算信息公开，通过程序正当性要求，在中央和地方、立法机关与行政机关之间，就预算问题寻找一种“伙伴性平衡”。事实上，法国处于地方分权改革时期，中央职能大规模向地方政府转移，央地事权财权划分存在一些不确定性，因此政府间转移支付额度的确定也变得相对困难，所以法国的分类转移支付主要针对因政府职能转移导致的地方政府支出增加或收入减少。法国的预算监督系统十分完善，财政部迫于减赤减支压力，内部监督机构各有针对性，主要针对风险规避和赤字控制。议会和审计法院监督是外部监督机关，除了合法性监督外，还要进行绩效考核，评价政府工作质量。

法国是半总统制国家，立法、司法、行政三权分立，但是行政权相对于立法权和司法权要强大得多。法国是典型的中央集权型单一制国家，在政治结构上，法国分为中央、大区、省、市镇（或市镇联合体）四级，大区行政长官和省级行政长官都是由中央任命，只有市镇长官由地方选举产生。这些政治体制上的特点，深深影响了法国的预算管理制度安排——财政集权制。

法国预算制度的基本原则是全面性、专用性、可分性、年度性和真实性。法国实行统一预算制度，不存在预算外资金。虽然社会保障基金和政府经营性资本在理论上被划分为预算外资金，但在法国，社会保障基金和政府经营性资本都是预算法案的调整内容，确保可问责性。值得一提的是，法国是一个国有资本十分充裕的国家，所以国有企业资本预算管理是法国预算制度的重要部分。法国对国有企业实行分类管理，将国有企业分成垄断型国有企业和竞争型国有企业两种，实行不同管理制度。邮政等商业性公共部门采取自负盈亏的运作方式。虽然作为预算法案的一项内容进行管理，但这是预算可分性原则的例外。

法国的预算编制一般在财政年度开始前 1 年启动。2016 年度的预算计划从 2014 年 12 月份起进入起草阶段。12 月至次年 2 月，法国财政部预算司将进行预算前景分析，并负责起草下一财政年度的预算草案。3 月至 4 月初，预算司司长将向财政部长提交预算司起草的预算草案。4 月下旬召开的内阁会议由总理、各部部长及顾问共同参与，讨论并决定政府预算分配的优先顺位、支出项目及赤字规模等。预算司根据内阁会议讨论结果将预算草案修正为预算框架决议书并由总理负责下发至各部。五六月份，将集中进行数次不同级别的预算会议。各部在预算会议中提出其支出要求。进入 7 月，总理就支出争议进行最后的仲裁，确定部门预算的分配情况，形成支出上限决议并下发至各部。确定了部门上限之后，在每年七八月份，预算司司长、财政部长的预算顾问、总理共同协商确定预算草案中的财政收入项目。预算司将支出项目与收入项目的讨论结果编制成完整的财政议案，先送至经济与社会委员会及中央行政法院，经部长会议通过后提交国民议会进行审议。议会审议财政议案的期限是70日，国民议会如果无法在财政法案提出后的40日内进行一读，则政府可将财政法案提交参议院在15日内通过。如果议会70日内没有通过预算，政府可以启动紧急程序，将预算作为行政法令付诸实施。根据宪法规定，一项法案的生效需要议会两院批准。国民议会代表全国利益，参议院代表各行政区利益。在预算审议过程中，一部财政法案可能会在国民议会和参议院产生分歧，于是联席委员会应运而生。联席委员会由国民议会或参议院各7名议员组成，以促成两院达成一致意见。如果联席委员会达成协议，则将协议草案提交两院院会投票。如果协议草案在两院审议通过，则预算法案得以通过；如果协议草案仍无法获得通过，那么国民议会可以压倒参议院做出最后决定。

《公共财政多年发展变化规划书》是法国的3年期多年预算规划书，随年度预算一起滚动编制，由财政部预算司牵头并整合财政部其他各司局提供的数据，每年对未来3年的经济数据进行更新。相比于其他的预算国家，法国的中长期预算还处在比较初级的阶段。

新LOLF法是预算绩效改革的阶段性成果，体现了以绩效为核心的公共预算管理理念。预算绩效改革的目的在于限制政府在预算执行中的自主权，扩大国会对政府预算的决定权、监督权，并推动监督重点从“支出”到“产出”的转变，建立绩效考核体系，确保议会和政府在国家财政资源分配上权责统一，提高公共支出效率。2006年起，法国通过“任务”“项目”“行动”三个等级编制并执行预算，简化了预算结构，使其更具可读性。“任务”是议会表决通过的预算单位，对应某一项公共政策；“项目”代表了公共政策的实施框架，是一种有支出上限和绩效考核目标的预算细分单位；而“行动”把“项目”拆分成若干个步骤，实现“项目”要达到的目标，是实际发生预算支出的行为或活动。

法国预算收入执行和支出执行遵照不同的程序，通过《关于预算管理和公共会计的法令》加以规范。在紧急状态下，财政部在告知国民议会财政委员会后，可以通过“垫付法令”的形式追加预算。但不得超过年度预算总额的1%，而减少预算支出的额度不得超过年度预算总额的1.5%。由此可见，追加预算额度与撤销预算额度并不完全吻合，这可以对预算赤字进行适当的控制。为了对预算绩效目标进行考核，新LOLF法革新了法国政府会计系统，将政府会计分为一般会计、预算会计及成本分析会计。一般会计以权责发生制为基础，对政府的资产、负债情况进行反映。预算会计以收付实现制为基础，核算国库收入与支出。成本分析会计对财政支出的实际发生阶段，反映预算成本，用于绩效考核。

法国是典型的中央集权制国家，但近30年来，法国一直在推动地方分权改革。2003年，法国通过了宪法修正案《法国地方分权组织法》,《法案》规定，在中央与地方事权配置上，凡是在各级地方政府层面能够完成的事项，地方政府具有最终的决定权；只有在地方政府层面无法最优实施的事项，中央政府才有介入权。法国的各级地方政府之间相对独立、没有直接的行政隶属关系，财政预算由同级议会审批。这相对于法国一直以来的央地关系而言，是非常重大的转变。但由于法国财权比较集中，法国中央政府对地方政府的转移支付力度非常大。均衡性转移支付是法国转移支付制度的主要形式，均衡性转移支付通常不附限制性条件，接受拨款的省和市镇政府可以根据自主安排使用经费。除均衡性转移支付外，中央政府还通过专项转移支付进行拨款，明确限定资金的用途。法国还设有综合拨款指标，包括所有因政府职能转移导致的地方政府支出增加或收入减少，进行分类转移支付。

在政府债务管理中，行政权发挥着极其重要的作用。法国财政部设有专门的债务管理机构“债务管理中心”，对各级政府的债务情况进行管理和监督。此外，财政部还在各个省、市镇派驻监督机构。根据欧盟条约和法国国内法的规定，累积债务上限是年度GDP的60%，预算赤字不得超过年度GDP的3%。国库账户在发债后应当保持平衡。

法国财政部在央行设立国库单一账户，同时设置国库分账户为所有政府支出部门记录资金变动和资金使用情况。国库单一账户不仅管理中央政府财政资金，还要管理地方政府和公共部门资金。地方政府的资金变动实时反映在央行国库账户中，财政部门可以随时查询，以实现有效监督。

法国通过预算审查监督体系和绩效考核制度，实现了预算全过程、多维度的监督。从监督主体来看，财政部、议会、审计法院根据宪法或预算法授权进行监督；从实施方式来看，财政部下设的各内部机构是行政机构内部的监督机关，而议会和审计法院则负责独立的外部监督；从监督过程来看，各个机构相互配合，覆盖预算全过程；从监督效果来看，财政部、议会、审计法院的监督各有侧重，互相配合。审计法院监督是法国审查监督体系中的一大特色。审计法院是法国最高的经济监督机关，协助议会和政府监督财政法案及社会安全财政法案的执行。审计法院有权对接受公共财政援助的民间机构、国有企业等进行审计。法国审计法院独立行使职权，不受议会和政府的干涉。审计法院院长经内阁通过后由总统任命，实行终身制任期。审计法院的事前监督体现在对预算草案的审计上，确保其预算数据的真实性、准确性和预测过程的合法性。审计法院事后审计对象主要有预算执行报告、支出执行人、支出决策人。财政年度结束后，财政部长将预算执行报告首先提交审计法院，审核结束后形成一份核准通告，再将通告与预算执行报告一并提交议会审议。

附件一：法国中央政府预算编制程序

月份	工作内容
12月—次年2月	预算司进行前景分析并起草预算草案。
3月—4月	举行内阁会议，就财政部长、总理、总统修改过的预算案加以讨论，做成“预算框架决议书”。 总理下发“预算框架决议书”至各部。
5月—6月	举行预算会议，集中解决预算利益冲突。

续表

月份	工作内容
7月	总理就支出争议作最后仲裁。 编制“支出上限决议”下发送至各部。
7月—8月	财政部与总理协商确定财政收入项目。
8月—9月	预算案送至经济与社会委员会及中央行政法院咨询其意见后，送至部长会议讨论。
9月—10月	财政法案送至国民议会审议。

附件二：法国议会预算审议程序

月份	预算审议阶段
9月中	草案送至国民议会，由财政委员会初审。
10月中	预算案于国民议会院会进行时讨论，并分别就财政收入项目、预算平衡、财政支出项目进行表决
11月中	就预算案进行整体表决
12月初	预算案送至参议院进行审议（程序相同，可能在两院之间往返审议）
12月中	召开联席委员会，谋求两院共识； 草案可能送至宪法评议委员会进行合宪审查。
12月底	草案送交总统公布成为财政法案。

第六章

丹麦预算法律问题研究

一、丹麦财政体制概况

（一）政治结构

丹麦是君主立宪制国家，根据丹麦宪法，政权三分为立法、司法和行政，互不隶属。国王与议会共同拥有立法权，议会为一院制，议员经普选产生，任期四年。首相由议会多数党提名，国王任免，如果议会通过对首相的不信任案，除非发布大选令，首相应提出内阁辞职。丹麦是单一制国家。2007 年 1 月起丹麦行政区划改制，全国分为 5 个大区，98 个自治市及格陵兰岛、法罗群岛两个自治领地。格陵兰岛和法罗群岛享有高度自治权，丹麦议会将部分立法权下放给两个自治区以处理各自内部事务，但两个自治区的立法会属于丹麦议会的一部分，两个自治区在丹麦议会各占两名席位。丹麦也派有高级专员驻自治区代表政府行使权力。

（二）央地关系

20 世纪 70 年代以来，丹麦的政府职能大规模地由中央向地方转移，地方政府职能急剧扩张，财政支出也相应与政府职能适应。中央政府只承担着少量的管理职能，包括如国防、警察、外交、全国性立法等职能，以及一些大区政府无力提供充足服务的职能，比如高等教育。各个大区政府无权征税，其最主要、最重要的任务是医疗服务，开销来自中央政府和自治市政府拨款。

二、丹麦预算制度历史沿革

（一）丹麦预算制度概况

丹麦是欧盟成员国，但没有加入欧元区，实行联系汇率制，本币克朗与欧元挂钩。丹麦《预算法》规定的预算平衡目标将丹麦本国宏观财政预算目标与修改后的《稳定与增长公约》①（2005）规定的财政赤字和公共债务上限结合起来，遵照在欧盟委员会建议的基础上制定的时间表来完成。丹麦政府自1983年起，开始实施综合预算改革，通过建立规范的预算管理制度，推行权责发生制政府会计和预算，全面、完整地反映政府预算信息和支出成本，广泛接受社会公众的监督，经过多年的努力和实践，基本形成了一套比较完善的预算管理体系。

现行丹麦《预算法》于2012年6月18日颁布，2012年10月1日起生效，适用范围不包括格陵兰岛和法罗群岛。全篇分为七章，最主要的内容是第二、三、四章，规定了预算平衡和修正机制、支出上限、支出控制的内容。第一章开宗明义地指出立法目的是确保国家财政状况处于平衡或盈余状态，并在中央、大区级和市级进行适度的支出控制。

（二）历史沿革

丹麦缺乏预算立法传统，也缺乏中央政府规章指导，又因其多党制、高福利等国家特性，预算改革特点充分体现了经济状况的影响：经济衰退时，政府在保证福利的基础上降低赤字水平，严格控制支出；经济繁荣时，重视政府工作的绩效和透明度。

1. 二十世纪八十年代的预算改革强调自上而下的支出控制，设定预算上

① 欧盟为了保证欧元稳定，防止欧元区通货膨胀，于1997年通过《稳定与增长公约》，于2005年进行修改后，维持了要求欧元区各国3%的财政赤字和60%的债务上限的规定，但把要求超标国家财政赤字水平恢复到规定的3%之内的期限从1年放松到5年。详见第十一章第二节。

限并强化其框架性功能，以年度监管制度作为保障，规范转移支付和结转制度，旨在实现政府支出水平零增长（以 1984 年为基期）。丹麦财政部每年 2 月至 3 月制定政府总支出年度目标，并呈报议会下设的财政委员会；财政部通过定期汇报制度监督预算年度内的各部运作符合框架性规定，一旦发现违规行为，及时进行修正；实现财政盈余的政府部门会通过结转制度获得奖励；财政部基于预算目标实行拨款控制，取代了原有的单笔拨款审查，赋予了各部在支出决策上更大的自主权。

2. 1993 年，新一届政府上台，对预算政策和结构性政策进行改革。一方面将预算与政府的结构政策和宏观经济政策相结合，将预算程序视为一个政策驱动型的治理工具；将预算改革的重点从过程控制转移到结果导向上来，强调以结果为导向的管理模式，将基于结果的合同管理范式引入预算管理，明确规定了合同目标、程序、激励措施、考核方法和报告方法。绩效预算理念开始萌芽。另一方面，与政策性改革相适应，行政机关作出调整。1994 年，财政部将预算司与行政司合并。国家审计办公室从行政部门独立出来，变成议会的组成部分。

3. 2001 年开始，丹麦经济下行趋势明显，预算改革的目标是在增加福利的同时减少政府支出，这一改革目标迫使丹麦政府更加强调预算绩效，对预算资金配置和使用效率提出更高要求。2004 年丹麦政府决定在预算领域采用权责发生制会计，同时，规定各部门必须出具绩效战略规划，以保障权责预算制度的实施效率。绩效预算改革把预算支出和政府外部目标绩效联系起来，不仅提高了政府运作的透明度，而且年度绩效报告成为监督政府的有效途径。

4. 2009 年丹麦财政在保持了长期的预算盈余之后，出现赤字。随着金融危机和欧债危机的深化，预算改革的重点重新放到 20 世纪 80 年代的支出控制上，2012 年颁布的《预算法》也着重规定了“预算平衡和修整机制”及“政府支出控制”两个方面，而对之前 20 年丹麦预算改革的重点——绩效预算只字未提。丹麦政府在未来几年内的改革重点将集中在控制政府支出和加强议会财政委员会对政府支出控制的监管方面。

三、丹麦预算编制

丹麦《预算法》没有过多规定预算编制的内容，只是在支出控制程序中有所涉及。丹麦政府预算编制的基本原则是在指定总支出上限的同时提供支出调整工具，以实现年度平衡和跨年度平衡。

（一）年度预算

每年的1月1日至12月31日为丹麦的一个财政年度。下一个财政年度的财政法案须在该财政年度开始前至少四个月以前提交议会审议。换言之，每年九月之前，政府需要将下一年度财政预案提交议会审议，如果在下一个财政年度开始之前，议会没有完成对该财政年度财政法案的审议，政府须向议会提出临时拨款法案。政府收支是否得以正常进行取决于议会对财政法案的审议情况。在议会未通过财政法案或临时拨款法案之前，不得进行征税；非根据议会所通过的财政法案、临时拨款法案或补充拨款法案，不得支付任何经费开支。

（二）跨年度预算

预算上限以4年为一个跨年度平衡周期，同时编制未来三个财政年度支出上限，并提出未来第四个财政年度上限编制草案。例如，财政部长在提交2015年财政预算案时，要同时提交2016、2017财年支出上限，并提交2018财年支出上限草案。预算支出上限覆盖60%中央政府支出，包括各个政府部门的运行费用及周期性转移支付（如养老金），而非周期性转移支付（如失业救济金），中央政府对地方政府拨款及政府债务利息的偿付不包含在预算上限之内。在学理划分上，丹麦的非周期性转移支付属于专项转移支付，中央政府对地方政府拨款属于一般性转移支付。转移支付在前一个财年规模的基础上，综合考虑下述三个因素后确定：中央地方支出责任的调整变化；失业、社会保障等“市场敏感”领域的政策变化以及物价与工资水平的变动。

四、丹麦预算平衡

（一）预算平衡目标与工具

考虑到国际油价和金融市场的不稳定性给预算平衡带来的波动，丹麦《预算法》选取“结构性平衡”作为公共预算衡量方法：在已给定充分就业水平的前提下，剔除政策性收入和支出调整对预算平衡造成的影响。计算结构性平衡的具体方法由财政部负责制定。丹麦《预算法》的预算平衡要求是“收支平衡或者盈余状态”。作为欧盟成员国，丹麦虽然不是欧元区国家，但丹麦《预算法》也将“结构性平衡应与修订后的《稳定与增长公约》所制定的中期预算目标处于同一水平”作为基础和前提，按照该《公约》规定，在债务占 GDP 比重低于 60% 的情况下，结构性赤字上限不应超过 GDP 的 1%。与之相适应，丹麦《预算法》将编制下一年度预算法案时的结构性赤字上限设为 GDP 的 0.5%。根据修订后的《稳定与增长公约》，如果有“特殊情况”使得财政赤字水平临时偏离中期预算目标，或者调整达成中期预算目标的途径，只要这种临时偏离或者调整不会给财政政策的有效性带来中长期风险都是可以被允许的。为了保证中期预算目标的实现，丹麦政府要遵照欧盟委员会的建议制定时间表，并在此基础上对已取得的中期预算目标进展进行评估。

（二）预算平衡修正机制

每年 8 月份，财政部长需要对下一财政年度的结构性平衡进行预估。如果估算结果显示出严重偏离中期预算目标或者需要调整达成中期预算目标的途径，财政部长应制定总体计划对其进行修正和调控。以上所指的“严重偏离”为预期结构性赤字上限达到 GDP 的 1%；“修正和调控”的目标为结构性赤字上限不超过 GDP 的 0.5%。若中央政府超出上限，则将在下一预算年度将上一年度的超支部分进行抵扣；若大区政府、市级政府超出预算上限则超支部分将从下一年的中央拨款中予以抵扣。

五、丹麦预算控制

政府支出控制是丹麦《预算法》的重点内容，主要有静态控制和动态控制两种方式。财政部负责制定中央、大区级、市级政府支出上限的具体规则，丹麦通过制定中央政府支出、大区级政府、市级政府支出上限实现对政府支出的静态控制；通过预支出控制和后支出控制实现对政府支出的动态控制。财政部长应向议会财政委员会汇报政府支出控制的重要结果，并在财政部官方网站上公示。

（一）静态控制

在每一个财政年度都应分别制定中央、大区级、市级政府支出上限。上限设定需要同大区级、市级政府根据当地经济状况协商确定。财政部长提交给议会的财政议案应当设定未来三个财政年度内中央、大区级、市级政府支出上限，并就未来第四个财政年度的中央、大区级、市级政府支出上限的设定提出草案。在特殊情况下，未来第四个财政年度的中央、大区级、市级政府支出上限设定草案可以由财政部长提出修改。经议会财政委员会同意，财政部长可以在提交确定政府整体补助款的年度文件时对现行的中央、大区级、市级政府支出上限进行再分配。一旦现行的中央、大区级、市级政府支出上限做出调整，财政部长应当及时告知议会财政委员会，并在财政部网站首页进行公示。

1. 中央政府支出上限

中央政府支出上限包括相互独立的两部分：运行费用上限和转移性支出上限。

（1）中央政府运营支出上限指该财政年度内，政府净运营支出、政府补贴支出以及向国外转移支出的上限。其适用范围不包括下列支出：用于王室和议会的支出；支持就业的合法运行费用；用于大区级、市级政府增值税补贴的支出；划拨给市级政府的政府整体补助款、预算保障金、就业补贴以及相关资金和补贴支出；划拨给大区级政府的政府整体补助款和相关资金和补贴支出。

（2）转移性支出上限指该财政年度内，政府用于收入转移的支出，只适用于用来支持就业的合法运营支出的上限；不适用于与失业相关的收入转移支出，作为非周期性转移支付的福利支出部分，失业救济金是不包含在预算上限之内的。包括启动失业相关的收入转移所必须的工资补助和合法运行费用。

2. 大区级政府支出上限

大区级政府支出上限包括相互独立的两部分：大区医疗卫生支出上限和大区发展支出上限。

（1）大区医疗卫生支出上限指的是该财政年度内，大区政府在医疗卫生领域的净运行费用以及医疗卫生法所规定的医生资金补贴支出的上限。

（2）大区发展支出上限指的是该财政年度内，为进行大区发展建设所需要的大区净运营支出的上限。

关于大区级政府的预算程序及法律规制，丹麦在有关大区以及关于取消县级政府、首都发展委员会和首都医院联合会的法律（《大区法》）中做出更详细的规定。《大区法》授权经济和内政部长在特殊情况下可以制定大区实行特殊的经济后续举措的具体规则，例如制定大区发展的具体指标、要求留存大区的流动资金以将其用作保障金等。

3. 市级政府支出上限

市级政府支出上限指的是该财政年度内，市级政府用来提供公共服务的净运行费用的上限。关于市级政府的预算程序及法律规制，丹麦在 2010 年 11 月 1 日颁布的《第 1440 号关于市政府的法律决议》中进行了更详细的规定。

4. 财政部控制调整

在预算法案执行中，如果出台了新的法律对政府的财政收入和支出产生较大影响，财政部对预算控制的方式和额度也应当进行相应调整。

（1）如果出台了新的法律需要增加与失业相关的转移性支出，包括增加与失业相关的工资补助等合法运行费用，那么财政部长可以在法律规定范围内调低现行的中央、市级、大区级政府支出上限；反之，如果出台了新的法律需要减少与失业相关的转移性支出，包括减少与失业相关的工资补助等合法运行费用，那么财政部长可以在法律规定范围内调高现行的中央、市级、大区级政府支出上限。

（2）如果出台了新的法律需要增加税收优惠（即增加了政府支出），那么财政部长可以在法律规定的范围内调低现行的中央、大区级、市级政府支出上限；反之，如果出台了新的法律需要减少税收优惠（即减少了政府支出），那么财政部长可以在法律规定的范围内调高现行的中央、大区级、市级政府支出上限。

（3）如果中央、大区级、市级政府之间调整支出分配，或者政府修改对大区级、市级企业的管理规章，或者政府修改工资管理规章，那么财政部长可以在规定范围内调整现行的中央、大区级、市级政府政府支出上限。

（二）动态控制

动态控制是在不同的时间点进行预支出控制和后支出控制。

1.预支出控制

中央政府各部部长可以在财政年度内的特定时间，根据现有财务数据等有用信息，结合财务评估数据进行本部门政府支出预支出控制。控制目标是支出少于财政拨款，控制结果要向财政部长报告。在各部部长提供的信息基础上，财政部长如果发现预支出控制结果显示在该财政年度内有超支风险，那么财政部长必须在30日内对相当于超支数额的保障金进行限制。

2.后支出控制

在每一财政年度第一季度结束之前，财政部长应根据该财务年度的预估财务数据，判断上一财政年度中央政府支出上限所包含的支出预估财务数据是否超过支出上限。如果财政部长发现上一财政年度预支出控制结果显示在该财政年度内发生超支，那么财政部长必须在30日内调低新一财政年度的政府运行费用上限，调整额度为上一财政年度政府运行费用的超支部分，并对同等数额的保障金进行限制或者采取其他方式[①]进行弥补。

六、丹麦政府债务管理

（一）国债管理

丹麦国债由财政部和央行共同管理，具体职责分工由《丹麦央行与财政部在国债领域分工的协议》规定。根据该《协议》，财政部对国债管理承担全面责任，向议会负责，具体管理交由央行下属国债管理局代表财政部执行。

（二）地方债务管理

丹麦目前的地方债务管理采用共管模式。市级政府和大区级政府参与财政政策与政府支出上限的制定，与中央政府就财政赤字水平及政府收支项目的增减情况达成协议，然后在此框架和政府支出上限控制下，地方政府可以自主决定其举债行为。共管模式的运行得益于丹麦自20世纪70年代以来中央政府职能大规模向地方转移，以及较高的支出控制水平。

七、丹麦预算审查监督

预算审查监督是除预算公开之外保证透明度最有效的手段，丹麦预算审查的法律方法主要分为内部审计和议会审议两个部分。国家审计办公室从行政部门分离出来，成为议会的组成部分——审计委员会，是促进政府提升透明度并加强结果控制的重要原因。作为预算绩效改革的结果之一，政府运行效率和透明度的提高还体现在政府部门绩效规划报告和年度绩效报告上，绩

① 此处的“其他方式”为丹麦《预算法》兜底性条款。《预算法》中只明确了抵扣一种方式。

效规划报告中设定目标的完成情况要在每个财政年度结束后3个月内出版的年度绩效报告中体现。年度报告由政府机构负责编制，经主管部门批准后提交议会，向社会公布。

（一）议会审议

丹麦《预算法》授予议会下属的财政委员会对政府部门预算执行过程进行全程审查监督的权力。财政委员会可以对公共预算的可持续性和跨年度平衡的中期发展情况进行评估，对支出上限的控制情况进行审查。

政府财政报告至迟须在财政年度届满后六个月内提交议会审议。议会推选出来的若干审计委员负责审查政府财政报告，检查国家的一切收入是否符合预算所具列的项目以及有无违反财政法案或者其他拨款法案规定的开支。审计委员有权要求了解一切必要的情况，有权接触一切必要的文件。审计委员的人数和职责由成文法律规定。审计报告应连同政府的财政报告一并提交议会予以审议。丹麦每年发布的预算白皮书，使每位公民都能看到公共预算资金的分配和使用情况。

（二）内部审计

丹麦政府内部实行循环审计制度，每年6月份制定年度审计工作计划，（7月休假），8月至11月进行审计工作，12月至次年1月制定财政状况审计计划，2月15日之前进行欧盟年度总结，3月15日之前提出审计意见，4月15日之前提出财政状况审计报告，6月1日之前，将审计报告提交国家审计办公室。按照上述时间点形成年度循环，实行不间断的财务内部审计。

八、结语

丹麦是君主立宪制国家，也是单一制国家。2007年1月起丹麦行政区划改制，全国分为5个大区，98个自治市及格陵兰岛、法罗群岛两个自治领地。

20世纪70年代以来，丹麦的政府职能大规模地由中央向地方转移，中央政府只承担着少量的管理职能，以及一些大区政府无力提供充足服务的职能。大区政府无权征税，开销来自中央政府和自治市政府拨款。丹麦政府自1983年起，开始实施综合预算改革，通过建立规范的预算管理制度，推行权责发生制政府会计和预算，全面、完整地反映政府预算信息和支出成本，广泛接受社会公众的监督，经过多年的努力和实践，基本形成了一套比较完善的预算管理体系。

现行丹麦《预算法》于2012年6月18日颁布，2012年10月1日起生效，适用范围不包括格陵兰岛和法罗群岛。全篇分为七章，最主要的内容是第二、三、四章，规定了预算平衡和修正机制、支出上限、支出控制的内容。

丹麦《预算法》没有过多规定预算编制的内容，只是在支出控制程序中有所涉及。丹麦政府预算编制的基本原则是在指定总支出上限的同时提供支出调整工具，以实现年度平衡和跨年度平衡。每年的1月1日至12月31日为丹麦的一个财政年度。下一个财政年度的财政法案须在该财政年度开始前至少四个月以前提交议会审议。如果在下一个财政年度开始之前，议会没有完成对该财政年度财政法案的审议，政府须向议会提出临时拨款法案。预算上限以4年为一个跨年度平衡周期，同时编制未来三个财政年度支出上限，并提出未来第四个财政年度上限编制草案。预算支出上限覆盖60%中央政府支出，包括各个政府部门的运行费用及周期性转移支付（如养老金），而非周期性转移支付（如失业救济金），中央政府对地方政府拨款及政府债务利息的偿付不包含在预算上限之内。作为高福利国家，丹麦预算上限体现出福利支出的弹性特点，作为非周期性转移支付的福利支出部分也不包含在预算上限之内。政府支出控制是丹麦《预算法》的重点内容，主要有静态控制和动态控制两种方式。财政部负责制定中央、大区级、市级政府支出上限的具体规则，丹麦通过制定中央政府支出、大区级政府、市级政府支出上限实现对政府支出的静态控制；通过预支出控制和后支出控制实现对政府支出的动态控制。财政部长应向议会财政委员会汇报政府支出控制的重要结果，并在财政部官方网站上公示。在预算法案执行中，如果出台了新的法律对政府的财政收入和支出产生较大影响，财政部对预算控制的方式和额度也应当进行相应调整。

丹麦国债由财政部和央行共同管理，具体职责分工由《丹麦央行与财政部在国债领域分工的协议》规定。根据该《协议》，财政部对国债管理承担全面责任，向议会负责。地方债务管理体制采用共管模式。市级政府和大区级政府参与财政政策与政府支出上限的制定，与中央政府就财政赤字水平及政府收支项目的增减情况达成协议，然后在此框架和政府支出上限控制下，地方政府可以自主决定其举债行为。

为了保证预算透明度，丹麦采取了预算公开和预算审查监督两个方面的举措，预算绩效规划公开和预算绩效结果公开是丹麦绩效改革的成果；而预算议会审议与不间断的内部审计，为丹麦预算执行提供了保证。作为预算绩效改革的结果之一，政府运行效率和透明度的提高还体现在政府部门绩效规划报告和年度绩效报告上，绩效规划报告中设定目标的完成情况要在每个财政年度结束后3个月内出版的年度绩效报告中体现。年度报告由政府机构负责编制，经主管部门批准后提交议会，向社会公布。

第七章

芬兰预算法律问题研究

一、芬兰财政体制概况

（一）政治制度概况

芬兰是议会制共和国，实行一院制。议会是国家最高立法机关，议员经直选产生，任期 4 年。议会主要职能是立法、监督政府和财政。宪法规定议会和总统共同行使立法权。总统是国家元首，每 6 年选举一次。总理由议会选出，领导内阁。内阁由各部部长、总理和一名大法官组成。1999 年，芬兰通过新宪法，加强了议会和政府在政治中的作用，削减了总统部分权力。芬兰政府以廉洁著称，透明、公开是其主要行政原则。

芬兰 1995 年加入欧盟，1999 年 1 月加入欧元区，2002 年 1 月开始使用欧元。与欧元区其他成员国相比，芬兰的赤字水平一直处于低位，财务状况良好，财政政策也比较稳健。

（二）预算制度概况

芬兰《预算法》1998 年 6 月 1 日生效，同时废止 1931 年颁布的《国家收支预算及财务报表基本法》。后经多次修订与增补，具体条款的生效时间在《预算法》第 28 条有另行规定。芬兰《中央政府预算法案》是《预算法》的实施细则，具体规定了芬兰预算编制与执行的方式，芬兰《风险管理细则》（2005）对政府风险管理和内部控制工作提供框架性指导。

二、芬兰预算编制

芬兰预算编制和编制程序由中央政府出台的法令进行规制。芬兰财政年度与公历年度重合，年度预算每一财年制定一次。中期支出框架以 4 年为单位滚动编制，主要包括未来四年的支出限额等内容，此 4 年期跨年度的运营和财务计划对中央政府的支出限额和年度预算的制定有一定拘束力，但这种拘束力局限在额度上限层面。年度收入与年度支出计入预算总量，收支不能相抵。根据芬兰《国家公共事业法》的规定，公共事业的收入和支出不包含在国家预算之内。

（一）年度预算编制程序

年度预算编制始于下一财政年度开始之前的 12 月份，中央政府各部门要根据宏观经济数据和当年的实际情况上报初步支出限额；1 月至 2 月，财政部作为预算编制职能机关负责协调各部之间的财政额度要求；3 月，财政部初步形成中央部门支出限额分配概算并下发给各部门，各部门根据财政部给出的预算支出上限限额进一步明确预算支出分配，并在 4 月至 5 月间上报支出预算；财政部一般在 6 月公布预算草案，7 月至 8 月根据社会反馈意见等对预算草案进行修改；9 月正式向议会提交预算草案。进入预算审议阶段后，9 月初在议会进行初始辩论，9 月中旬提交财政委员会讨论。财政委员会作为主要的预算审议委员会一般在 11 月中旬组织小组委员会对预算草案进行听证，并制作听证报告；12 月初，预算草案先在财政委员会内部进行表决，在 12 月底之前提交议会大会进行全体表决，在议会大会通过后，下一财年的预算草案成为预算法案，在新财年开始后进入执行阶段。

（二）净预算制度

芬兰《预算法》规定了“净预算”制度，即预算中包含对应以下收入和支出差额的预算：(1) 国债，国债可获得的债券溢价以及资本收益，国债资本利率衍生品收益，国债相关的资本损失，国债折价发行以及国债资本利率衍生品支出；(2) 国债可获得的利得，国债付息衍生品收入，国债产生的利息支出和国债付息衍生品支出；(3) 国家职能部门活动收入或其支出；(4) 政府基金收益、收益佣金以及国家承担的负债支付义务；(5) 养老机构拨款；(6) 国家依法对地方政府的转移支付以及国家拨款法案规定的地方支付给国家的部分。

净预算制度中，税收、税收性质的款项及罚款不计入收入，转移性支付或其返还也不计入净预算，但不包括养老机构拨款和返还国家的部分，不包括国家依法对地方的转移支付以及国家拨款法案规定的地方支付给国家的部分，不包括基金销售或针对机关机构活动的动产采购或销售。净预算不设预算支出上限，不限制支出分配，不参与资本预算决定。

三、芬兰预算执行

（一）收支分配

关于财政年度的收支分配，收入和支出按如下方式分配到财政年度：每一财政年度的预算中，将该财政年度所有已知收入计入财政预算收入，将拨款计入财政预算支出。进行收支分配时要充分考虑收入或支出的性质、财务属性。

作为以高福利著称的国家，芬兰的预算收入结构一直非常稳定。所得税和财富税、社会保险费和增值税等间接税三项收入占政府预算总收入的比例超过 80%，所得税和财富税占比超过 30%，是芬兰政府第一大收入来源。与收入结构相对应，社会保障和退休金支出占芬兰政府总支出的比例也超过 40%，另外，占比超过 10% 的预算支出项目分别是医疗保健支出、公共服务支出和基础设施建设及经济发展补贴支出。

（二）预算调整

财政年度之后，不得挪用预算拨款。但经过议会审批可以通过补充预算案。如果出现以下情况，则允许预算拨款超支：超支是源于法律、规章或其他不可预见的必要但难以预测的需要，或者，如果超出预期成本大幅上升，且拨款不能满足需要。如果超支与收费行为有关，或支出对收入造成影响，可以在受影响的收入范围内允许预算拨款超支。但转入拨款[①]不得超支，财政年度结束后的两个财年内可以挪用转入拨款。如果本财政年度预算需要进行跨年度平衡，该项费用支出可以由该财政年度财政部在权限范围内用于相应目的的拨款中支付。

（三）支付管理

芬兰从绩效角度对国家支付行为进行管理，同时充分考虑支付行为的安全性。国家支付行为管理事宜可以与信用机构或者其他从事付款交易的机构签订协议。若国家支付行为管理事宜签订了此类协议，那么财政部有权监督协议范围内各项职责的履行情况，如果在支付行为管理中造成损失，需要缔约机构进行赔偿。由中央政府出台法令对国家支付行为的管理和组织做出规定。

四、芬兰政府债务管理

根据欧元区《稳定与增长公约》[②]，各国需要恪守财政赤字率不超过 GDP

① 拨款收入是指企业收到国家拨入的专门用于技术改造、技术研究等的拨款项目完成后，按规定转入资本公积的部分。

② 欧盟为保持欧元稳定，防止欧元区通货膨胀，于 1997 年通过《稳定与增长公约》。经过 2005 年修订，维持了欧元区各国 3% 的财政赤字和 60% 的债务上限的规定。但把要求超标国家财政赤字水平恢复到规定的 3% 之内的期限从 1 年放松到 5 年。详见第十一章第二节。

的 3% 和累积债务规模不超过 GDP60% 的财政红线。芬兰是迄今为止尚未逾越这两项标准的国家之一。但受美国次贷危机影响，从 2008 年第 4 季度开始，芬兰负债率呈现上升趋势。

根据芬兰《预算法》第 3 章“国有资产和债务管理”的规定，中央政府另行出台法令对债务管理工作做出规定。芬兰采用“市场约束模式”进行债务管理，即中央对地方政府债务管理不作具体规定，由地方政府基于市场秩序自我约束举债规模、对象、用途。采用“市场约束模式”的主要是市场经济比较发达的工业化国家。市场约束需要一个或多个投资机构评定可授信债务额度，并非完全不受限制。

五、芬兰预算审查监督

芬兰政府预算管理和财政监督是以权责发生制为基础的，从“经济、效益、效率”三原则出发，明确了政府各部门及相关机构的权力和职责。部门政府机构有获得预算拨款、年度资金结转使用、决定资金支付的权力，同时负有实现既定目标，反映实现既定目标的评价指标，提交年度预算执行情况报告的责任。芬兰公共部门主要承担四个方面的责任：政治责任、行政责任、道德责任、市场责任。政治责任是指政府及公务员对公众、议会的责任。行政责任是指通过内部的规范和独立委员会来保证公务员在政府的管理之下。一是在机关的工作行为受法律约束；二是公务员遵从层级制度，对上级负责。道德责任是指通过提升责任意识和专业知识来改善个人和机构的工作绩效。市场责任是指政府部门提供的服务日趋以公民为导向，为公民提供方便及更加多样化的选择。

在此基础上，芬兰政府预算管理和监督分为三个层次：一是部门机构根据自身的权责进行的绩效管理和内部控制；二是芬兰政府对各行政部门和相关机构的监管；三是芬兰议会对政府的监督。

（一）部门机构自身监管

芬兰政府各部门机构内设监督部门，主要负责对本部门的财务执行情况和职责履行情况进行监督。政府财政监督专员公署和财政部预算司负责为这些机构提供指导。这些部门和机构在每个财政年度都要进行预算审计工作，并根据审计结果编写年度决算报告提交主管部门、审计署和国库局。报告内容需要涵盖本部门的绩效管理、内部控制和风险管理评估情况，报告真实性和可靠性由审计署等独立监督机构进行评估。

1. 绩效管理

芬兰推行权责发生制政府会计，通过对项目成本的核算在效率和成本之间建立联系，反映政府预算支出成本，以考察和评价效率的实现情况。预算编制和执行过程不仅是财政资金的分配和拨付过程，更是一个以资金投入效果为导向的财政资源合理配置过程，这一过程的效率必须在年度决算报告中进行评估。

2. 内部控制

芬兰《中央政府预算法案》规定，政府机构必须采取适当的内部控制措施，确保政府机构财务和决策行为的合法性、有效性，确保政府机构管理的资金和资产的安全性，确保政府机构的财务和决策的公正、透明。每个部门必须依法制定内部财务制度，内部财务制度必须充分细化，便于审计部门进行评估，任何财务制度的变动必须通知主管部门、审计署和国库局。年度决算报告中必须对内部控制的有关措施和执行情况进行分析和评估。

3. 风险管理

芬兰根据《风险管理细则》（2005）的规定，对政府风险管理和内部控制工作提供框架性指导。此外，中央政府每年在预算框架中规定各部门的具体目标，并要求各部门在编制预算的同时提交预算执行风险报告，在财政年度结束后的决算报告中说明预算执行的结果、目标是否实现、项目执行中遇到的问题等。

（二）政府财政监督

1. 内阁财政委员会监督

芬兰内阁财政委员会由总理、财政部及联合政府中代表各党利益的部长组成。该委员会主要负责审核所有与预算有关的法案，并对大额预算和特殊预算项目以及财政管理立法和新法案对预算的影响进行控制。

2. 财政监督专员公署监督

为加强宏观调控和财政监督，2004 年芬兰议会通过一项议案，中央政府派驻财政部一名财政监督专员，由内阁直接任命，对总理负责，同时财政部下设财政监督专员公署。财政监督专员的职责是监督政府预算执行和绩效，指导和监督中央财政运行，调整政府的内部控制和风险管理等。地方政府有自己的财政监督职能，地位相对独立，不受财政监督专员的监管。

财政监督专员公署中专门负责财政监督的工作人员有 6 人，工作以预算执行的绩效管理为主，具体包括资源管理、目标管理和政策绩效管理，辅以监管业务，多采用外包或与有关专家合作的方式。此外还负责召集成立风险管理委员会[①]，成员由各部门的内部监督机构组成，每年召开 1-2 次会议集中讨论预算执行中出现的问题，对各部门提出的风险隐患给予业务指导。财政监督专员公署可以直接向政府相关人员陈述问题、提出建议，对发现的问题一般情况下直接提醒该部门，较重大的可直接提交内阁，如有涉及处罚等的问题移交审计署。

（三）议会财政监管

1. 议会国家审计专员

芬兰宪法规定，每届议会需任命 5 名国家审计专员，代表议会监督预算

---

① 或译为芬兰政府财政管理职责部，Government Financial Controller's Function。成立于 2004 年 4 月，独立于财政部其他 7 个司局，依据《宪法》《预算法》开展工作，发挥监管作用。

执行、审核财政状况及其管理，并有权要求有关当局提供任何必要的资料和文件。议会国家审计专员与国家审计署保持了良好的分工合作，国家审计专员主要根据议会需要提供项目评估，发挥的作用更加近似研究人员，而不是财政专项审计人员。

2. 议会财政委员会

芬兰议会财政委员作为预算和税收方面的专家，代表议会对预算草案进行审查和调查，负责对设计预算、拨款和税收方面的事项进行审议，并监督议会国家审计专员。财经委员会下设与政府部门相对应的 9 个职能处，具体负责对各部门的预算进行听证，并监督各部门的预算执行，针对预算的执行情况可以随时向政府部门的部长进行咨询，新闻媒体也可以对咨询的情况进行公开报道。

3. 审计署

为强化监督效果，实现相互制约，芬兰审计署 2001 年从财政部分离出来，成为议会直接管理的独立机构，直接向议会负责，最高审计长由议会直接任命。审计署下设财务审计司、绩效审计司、企业服务司、行政管理司和咨询委员会五个部门，职责是监督预算执行，保障国家财政资金管理的合法性和有效性。

芬兰审计署对除议会、审计署和中央银行外的所有中央部门和财政资金进行审计[①]，主要包括对部门的年度审计、对财政资金运行情况的审计和对特殊财务事项的审计等。芬兰有 100 多个部委直属单位，每年审计署都要对所有单位进行审计，根据单位提供的决算报告和现场审计工作中发现的问题出具中期和年度审计报告，其内容主要包括该机构的绩效报告、决算报告、内部控制、预算执行和财务法规等。近年来，审计署的审计重点逐步从资金使用合规性审计转向对资金使用经济效益、效果和风险的评估。

① 审计议会和中央银行自行审计或外聘事务所审计，审计署外聘事务所审计。

六、结语

作为欧员区国家，芬兰始终恪守欧盟设立的财政赤字率和负债率红线，在诸多欧元区国家中，芬兰几乎不存在削减赤字问题，政府债务市场化程度很高。芬兰的财政收入来源和结构都十分稳定，预算支出目标定位在调整经济结构和稳定赤字。芬兰是透明国际评选出的清廉指数名列前茅的国家，预算透明和预算信息公开水平很高。总体上，无论在经济还是政治上，芬兰都非常稳定，这与其小国寡民的国家性质密切相关。参与性预算和绩效预算改革在芬兰都贯彻的比较彻底，预算草案先向社会公开并进行讨论，再提交议会。各部向财政部提交的最初资金需求量要与政府提交给议会的预算草案同时公开，公开的压力迫使各部放弃极端性预算要求，使各部最初提出的资金需求量越来越合理化。

芬兰财政年度与公历年度重合，年度预算每一财年制定一次。中期支出框架以 4 年为单位滚动编制，主要包括未来四年的支出限额等内容，此 4 年期跨年度的运营和财务计划对中央政府的支出限额和年度预算的制定有一定拘束力，但这种拘束力局限在额度上限层面。年度预算编制始于下一财政年度开始之前的 12 月份，中央政府各部门要根据宏观经济数据和当年的实际情况上报初步支出限额；1 月至 2 月，财政部作为预算编制职能机关负责协调各部之间的财政额度要求；3 月，财政部初步形成中央部门支出限额分配概算并下发给各部门，各部门根据财政部给出的预算支出上限限额进一步明确预算支出分配，并在 4 月至 5 月间上报支出预算；财政部一般在 6 月公布预算草案，7 月至 8 月根据社会反馈意见等对预算草案进行修改；9 月正式向议会提交预算草案。进入预算审议阶段后，9 月初在议会进行初始辩论，9 月中旬提交财政委员会讨论。财政委员会作为主要的预算审议委员会一般在 11 月中旬组织小组委员会对预算草案进行听证，并制作听证报告；12 月初，预算草案先在财政委员会内部进行表决，在 12 月底之前提交议会大会进行全体表决，在议会大会通过后，下一财年的预算草案成为预算法案，在新财年开始后进入执行阶段。

在预算监督上，芬兰的监督重点明显放在了预算产出上，在制度设置上体现为“轻编制，重监管”，预算资金分配的结构和额度议会不会进行过多的干涉，多为形式上的监督，但在决算和审议阶段，无论是从预算监管机关的设置上，还是从预算监管职能的分配上，相比预算编制，都体现了更加严格的监管要求。芬兰政府预算管理和监督分为三个层次：部门机构根据自身的权责进行的绩效管理和内部控制、芬兰政府对各行政部门和相关机构的监管、芬兰议会对政府的监督。各部门之间的配合，巩固了芬兰政府预算监督的效果。

第八章

瑞典预算法律问题研究

一、瑞典财政体制概况

（一）政治体制概况

瑞典是君主立宪制国家，根据瑞典宪法，国王是国家元首，作为国家象征履行礼仪性职责，不干预议会和政府工作。议会是立法机构，实行一院制，议员经普选产生。中央政府是国家最高行政机构，对议会负责。全国划分为21个省和290个市。省长由政府任命，市级领导机构由选举产生，省、市均有较大自主权。

瑞典是欧盟成员国，但未加入欧元区。瑞典财政状况良好，与其他欧盟国家相比，政府债务水平比较低，也比较稳定，2013年财政收入18160亿克朗，支出18580克朗，赤字420亿克朗，债务占GDP的41.9%。

（二）预算制度概况

1. 预算制度法律框架

（1）议会法案

瑞典宪法只涉及简要的国家预算及其基本规定，主要是国家机关的财政职能划分。议会法案规定的内容包括财政年度、财政预算案内容的建议、预算草案的提交时间及预算审议程序，还包括决策模型框架和为了特殊利益需要采取的政府支出的规定。

（2）国家预算法

现行瑞典《预算法》颁布于2011年3月22日，分为11个章节，主要涵盖了《预算法》适用范围、预算政策目标和支出范围、收入和支出报告、举债、预算监督、审计等方面的内容。

（3）弹性拨款法案

在没有议会额外授权的情况下，政府可以通过弹性拨款法案得到社会福利方面的临时拨款。根据弹性拨款法案，政府未使用的资金可以划转到次年的财政开支上。

2. 预算管理机构及其职能

（1）议会财政委员会

议会下属的财政委员会由17名资深议员组成，负责就预算的支出水平和支出分配向议会提出建议。各部的支出水平经财政委员会审批通过后，财政委员会不再直接参与预算审批程序。

（2）财政部

财政部部长每年4月和9月将政府财政计划提交议会发言人，议会随后对财政计划提出建议。4月份的政策草案包含政府对未来财年的经济指导方针和预算政策，而9月份的预算草案则进一步细化为下一财年的预算案。

（3）国家财务管理局

国家财务管理局是财政部下属的职能机构，但作为政府重要的咨询部门，又具有相对的独立性。国家财务管理局由160名财政经济管理方面的专家组成，负责统计重要经济信息，进行经济预测，提高预算编制的科学性。国家财务管理局根据每季度各地财政部门上报的预算执行情况进行汇总分析，将年度分析报告提交议会审议。同时，对预算支出项目开展跟踪评估，对资金使用情况进行绩效分析并提交年度报告，并制定财经政策方面的规章制度。

（4）国家审计署

审计署的审计职责由瑞典《国家审计署法》具体规定，主要负责审核接受补贴的单位对国家补贴的使用情况；审核中央政府行政管理费用；审核中央政府采购部门的采购活动；监督政府机构内部审计活动；监督预算执行，并对年度财政决算提供审计意见。

（三）瑞典绩效预算改革

20世纪80年代末，为了应对财政赤字，缓解财政收支矛盾，瑞典中央政府开始对传统的预算体制进行改革，引入绩效管理工具和权责发生制会计体系，于1997年开始实行绩效预算模式。2001年，瑞典中央政府将结果报告框架引入政府预算提案的支出领域，强调结果管理。2009年起，预算执行机构必须依据政府所指定的要求来报告和评价绩效目标及执行结果，并提交年度报告，年度报告由审计署审计。2011年开始，新颁布的《预算法》增加了对国家资金如何分配的规定，并将其引入预算草案，使得绩效预算体系更加完整。

二、瑞典预算编制

（一）年度预算编制

瑞典采取自上而下的预算编制程序，每年1月份，瑞典财政部根据经济发展预期，分析并预测下一财政年度财政收入，起草预算收入草案，提交首相。随后，财政部将向政府各个部门下发预算编制通知，并针对预算编制提出要求。各个部门同财政部协商预算编制及预算支出规模数额，如果协商能够达成一致，则该部门将在5月份将预算编制提交财政部审核；如果协商不能达成一致，财政部会将各个部门的财政预算提交首相办公会议决定。财政部收到各部门提交的预算后，将对这些部门预算进行技术性审核，并根据各个部门的预算情况编制国家预算草案，提交首相审核。8月份，当下一财年经济发展预测报告及国家预算经过首相审核并通过后，这些报告将被一并提交议会审核。议会在12月份完成审核后，将批准国家预算。

（二）跨年度预算编制

瑞典实行跨年度预算与更新滚动预算框架，采用滚动预算作为年度预算编制基础，即在一个财政年度内，编制3年的滚动预算和下一财年的详细预算。每一财政年度结束后，对于上一财年的结余资金，政府部门可以将其结转到下年继续使用。跨年度平衡和滚动式的预算编制强化了政府部门对预算的自主权，避免其急于在本年度将预算消化，同时，也符合绩效预算要求，提高了政府支出效率，避免不必要的浪费。

三、瑞典预算执行与控制

（一）预算执行

瑞典中央政府各部负责预算政策制定，下属部门负责预算的具体管理与执行。预算经议会批准后，中央政府各部向其下属部门发布指令书，明确具体的绩效要求。政府部门可以获得一定数额的整体拨款，并在该拨款额度内自主决定如何进行分配，以及采取何种方式完成其绩效目标。

对于那些运营经费来源于自主收入的政府部门，如果其预算不依赖上级拨款，则允许政府部门保留这些收入，但是相关收支状况要在该部门账目中进行反映。

（二）预算支出控制

瑞典通过支出上限和支出范围两种方式，对预算支出进行控制，预算支出应当包括编制预算过程的支出及实施已编入财政预算事项的支出。

如果议会已经达成决议将中央政府预算分配到相关的支出领域，那么中央政府在预算案中应当列明在随后两个预算年度对相关支出领域的经费分配。如果中央政府支出有超过上限的可能，则中央政府需要向议会提交议案，阐明如何避免超支。

1. 附息账户

瑞典中央政府部门都在财政部的债务管理机构设立“附息账户”，每月将部门的经常性支出按其年度预算的 1/12 存入该账户，如果当月该部门的经常性支出少于年度预算的 1/12，则会获得“附息账户”余额的利息；如果当月该部门的经常性支出发生超支，则需要向债务管理机构支付利息以反映政府借款成本。如果某部门的“附息账户”连续 3 年都有结余，财政部将进行干涉，考虑是否削减其预算。

2. 公共采购制度

除上述支出控制外，瑞典公共采购制度是国家财政对预算拨款进行控制的另一个重要组成部分。公共采购局是瑞典财政部下属部门，其职能是配合政府预算支出的执行，同欧盟有关规定保持一致，为政府下属部门的日常采购工作提供咨询和法律服务等。瑞典的公共采购与欧盟标准一致，并符合国内的限额标准，采购方式包括公开招标、限制招标、谈判式招标等。通过公共采购制度的运行，对于采购方面的国家财政预算资金超过一定限额的，将对其支出进行定量控制。

四、瑞典政府债务管理

（一）举债事由

每一财年，根据瑞典议会通过拨款的额外授权，中央政府或国债管理局（SNDO）[①] 可以就下列事由进行举债:（1）为现有的财政赤字或其他经议会同意的支出进行融资;（2）提供信贷或履行议会通过的担保事项;（3）摊销、赎回以及购买中央政府债券;（4）与瑞典央行协商后，推迟中央政府贷款到期时间;（5）满足瑞典央行货币储备需要；中央政府为满足瑞典央行现金储备举债的全部支出，瑞典央行应当偿还，但若有特殊原因，中央政府可以与瑞典央

① 瑞典政府内部的债务服务部门，其作用相当于一个银行，为其他机构提供借贷服务。

行协商后免除其偿还义务。除中央政府或国债管理局外，根据瑞典议会的额外授权，并经中央政府许可，公共部门可以代表中央政府举债。

（二）国债管理

瑞典中央政府债务管理的目标是在货币政策的框架内，充分考量风险，将债务的长期成本最小化。瑞典中央政府按上述事由举借的债务，一般自行管理，国债管理局或其他公共部门经授权后可以管理政府债务。中央政府对其自身、国债管理局及经过许可的公共部门举借的债务进行担保。

每年 11 月 5 日之前，政府应制定下一年度的国债指引，该指引由国债管理局起草，并征求瑞典央行意见。

自 2012 年起，每隔一年，中央政府都应在 4 月 25 日之前与议会进行书面沟通，评估上一年的政府债务管理情况。

（三）地方政府债务

瑞典宪法赋予了地方政府较大的自主权，地方政府享有一定的财政自由。瑞典允许地方举债，目前瑞典地方政府债约占 GDP 的 5% 左右，但地方政府的发债权受到约束。中央政府通过经常账户的财政平衡原则、财政转移支付规则等来约束地方政府举债。在中央政府的约束下，经地方议会同意，地方政府可以以自己的名义举债。

瑞典地方债务的发行、偿付等行为都与中央政府和国债管理局无关，主要依靠各地方政府自发出资联合成立、承担共同责任的共同筹资金融机构 Kommuninvest。该机构是非盈利的政府性金融机构，依靠自身信用，向国内外投资者发行债券筹资，同时向国内的地方政府、地方公营企业提供低息贷款和免费的财务顾问服务，事实上成为类似于国家债务局的地方债务局。该机构成立于 1992 年，成立之初的创建者只有 22 个地方政府，但目前绝大多数的瑞典地方政府都参加了该机构；该机构也是瑞典唯一一家同时获得穆迪和标准普尔 3A 评级的金融机构。

需要注意的是，尽管 Kommuninvest 是瑞典地方债券市场的一大特色，但其并不是瑞典地方政府发债的唯一途径。实践中，地方政府也可以直接向商业银行借款，或者结合具体项目进行 PPP（Public-Private Partnership）融资。此外，瑞典有 50 余家国有企业，除非在特殊情况下，取得议会的特别授权，瑞典国有企业不能通过国债管理局进行借款。

五、瑞典预算审查监督

瑞典十分重视预算透明度问题，建立起了完备的预算监督体系，从预算编制到预算执行，全程都受到来自议会及社会各界的监督。

（一）职能部门监督

1. 审计署独立审计

国家审计署承担独立审计监督职能，对年度财政决算进行审计，再将审计报告提交议会审议。国家审计署还在大区政府和地方政府之间派驻专门办事机构加强监督、管理预算支出。国家审计署对政府部门的债务管理水平进行评级，评估级别分为 A、B、C 三级，A 级为完全满意、B 级为满意、C 级为不满意。这种评级包括统一评级和内部评级两个方面，统一评级主要衡量政府部门支出是否严格遵照预算执行；内部评级主要是对政府部门机构的内部财务管理做出评价。对政府部门进行评级的最主要目的是防患于未然，促使其更加积极地完成绩效目标，执行预算安排。

2. 议会审议

除议会财政委员会之外，议会还下设审计办公室，负责对中央政府和各政府部门的国有资产及财政资金使用情况进行监督审查。议会在审议财政预算时，政府各部部长要接受来自议员的问询，还需要对编制预算中的一些问题做出相应说明。

3. 政府部门内部监督

各部部长负责本部门的财政支出和预算管理。除此之外，财政部的监督职能融入到了整个预算过程。作为财政部下属部门，国家财务管理局承担了审查年度财政分析报告、财政资金使用情况分析报告等职能。

（二）社会各界监督

议会的预算审议会议对民众开放，而且民众可以进行提问。新闻媒体可以对审议过程进行视频直播。议会通过预算后需要将结果公布于相关新闻报纸、杂志及网站上，使大众能及时了解财政资金将用于何处。

由于瑞典政府财政预算公开程度很高，媒体介入也很全面，还有来自社会各界的监督，政府部门在使用财政资金问题上十分谨慎。如果发生违规编制预算或执行预算，政府及部门负责人将面临很高的政治风险。

六、结语

瑞典是北欧高福利国家之一，虽未加入欧元区，但作为欧盟成员，其货币政策和财政政策受欧盟影响很大。瑞典的财政赤字水平一直比较稳定，甚至曾连续几年不存在赤字，是欧盟成员国中仅有的两个从未逾越债务红线和赤字红线的国家之一。

瑞典通过议会法案、预算法和拨款法案建立起预算制度框架，议会财政委员会、财政部及其下设的国家财务管理局和国家审计署都是承担预算相关职能的主要部门。瑞典的预算绩效改革始于 20 世纪 80 年代末，通过 20 多年的不断发展，现已建成相当完备的预算绩效体系。

在预算编制上，瑞典采取自上而下的预算编制程序，在一个财政年度内编制三年的滚动预算和下一财年的详细预算。作为预算平衡的一种手段，政府部门享有资金结转的权力，对于上一财年的结余资金，政府部门可以将其结转到下年继续使用。

瑞典中央政府各部负责预算政策制定，下属部门负责预算的具体管理与执行。预算经议会批准后，中央政府各部向其下属部门发布指令书，明确具体的绩效要求。政府部门可以获得一定数额的整体拨款，并在该拨款额度内自主决定如何进行分配，以及采取何种方式完成其绩效目标。在预算控制方式上，瑞典政府有两点创新之处：一是推行“附息账户”，从附息账户管理可以发现瑞典的国库管理水平非常直观，而且通过账户管理实现了预算控制；二是实行公共采购制度，瑞典公共采购制度是国家财政对预算拨款进行控制的另一个重要组成部分。公共采购局是瑞典财政部下属部门，其职能是配合政府预算支出的执行，通过公共采购制度的运行，对于采购方面的国家财政预算资金超过一定限额的，将对其支出进行定量控制。

各地方政府自发出资联合成立、承担共同责任的共同筹资金融机构 Kommuninvest 是瑞典地方债券市场的一大特色。该机构是非盈利的政府性金融机构，依靠自身信用，向国内外投资者发行债券筹资，同时向国内的地方政府、地方公营企业提供低息贷款和免费的财务顾问服务。除了 Kommuninvest 融资外，地方政府也可以直接向商业银行借款，或者结合具体项目进行 PPP 融资。

瑞典十分重视预算透明度问题，建立起了完备的预算监督体系，从预算编制到预算执行，全程都受到来自议会及社会各界的监督。在预算审查监督上，评级制度是瑞典国家审计署的独特创造。国家审计署对政府部门的债务管理水平进行评级，评估级别分为 A、B、C 三级，A 级为完全满意、B 级为满意、C 级为不满意。这种评级包括统一评级和内部评级两个方面，统一评级主要衡量政府部门支出是否严格遵照预算执行；内部评级主要是对政府部门机构的内部财务管理做出评价。除议会财政委员会之外，议会还下设审计办公室，负责对中央政府和各政府部门的国有资产及财政资金使用情况进行监督审查。在社会监督方面，议会的预算审议会议对民众开放，而且民众可以进行提问。新闻媒体可以对审议过程进行视频直播。议会通过预算后需要将结果公布于相关新闻报纸、杂志及网站上，使大众能及时了解财政资金将用于何处。

第九章
挪威预算法律问题研究

一、挪威财政体制概况

（一）政治体制概况

根据宪法，挪威是议会制君主立宪国家。议会实行一院制，是国家立法机构，政府由多数党组阁。国王是国家元首兼任武装部队统帅，并有权提名首相人选，但无权解散议会。在欧洲一体化进程中，挪威加入了申根公约，但曾两次全民公决否决加入欧盟，也不是欧元区成员。挪威是欧洲自由贸易联盟（EFTA）成员，通过 EFTA 与欧盟签订的欧洲经济区（EEA）协议，发展与欧盟的经济贸易关系。目前，在欧洲经济区协议涉及的领域中，挪威的大多数法规与欧盟保持一致。挪威是地方分权型国家，地方政府在财政事务上享有较大自主权。挪威全国下设奥斯陆 1 市及 18 个郡。

（二）预算制度概况

1. 预算制度法律框架

挪威的预算法律制度框架主要由《国家预算法案》《拨款条例》《挪威中央政府财政管理条例》和《绩效审计指南》组成。预算机关职能在《宪法》中也有规定。国库管理是预算监管的有效手段之一，挪威预算制度以国库账户管理见长，电子化水平非常高，在《拨款条例》有详细规定；《国家预算法案》《挪威中央政府财政管理条例》是关于预算编制和执行的法律；在预算监督上，挪威注重绩效结果的审计，由审计署颁布的《绩效审计指南》作为指引。

2. 预算管理机构及其职能

（1）议会

挪威议会共有165名议员，直选产生。全部议员分为12个专门委员会。在很大程度上，议会专门委员会与政府各部门相对应。各专门委员会根据议会的指示开展工作。挪威议会在政府预算管理中权力比较大。预算草案提交议会后，议会由专门委员会进行研究讨论，如果议会对预算草案内容提出质疑，政府机构有义务对其进行说明。议会可以否决预算草案，再由政府部门对预算草案内容进行调整，如果内阁不同意议会调整后的预算草案，内阁可以辞职。负责预算执行监督的审计署隶属于议会，对预算执行情况进行独立审计。

（2）财政部

财政部负责编制预算草案，并提交内阁讨论。对议会通过的预算决议，财政部有责任监督政府部门严格执行。财政部不仅要通过制度规定规范预算执行，而且根据国库单一账户反映的预算拨款变动及各会计主体报送的财务报告进行综合分析，评估各部门预算执行结果，衡量预算支出是否合理和达到目标，并将建议或意见及时反馈给各部门。对一些重大事项，财政部有义务进行核实调查，必要时移送监管部门。财政部按照预算安排，将执行信息通过定期报告和专题报告的形式提交议会，并向社会公众披露。

二、挪威预算编制

挪威财政部负责编制预算，编制重点是财政支出预算。财政部根据预算年度经济增长速度并综合其他因素编制财政收入预算，财政支出则采取自上而下的方式进行编制。

（一）预算编制程序

挪威财政预算的编制始于当期财政年度开始前的一年。财政部在每年 1、2 月收集材料，研究经济政策发展变化，包括宏观经济政策和微观经济政策对国家财政预算的影响，研究各项支出、需求的变化及特殊情势对支出预算的影响，在此基础上拟定预算草案，提交内阁讨论。内阁就此需要召开三次专门会议研究、确定预算。内阁于 3 月召开第一次专门会议，研究财政预算编制的基本原则及相关政策，确定收支预算总额，初步确定各部门的预算额度。此后，由财政部向各部门发出编制支出预算的通知。5 月份，各部门完成本部门支出预算的编制，并报给财政部，财政部对各部门预算计划进行审核汇编后提交内阁。内阁召开第二次会议，根据当年经济形势和各部门意见对财政部提交的预算进行调整。8 月底至 9 月初，内阁召开第三次会议，研究并最后决定收入预算和支出预算数及各部门的详细预算。按照挪威的法律规定，支出预算中可以设不超过 1% 的储备金，用于支付新增项目或现有项目的成本超支。10 月份，政府将通过的预算报议会审议。11 月份，议会财政预算委员会对年度预算进行审核，通过后，再提交其他各专业委员会审议讨论。一般在 12 月 15 日，挪威议会将通过下一财政年度预算，由财政部监督各部执行。

（二）部门预算

挪威实行部门预算管理制度，具体做法是将一个政府部门的所有支出统一在一个预算文本内，并把预算文本报给财政部预算司，预算司下设三个业务处，分别负责社会保障部门预算支出，贸易和工业领域部门预算支出，以及外交、司法、教育、文化、环境等部门的预算支出。各业务处对所辖政府部门的各项预算支出统一进行审核、调整和管理。

三、挪威预算执行

挪威预算编制的内容比较详细，各项目经费都有明确的规定，各部门只能按照预算规定的项目开支，无权自行调整不同项目开支。如在预算执行中确有特殊情况需要调整预算，必须上报财政部审核同意后，经过法定程序才能进行调整。挪威法律规定在每年的5月、8月、12月初可以就调整预算支出进行讨论。5月及8月可根据国民经济运行情况和支出执行情况，对预算进行适度调整；12月份则是在预算年度结束前进行一些细微调整。每次预算调整都需要由政府部门向议会提出调整方案，经议会审议通过后方可执行调整。

四、挪威预算收入管理

挪威财政部是税收的最高主管机构，负责制定国家税收法规。挪威在奥斯陆设有税收管理局，在全国设立五个税收办公室，税收管理局和税收办公室负责征税事务。税务局负责税务管理，指导地方税务局的业务工作，确保全国范围内税收工作的统一性。地方税收办公室负责辖区内的税收管理，负责税务登记。挪威的税收分直接税和间接税，包括公司和个人所得税、财产税、社会保险费、继承和赠与税[①]、增值税、消费税、关税等。

五、挪威国库单一账户制度

挪威的国库单一账户制度始于1990年，在此之前，每个政府支出部门都可以与私有银行签订有关账户设置和存款方面的协议，不同的政府支出部门除了在央行存款外，还在不同的私有银行开立存款账户。因此，全国有不同

---

① 挪威2014年取消了继承和赠与税以鼓励家庭企业发展。

银行从事政府会计业务，并采取定期报告的制度。在政府支付方面，由中央银行和邮政公司为不同的政府支出部门提供支付服务。

1990年，为了更有效地管理政府资金，降低成本，增加流动性，挪威开始建立国库单一账户制度。挪威的国库单一账户制度是集中办理与政府预算收支和政府债券融资相关的支付服务操作系统，主要包括四个层级，共约1500个子账户。其中，第一层级的账户是设立于中央银行的单一国家资金账户，该账户负责汇总以下三个层级账户的资金余额。同时，财政部根据市场利率，就资金余额向中央银行收取利息。第二层级的账户包括财政部账户、国家债券债户、国家外汇存款账户、国家基金账户等单独账户，其中财政部的账户大约包含有1200个次级账户（secondary account）。第三层级的账户是在中央银行开立的为各政府支出部门办理资金清算的账户。第四层级的账户是在私有银行开立的零余额过渡账户，为政府支出部门办理当天收支资金清算的账户，该账户按日清算划转，不留余额。

与国库业务相关的部门或机构包括议会、财政部、挪威央行以及代理国库业务的四家私有银行。其中财政部的职责是向议会提交中央政府账户执行情况的报告。而央行的主要职责是为政府开设国库单一账户，负责国库账务的收入和支出四级账户的记账工作，与国库代理银行清算国库单一账户支出的资金，与国库收支代理银行清算国库单一账户收入的资金，监督管理国库收支代理行的业务，负责向财政部和政府收支财务电子信息系统提供国库单一账户的相关信息。

挪威央行对国库单一账户的管理办法是：根据央行与财政部签订的协议，央行负有监督与管理国库收支代理银行的职责，如果国库代理行在代理政府收支资金的清算业务方面出现任何差错，特别是在银行的账户上持有资金余额，央行负责保证这些银行向政府赔偿损失。央行可以通过抽样检查对代理银行进行监督和管理，同时，央行每个季度向财政部提交监管报告。央行还建立了政府收支财务电子信息系统，每个月通过该系统向财政部提供有关国库单一账户的会计报告。各政府支出部门可以通过这一系统，获得国库单一账户中第一、二、三层级账户中的所有信息，央行可以通过这些信息分析政府收支资金对货币流动性的影响，为货币政策服务。

六、挪威预算审查监督

挪威预算执行管理以提高预算管理效率和效果为目标，完善财政管理制度和办法，强调各部门的支出责任，促进其加强内部控制，加强财政评估、审计监督。挪威制定了一系列财政管理法律制度，包括《国家预算法案》《拨款条例》《挪威中央政府财政管理条例》，形成了预算监督的法律强制力。

挪威对预算执行的监督除了财政部按照国家有关规定对各部门的预算执行情况实施监督外，另一个重要措施是通过议会所属的国家审计署对政府预算执行情况进行监督。审计署有 500 多名工作人员，主要任务是监督政府各项支出是否按预算执行，是否体现了议会有关要求。如果有不合理开支，可以随时向议会报告。在有些情况下，也可以直接对有关大臣及部门提出批评。

挪威审计署从 1996 年开始设立绩效审计司实施绩效审计，是世界上开展绩效审计较早的国家之一。在其颁布的《绩效审计指南》中明确了绩效审计的阶段及每个阶段形成的不同的书面材料，包括:（1）立项阶段。审计署需对项目进行概述，评价审计风险及其重要性程度，立项阶段形成关于项目简介的书面材料;（2）可行性研究阶段。可行性研究旨在确定被审范围内是否存在不合规的情况，并收集相关证据，以决定是否进行着重分析。可行性研究阶段需要制定书面可行性研究计划和可行性研究报告两份书面材料;（3）着重分析阶段。着重分析阶段的目标是对被审计单位执行经济效率和效益情况进行审计，记录其是否存在违规行为。在对审计证据的可靠性进行审核后，形成着重分析报告;（4）审计后工作阶段。审计署把审计信息传达给相关各个部门，以便跟踪审计，并编制跟踪审计计划。跟踪审计的目的是督促被审计单位采取必要措施，纠正审计中发现的缺陷。跟踪审计可以采取多种形式，如审计署可以要求被审计单位就审计中存在的问题如何解决提交一份专门报告；(5) 报告阶段。审计署决定是否向议会报告绩效审计结果，如果报告，应该报告哪些内容，通常把着重分析报告作为审计报告的附件提交给议会。

七、结语

挪威是北欧高福利国家，在金融危机中受到的冲击比较小，这与其一直实行保守稳健的财政政策有很大关系。从 OECD 国家国债平均存续期限来看，挪威只有 2.2 年，是最短的，此外，挪威也是 OECD 国家中财政盈余最高的国家。从财政收入与支出占 GDP 的比例在 1970-2010 年间的比较来看，不少国家的财政收支间的缺口越来越大，30 年中，OECD 国家财政收入占 GDP 比重的平均水平上升了 4.73 个百分点，但财政支出占 GDP 的比例上升了 11.02 个百分点，除挪威外，其他 11 个国家财政支出的增幅都高于财政收入。

在预算管理上，挪威也采取稳健政策，预算编制由政府部门、财政部、内阁、议会各司其职。财政部在每年一二月收集材料，研究经济政策发展变化，在此基础上拟定预算草案，提交内阁讨论。内阁就此需要召开三次专门会议研究、确定预算。内阁于 3 月召开第一次专门会议，研究财政预算编制的基本原则及相关政策，确定收支预算总额，初步确定各部门的预算额度。此后，由财政部向各部门发出编制支出预算的通知。5 月份，各部门完成本部门支出预算的编制，并报给财政部，财政部对各部门预算计划进行审核汇编后提交内阁。内阁召开第二次会议，根据当年经济形势和各部门意见对财政部提交的预算进行调整。8 月底至 9 月初，内阁召开第三次会议，研究并最后决定收入预算和支出预算数及各部门的详细预算。按照挪威的法律规定，支出预算中可以设不超过 1% 的储备金，用于支付新增项目或现有项目的成本超支。10 月份，政府将通过的预算报议会审议。11 月份，议会财政预算委员会对年度预算进行审核，通过后，再提交其他各专业委员会审议讨论。一般在 12 月 15 日，挪威议会将通过下一财政年度预算，由财政部监督各部执行。

在国库单一账户制度管理中，央行发挥重要作用。央行负有监督与管理国库收支代理银行的职责，如果国库代理行在代理政府收支资金的清算业务方面出现任何差错，特别是在银行的账户上持有资金余额，央行负责保证这些银行向政府赔偿损失。央行可以通过抽样检查对代理银行进行监督和管理，同时，央行每个季度向财政部提交监管报告。央行还建立了政府收支财务电子信息系统，每个月通过该系统向财政部提供有关国库单一账户的会计报告。央行可以通过这些信息分析政府收支资金对货币流动性的影响，为货币政策服务。

挪威制定了一系列财政管理法律制度，包括《国家预算法案》《拨款条例》《挪威中央政府财政管理条例》，形成了预算监督的法律强制力。挪威审计署从1996年开始设立绩效审计司实施绩效审计，是世界上开展绩效审计较早的国家之一。挪威审计署在预算执行监督中负责绩效审计，确保预算执行的经济性和有效性。在其颁布的《绩效审计指南》中明确了绩效审计的阶段及每个阶段形成的不同的书面材料，包括：（1）关于项目简介的书面材料；（2）书面可行性研究计划和可行性研究报告；（3）着重分析报告；（4）跟踪审计计划；（5）绩效审计结果报告。

第十章
非洲主要国家预算法律问题研究

非洲国家经济总体而言处于较为落后的发展水平，在财政立法上比较晚近，微观层面的制度实施也存在诸多问题。随着中国“一带一路”倡议的实施和中国企业“走出去”格局要求的变化，“南南合作”呈现新的局面，中非交流不断深入。“一带一路”既是中国国家级的发展战略，也是与沿线各地区、国家的合作平台，对非洲国家自身而言，更是自身发展计划的外部契机。作为维持政府结构运行稳定、推动国家经济发展的支柱，国家财政制度起到举足轻重的作用。中非合作和中方投资相对集中于大型项目和基础设施建设，涵盖了经贸、能源、电力、交通等多个领域，这也是非洲发展中国家主要的政府目标，涉及财政预算、税收、债务、公共采购等多个环节，需要国家财政制度的大力支持。

同时，作为新兴市场国家，非洲地区被视为世界经济新的增长点。目前非洲共约 12 亿人口，2 万亿美元的经济总量，城镇化进程尚未进入高速发展期，各类消费尚未大幅增长，潜力巨大。但是非洲国家经济发展较慢，政府赤字普遍较大，外债严重，税收种类和设置落后，政府支出的效率及其分配的合理性有待提高。如何通过国家财政发挥政府作用、引导经济发展是对非洲国家财政制度的巨大挑战。另外，受历史影响，非洲国家政治制度具西方民主特色，但是在具体实施中差异较大，特别是反映到财政制度上，受本土国情影响，财政制度的落实情况不尽人意。非洲国家财政制度体系框架的先进性与实施执行的滞后性之间的矛盾是非洲国家财政体制改革的主要内容。

非洲国家和中国同为发展中国家，在发展、改革的轨迹和面临的挑战上有一定程度的相似性。虽然中国已经成为世界第二大经济体，但是无论是从人均 GDP、社会福利角度来看，还是就产业结构、城乡区域发展而言，中国仍是发展中国家。非洲国家在现阶段的发展相对落后于中国，但是其现代化进程与中国仍具有相当的重合，其后发优势尤其是在财政制度的架构方面，其财政改革方向和优先项目规划仍然具有借鉴意义。在中非合作共赢的大趋势下，加强对非洲国家财政制度的了解和研究成为必要。

因此，我们选取了预算立法比较成熟的五个非洲代表国家：埃及、南非、坦桑尼亚、乌干达和肯尼亚进行研究。主要包括对象国财政体制概况、预算原则、预算编制、预算监督等内容，并根据 IMF 对对象国的财政报告，指出其财政制度中存在的问题，并给出建议。

第一节 埃及预算法律问题研究

一、埃及财政体制概况

自 2011 年埃及革命之后，埃及的政体是基于共和主义而创设的半总统制。1952 年之前，埃及由皇室统治；2012 年埃及第一次通过自由选举产生总统。当选的总统可连任两期，每一任期 4 年；总统至多可任命 5% 的议会席人数；同时，总统可以解散议会、宣布紧急状态或战争，但相关的任何法律应先经议会批准通过；经埃及议会三分之二的人员投票同意即可弹劾总统，然后通过公众投票来决定是否批准弹劾。①

根据 2014 年 1 月通过的埃及新宪法，改议会“两院制”为“一院制”，众议院设有 596 个席位，其中 448 个席位归无党派独立议员，120 个席位归各

① https://en.wikipedia.org/wiki/Politics_of_Egypt，最后访问时间为 2016 年 12 月 26 日。

党派议员，28 个席位的议员由总统直接任命。

二、埃及财政近况

（一）埃及 2015 财年的财政状况

目前，埃及 2015 财年的决算草案仍在议会接受审议，未能获得最终的官方数据。参考埃及财政部发布的 11 月财政月报①，根据其显示的埃及 2015 财年的初步实际预算数据，埃及在此财年中预算赤字为 3959 亿埃及镑，而上一财政年度为 2794 亿埃及镑。

2015 财年埃及政府的财政总收入增加了 263 亿埃及镑，达到了 4915 亿埃及镑，而 2014 财年财政总收入为 4652 亿埃及镑。这主要是由于埃及税收收入大幅增加了 464 亿埃及镑，其中所得税收、货物和服务税收、国际贸易税收、财产税收都较上年有较大幅度的增长。

2015 财年埃及政府的财政总支出由 2014 财年的 7333 亿埃及镑增加至 8178 亿埃及镑。社会性支出是 2015 财年埃及财政支出的关键部分，达到 3960 亿埃及镑，约占此财年总支出的 49.5%。其中，与 2014 财年相比，430 亿埃及镑用于粮食补贴，增加了 33 亿埃及镑；电力补贴支出增加了 50 亿埃及镑；健康保险、养老金、出口补贴、教育以及健康等方面的支出都有较大幅度增长。此外，埃及政府的投资支出也较上一年增长了 12%，达到 670 亿埃及镑，主要是用于基础设施建设和改善公共服务。

2015 财年埃及国际收支（Balance Of Payments）总赤字为 28 亿美元，而 2014 财年埃及的国际收支盈余 38 亿美元。这主要是由于经常账户赤字增加：2015 财年的经常账户赤字达 187 亿美元；2014 财年为 121 亿美元。此外，埃及资本和金融账户于 2015 财年净流入 199 亿美元，2014 财年埃及在此

① http://www.mof.gov.eg/MOFGallerySource/English/Reports/monthly/2016/November2016/Full%20version.pdf，最后访问时间为 2016 年 12 月 27 日。

项上净流入 179 亿美元。同时，2015 财年埃及在净误差和遗漏（net errors and omissions）上流出了 40 亿美元，而 2014 财年仅流出 21 亿美元。

（二）埃及 2016 财年截至 11 月份的财政状况

根据埃及财政部 11 月财政月报，2016 财年的 7 月至 10 月间，埃及预算赤字较去年同期略有好转。在此期间，非主权当局（Tax revenues receipts from non sovereign authorities）的税收收入增加了近 6.8%。在支出方面，埃及财政支出仍优先关注社会公平，其中养老金的支出在此期间内增长了 136 亿埃及镑。

埃及的净国际储备（Net International Reserves）从 2016 年 9 月的 195.9 亿美元降至 201.4 亿美元。值得注意的是，在 2016 年 9 月，埃及财政收入增加了 30 亿美元，其中 10 亿美元是世界银行的贷款，另外 20 亿美元为沙特阿拉伯在埃及央行的存款。2016 年 8 月，阿联酋也在埃及央行存入了 10 亿美元。

2016 年 10 月期间，埃及整体通货膨胀率（headline inflation）继续上升，达到 13.6%；较 9 月的 14.1% 有所下降；而 2015 年同期的整体通货膨胀率为 9.7%。

在 2016 年 11 月 17 日举行的货币政策委员会会议期间，埃及央行决定维持隔夜存款利率、隔夜贷款利率、贴现率和央行主要经营利率不变，分别为 14.75%、15.75%、15.25% 和 15.25%。

值得一提的是，2016 年 11 月，埃及政府成功地获得了 120 亿美元的国际货币基金组织贷款，以支持埃及经济改革项目。该经济改革项目主要包括四个方面：（1）进行重大政策调整。首先，放宽外汇制度，以消除外汇交易短缺，鼓励投资和出口；其次，货币政策重在抑制通货膨胀；最后，大力整顿财政，以确保公共债务的可持续性。（2）通过增加粮食补贴和现金转移支出来加强社会安全网络。（3）加强结构式改革以促进经济多元发展，为青年和妇女增加就业机会。（4）更新外部融资途径以弥补财政缺口。

此外，截至 2016 年 6 月底，埃及政府境内外总债务达到 27858 亿埃及镑。埃及议会报告中回顾了国际合作部[①]支持政府财政项目的报告中的数据资料，总结了政府内债金额、政府外债金额、由国际合作部融资的发展项目、财政年度内发展项目融资的具体数额、社会保障项目融资以及国家和国际合作部为满足公民基本需求所进行的财政拨款。

埃及政府外债分为两类，第一类是没有双边或多边承诺的外债，金额为 3500 亿埃及镑，占政府债务总额的 11.5%；第二类是国际合作部参与的具有双边或多边承诺的外债，金额达 1390 亿美元，占政府债务总额的 4.6%。政府外债中的贷款比率为 64%，援助比率为 36%。政府内债中国库债券占 28%；国库票据占 25%；央行债券占 14%；从银行体系获得的借款和授信额度占 13%；社会保险基金债券占 12%；以欧元和美元计价的国库票据占 6%；其余部分占 2%。政府外债中中央银行存款占 30%；多边融资机构份额占 27%；短期债务占 10%；银行系统和经济机构贷款占 10%；特殊债务占 9%；巴黎俱乐部债务占 9%；境外债券（如欧元债券）占 5%。

三、埃及预算制度历史沿革

埃及预算制度以宪法为前提，以预算法及其修正案为整体框架，以相关法令为补充，经历数次调整才逐渐稳定下来。埃及的预算不仅仅规定在预算法律中，还受到宪法的约束，例如预算草案的提交、修改等都在宪法中得到明示。这也意味着埃及预算一旦出现问题，可能会涉及违宪。

埃及预算制度主要经历了三次修改。分别是 2005 年之前的预算法案和相关法令修改；2005 年至 2007 年预算法和宪法修正；2014 年至今的埃及新宪法规定。

---

① 埃及国际合作部是专门负责签署发展项目融资方面的贷款或援助协议的部门，下属机构有项目评估和宏观经济分析中心。

（一）预算立法及相关修改

1.《1973 年预算法》的预算框架

这部法律对政府支出进行了严格的控制，不允许政府通过借贷来弥补支出。同时，此法中针对预算的分类并不透明，也不符合政府财政统计体系[①]（Government Finance Statistics System）的规定。另外，财政部长控制整个预算流程，人民议会审议草案的时间非常有限，预算草案往往还未进行任何修改就不得不通过。此种情况下通过的预算草案中会存在很多未经分配的政府支出额度，需要相关的预算指示文件给予财政部长不受限制的权力，即无需经人民议会的允许就可对预算中的政府支出部分进行任意修改和增加。

2.《2005 年预算法》的调整

2005 年新的预算法对埃及预算制度进行了多项调整。首先，重新调整了预算分类，使得其与政府财政统计体系（GFS）保持一致；其次，财政部需要对预算的执行情况编制并发布月度和季度报告；再次，本次修改还对预算草案中的应急储备资金和拨款总额设置了上限。同时，过去作为预算外的石油补贴也第一次在 2005 财年的预算文件中明示。另外，自此阶段开始，埃及预算过程中财政部的自由裁量权受到限制，财政部对预算进行的修改必须经议会批准。

（二）埃及宪法的规定

1. 埃及《2007 年宪法修正案》

埃及 2007 年的宪法修正案规定，议会（现为众议院）可基于与政府达成的财政收入来源协议对预算草案进行修改。同时，国家预、决算报告的提交时间也发生变更：预算报告提交时间提前了 1 个月，决算报告提交时间提前

① 由国际货币基金组织开发并颁布，目的是提供一个全面完整的、适用于财政政策分析和评估的综合概念和核算框架的国际统计标准。目前使用的政府财政统计体系（2001），特别关注各国广义政府部门和更广泛的公共部门的分析和评估的综合概念和核算框架。

了6个月，使得议会有更充足的时间对报告进行审议。另外，宪法修正案再次确认所有预算的会计计量基础皆为收付实现制。①

2. 埃及《2014年宪法》的规定

埃及在《2014年埃及宪法》中对整个预算制度进行了重述。第一，2014年宪法明确了埃及预算体制概况。预算从整体上分为国家预算和地方预算。《2014年宪法》第178、182条明确指出，地方政府有独立的财政预算，除了中央政府对地方政府的转移支付外，其财源还包括地方性税费；地方政府应同中央政府一样遵循预算规则和程序；其地方政府预算、决算审议由地方议会（local council）独立负责。

第二，《2014年宪法》规定了中央预算的编制流程及相关负责主体。在编制主体上，根据第101条和第167条规定，埃及公共预算草案是由财政部负责编制，众议院负责审议；在编制流程上，新宪法宏观的描述出了埃及政府预算的概况：（1）编制草案。（2）提交草案，预算草案应在每一财年开始之前至少90天提交众议院。（3）审议草案，由众议院对预算草案逐章进行投票，只有在预算通过并得到众议院批准的情况下，总统才能宣布闭会。（4）修改草案，众议院可以修改预算草案中的政府支出，但内容为承担特定国家责任的除外，预算草案及其相关法律文件都不能增加公民义务。如果修改导致总支出增加，众议院应与政府就增加财政收入的来源进行协商，以实现财政收支平衡。预算草案章节之间的预算资金挪用，新增预算草案中未列明或超支的预算支出，行政机关在预算草案列明的财政收入外借款、获取资金，都应经众议院进行批准。预算草案的修改也应以法案形式发布。（5）预算草案批准通过。（6）预算执行，按照埃及新宪法第219条预算执行是由中央审计组织负责监控，并审查决算情况。（7）决算草案编制，根据新宪法，国家决算草案应自每一财年结束后不超过6个月的期间内提交众议院，中央审计组织

---

① Mohamed Zaky and Sarah El khishin, FISCAL GOVERNANCE IN EGYPT: STRENGTHENING BUDGETARY INSTITUTIONS TO COUNTERACT POLITICAL FRAGMENTATION, http://erf.org.eg/wp-content/uploads/2016/07/1027.pdf，最后访问时间为2016年12月18日。

的年度报告及其对决算草案的意见必须随之提交。众议院应对决算草案按章逐一表决，并有权要求中央审计组织提供任何额外的数据或报告。最终的决算报告应以法律形式发布。

第三，2014 年新宪法中对于政府支出提出了明确的新要求。为对政府支出进行一定程度的控制，新宪法主要通过第 18、19、21、23 条的内容加以规制。其核心在于政府应将一定比例的支出用于卫生、教育、学术独立、科学研究上，支出金额应当分别不低于国内生产总值（GDP）的 3%、4%、2% 和 1%，且该比例应逐步增加，以达到国际水平；而第 238 条再次明确强调，该宪法生效之日起，埃及政府应当逐步履行其承诺，在教育、高等教育、卫生和科学研究上至少实现最低比例的政府支出扶持，并应于 2016 财年的国家预算草案中得到充分体现。

第四，该宪法也规定了具有独立预算的国家机关，包括司法机关、武装部队和国家媒体委员会[①]。第 185 条、191 条规定，包括最高宪法法院在内的司法机构，独立编制、执行预算，具体预算项目和额度由众议院审批。第 203 条规定了武装部队独立编制、执行预算，由国防委员会负责，军事预算需要武装部队的财政事务负责人、计划与预算委员会[②]和国家安全委员会的负责人共同协商。第 211 条中规定国家媒体委员会预算也是独立编制、执行。[③]

尽管有宪法依据，但埃及刚刚通过的 2016 财年预算草案却引起很大争议。此预算草案中政府在教育、卫生等事项上的财政支出并不符合新宪法的规定，涉嫌违宪。另外，新宪法允许政府采取相关措施以维持财政收支平衡，但又要求这种措施不能给公民增加负担，否则无效，而现实情况下这种措施

① 国家媒体委员会是一个独立的实体，具有法律人格，享有技术，财务和行政独立，并拥有独立的预算。委员会管理广播、电视、印刷和数字新闻等事务。委员会负责保障媒体的自由、独立、中立、多元发展，防止垄断行为并监测新闻媒体机构的资金来源；同时，建立确保新闻媒体得以发挥其职能的法律框架，监督其遵守专业和道德标准，维护国家安全。

② 计划与预算委员会隶属于埃及下议院。主要负责计划评估和预算审查。

③ https://www.constituteproject.org/constitution/Egypt_2014.pdf，最后访问时间为 2016 年 12 月 17 日。

是否存在且是否符合要求都尚存疑问。①

（三）相关法令的补充

1.《1979 年第 79 号法律文件》的例外规定

《1979 年第 79 号法律文件》出台后，一些公共经济部门被剔除在国家预算程序之外，但这些公共实体实际上是各种政府补贴和财政扶持的对象，与政府部门之间具有紧密的联系。在很大程度上，这些实体所产生的预算外的支出往往是通过额外的预算或准财政活动取得。另外，此次法律修订后，投资预算过程（investment budget process）被分离出来，由当时的计划部长负责。该计划部长同财政部长一样在预算的修改上拥有自由裁量权。此次修改后，埃及预算的会计计量基础由权责发生制变为收付实现制。

2.《1981 年第 127 号法律文件》对会计计量基础的再次调整

《1981 年第 127 号法律文件》又将投资预算的会计计量基础调整为权责发生制。

3.《1991 年第 203 号法律文件》对预算内容的调整

《1991 年第 203 号法律文件》延续《1979 年第 79 号法律文件》的规定，将更多的公共实体排除在预算之外。

（四）预算制度中会计计量基础的改革

预算中的埃及政府会计计量基础一直处于较为频繁的变动中。埃及《1973 年预算法》规定，国家公共财政预算的会计计量基础必须遵循权责发生制，必须客观地反映国家的财务账目情况，及所有尚未收付和支付的预算款项。随后，《1979 年总预算法修正案》指出，公共财政预算的会计计量基础应遵循收付实现制。为了让《1979 年总预算法修正案》所规定的收付实现制符

① Rania RabeaaElabd, What makes Egypt's budget so controversial?, http://www.al-monitor.com/pulse/originals/2016/07/egypt-budget-constitution-controversy-sisi-requirements.html，最后访问时间为 2016 年 12 月 18 日。

合《计划法》和《成立国家投资银行法》中规定的施行投资项目的后续要求，《1981 年政府预算法》规定，在登记投资业务（投资性预算）时，其会计计量基础需遵循权责发生制。2006 年 6 月 17 日，众议院批准了《2006 年第 139 号法律文件》，与国家财政预算中的“使用”和“资源”相关的所有交易，包括非金融资产交易，其会计计量基础必须遵循收付实现制。

四、埃及预算编制原则

埃及宪法和预算法中都规定了在预算筹集、分配和制定计划中应该遵循的预算编制原则，并由预算职能部门按照预算编制原则进行具体编制过程。

1. 年度性原则

年度性为公共预算的基本原则之一，即预算发布于每一个有着独立的财政收入和财政支出的财政年度。埃及的一个财政年度从每年 7 月 1 日至次年 6 月 30 日。为了实施政府特定计划或进行财政调整，埃及也制定了一些中期预算框架，时间介于三到五个财年之间。

2. 全面性原则

根据 2014 年埃及的新宪法第 124 条，埃及的国家预算应包括其所有收入和支出，没有任何例外。同时，新宪法第 68 条规定，信息、数据、统计和官方文件由全民共有。国家应当通过各种渠道披露信息以保障公民的知情权利，并确保信息的透明度。因此，埃及预算应当全面公开。

3. 普遍性原则

普遍性原则是公共预算的一个基本原则，即不得规定某项特定的预算收入的特定用途，因为预算必须将所有的财政收入汇总在一起，用来作为各种不同的财政支出。埃及预算也有普遍性的要求，2014 年的新宪法已经明确指出政府不能随意规定预算支出用途。

4. 统一性原则

统一性原则是指所有的预算收支都应列入一份预算文件中，且不允许有任何公共预算外的收支项目的存在。正如上文提到的，埃及预算草案涵盖了政府各项收支明细，财政部可以对预算草案进行修改，经批准通过的修改便成为预算的一部分。

5. 均衡性原则

公共预算的均衡性是指财政支出应该保持在财政收入的额度范围内，必须通过恰当的筹资活动来弥补因收入不足而导致的财政赤字。财政失衡应该是暂时性的，举借债务是财政失衡的临时性解决方案，借款金额必须在国家的偿还能力范围之内。根据埃及 2014 新宪法，政府和众议院可就弥补财政收支平衡的手段进行协商，达成协议方可实施。

6. 参与性原则

参与式预算是埃及预算绩效改革中确定下来的一种公民参与方式，常见的参与主体有一般公务员、民间组织、普通公民等。参与式预算为非预算编制机构人员参与预算编制过程提供了条件，以提高预算编制的准确性和透明度。

五、埃及预算分类

埃及预算按照职能预算、部门预算和经济预算进行分类。2005 年的埃及预算法主要对职能预算和经济预算分类进行了修改。部门预算是一种根据支付和征收单位来进行的分类方式，由于操作较为简单，变化不大。

1. 职能预算分类

职能分类法是一种根据财政支出用途来进行的分类方式，如医疗保健、教育、国防、安保、维护公正等。这种分类方法能帮助监测政府如何利用财政收入进行某些特定活动或实现各种目标。2005 年，埃及对《1973 年预算法》进行了修改，吸收了美国和经济合作与发展组织（OECD）制定的政府职能分类方法，将过去含有 17 个项目的职能分类，替换为仅有 10 个项目的全新分类，包括:（1）一般公共服务;（2）国防和国家安全;（3）公共秩序和公共安全事务;(4)经济事务;(5)环境保护;(6)住房和社会基础设施;(7)医疗;(8)青年、文化和宗教事务;(9)教育;(10)社会保障。这一修改使得预算内容与统计体系更为贴合,更能提高预算支出的准确性。

2. 经济预算分类

2005 年埃及预算法中公共预算的经济分类法得到了发展,由原来依据经常性预算和资本预算的区别进行分类,转变为采纳国际货币基金组织(IMF)发布的《政府财政统计指南》中规定的标准。

在财政收入上,新的经济分类法为:(1)收入,包括第一章税收,第二章补贴,第三章其他收入;(2)资金来源,由第四章贷款收益和出售金融资产收益和第五章贷款组成。在财政支出上,新的经济分类为:(1)支出,包括第一章工资和员工赔偿,第二章购买商品和服务,第三章利息,第四章津贴补助和社会福利,第五章其他支出以及第六章购买非金融资产;(2)取得金融资产,包括第七章获得国内和国外金融资产;(3)偿还债务,由第八章偿还国内和国外债务的内容组成。

六、埃及预算职能部门

埃及预算法和 2014 年宪法都规定了埃及预算的职能部门,以实施预算的编制、审批、执行、决算、监督等环节。

1. 财政和经济发展部(原计划部)

财政和经济发展部的前身是计划部,现主要负责编制预算草案并将其提交给众议院,编制决算附录草案、发布季度报告等预算基础性工作。

2. 众议院

众议院是预算监督机关。众议院负责批准预算草案、根据某些部门的提案对其进行修改、批准财政年度内额外的财政支出、审计预算执行结果。

3. 中央审计机关

埃及中央审计机关是于 1942 年设立的独立审计机构,作为埃及控制公共财政的工具之一，它独立于内阁，并直接向埃及总统报告，对总统负责。中央审计机关主要承担预算监督职能，核查各部门的预算执行结果、编制预算执行结果和决算审计报告。具体而言，中央审计机关监督约130个中央政府部门和行政单位、120个服务机构、29个省、50个经济部门以及160多个国有企业、政党、工会，管理国家与党的新闻媒体，还可以审计由总统、总理或议会指定的任何其他实体的工作和账户。[①]

七、埃及预算编制

《2014年埃及宪法》中具体规定了政府预算的编制程序，分为编制阶段和批准阶段。

（一）中央预算编制

1. 编制阶段

财政部向所有财政预算相关部门单位发出编制预算的通知，并公布部门财政编制过程中应当遵守的原则和应该采取的措施。根据埃及2014年新宪法的规定，财政部需在新的财政年度开始之前至少三个月内向内阁提交公共预算草案，并将其一并提交给众议院。

2. 批准阶段

众议院设有专门的预算委员会，由预算委员会先行讨论预算草案，并召开听证会，与其他部门召开联席会议，提出修改意见并提交众议院大会审议。众议院一旦批准通过预算法案，公布的预算法案会附有一份预算附录。如有需要，在不影响财政预算准确性的情况下，附录中可以增加一些预算调整性内容，以备执行过程中的修正之用。

① https://en.wikipedia.org/wiki/Central_Auditing_Organization，最后访问时间为2016年12月28日。

（二）地方预算编制

参与式预算是埃及编制地方政府预算的一种方式，在埃及预算绩效改革中得以确定。参与性预算为非预算编制机构人员参与预算编制过程提供了条件，以提高预算编制的准确性和透明度。

1. 参与主体

根据埃及预算绩效改革的要求，任何关注财政资金拨款过程影响所在地区利益的人，均可以参与预算程序。而常见的参与主体为公共机关及其内部人员（公务员、地区官员）、民间社会组织和非政府组织、私营企业等。

在预算准备阶段，政府通过频繁组织正式会谈等方式，向地方单位负责人、民间组织和普通市民普及预算原则、编制步骤、预算目标等。同时，地方政府、行政单位等根据本行政区域的需要，在充分考虑地方发展需求的基础上，制定预算的主要计划。进入预算编制阶段后，村镇、城市代表、非政府组织、私营部门以及群众代表等非政府参与人员，有权向政府提出预算编制建议。参与式预算利用主体的广泛性扩大民意基础，在财政拨款的优先事项上有一定话语权，进而与预算编制主体提供的预算总体计划进行讨论。

2. 参与式预算编制程序

参与式预算的编制工作在每年的十月到次年二月这段时间内完成。首先，通过个人或集体调查问卷、公开会议、相关报告和民间社会机构意见采集等方式汇总地方单位需要的信息，并对其进行核查确认，得到一致的结果；其次就财政资金在各个地方单位的使用与其具体需求之间的分配问题展开讨论，每一地方单位就此发布一份拟议预算。这种拟议预算包括，由主要参与者制定的总体计划、民间社会机构的意见和公民预算[①]（citizens' Budget）；最后，整合每一地方单位提交的预算报告成一份完整预算草案，提交至财政部进行

① 公民预算是省级预算的微型指南，涵盖了一个财政年度预算支出的优先事项、最重要的预算收入和预算的总体目标，并且还对新的财政年度预算中的公民补助项目、建议取消或开展的投资项目进行详细的解释说明。

审批，由此进入到前述中央预算的编制环节。

八、埃及预算监督

埃及的预算监督贯穿于预算编制、预算审批、预算执行和决算过程。

1. 预算编制监督

埃及预算编制环节中的参与式预算本身也是公民监督的一部分。非政府和民间机构及其人员的加入，使得在起草预算时就充分吸纳了民意，增加了预算的透明度。

2. 预算审批监督

在预算审批过程中，众议院会对所有针对预算草案的修改进行审议。众议院是宪法规定的唯一具有批准预算权力的机关，遏制了财政部在政府支出上的自由裁量权。

3. 预算执行监督

进入预算执行环节后，执行部门应当提供数据资料，同时对财政资金的拨付进行技术性监督；众议院和行政委员会有权监督预算执行是否符合预算时间表的安排；另外，各级行政委员会、民众和执行者可随时组织会谈，沟通预算执行情况。

4. 决算监督

在决算阶段，监督机构和预算编制参与者可在决算起草的讨论中充分发表意见。

根据埃及《1973 年预算法》第 31 条，财政部在财政年度结束后九个月内将财政预算执行情况以及决算草案的报告提交给议会和中央核算机构。在财政部向中央审计机关递交决算报告之后两个月内，中央审计机关需向议会递交报告。由于宪法的修订，上文中的九个月已经修改为六个月。

九、埃及中期预算框架

《2014年埃及宏观经济政策中期框架》为埃及财政部官网公布的一份较为完整的财政政策指导性文件，是根据2014至2015财年及之前的预算情况制定的一份五年计划，内容上主要包括两个方面的措施：

1. 税收收入

（1）修改所得税法，扩大税基。对股息收入、资本收益和公民境外收入征收所得税。增加了新的反避税规则，且对于在三年内收入超过100万埃及镑的企业和个人，税率在原基础上调高5%。

（2）新的房地产税法简化了之前的税收减免适用情形，并将其限制在仅一户住宅单位且该单位价值低于200万埃及镑；相关法律要求将50%的收益转用于农村和贫困地区的发展。

（3）政府正在探讨对矿山采矿税进行新的改革，以增加财政收入。

（4）加收通信许可费，埃及政府预计通过此项举措使国家GDP增长0.3%。

（5）埃及政府将对香烟和酒精饮料征收更高的消费税，同时引入增值税取代之前的消费税制度；新法对纳税人更加公平，允许对资本商品实行即时全额退税并推行更广泛的税收信用制度，且采用单一的统一税率，提高门槛，以扩展至更多商品和服务。

（6）政府还将致力于简化小微企业的纳税流程并解决欠税征收和减免税问题。

2. 政府支出

（1）加强能源补贴，除贫困家庭的液化石油气外，对所有燃料产品提供补贴，而贫困家庭将从大规模的现金转移支付计划中获得补贴。埃及的精简能源补贴计划还包括调整价格、重新设计埃及的能源结构、改善配送系统以控制走私等。此外，改革所产生的部分收益将根据宪法要求转投于卫生，教育和研发，并为现金转移计划提供资金。

（2）加大食品补贴，引入新系统对面包补贴进行更合理的分配。

（3）对工资支出进行控制，从2014至2015年度预算开始，依法律规定所有政府主体禁止雇佣编制外人员，从而关闭了聘用临时劳动人员的后门。且政府工作人员的年度工资不再免税，而因此所产生的收益也不能转用于提高政府工作人员的基本工资。

（4）支持公私合营项目（PPP），专家组正在推行公私合营项目，以扩大私营部门在基础设施项目的参与度，从而减少政府预算的压力。

（5）在2014至2015财年预算中增加一倍的现金转移支付拨款，使受益人数从150万家庭增加到300万家庭。

十、IMF对埃及财政评价

（一）IMF对埃及财政问题的评价

IMF在2015年发布的《第四条款磋商报告》（Article IV Consultation-Staff Report）中指出，自2011年以来，埃及由于宏观经济失衡、微观经济扭曲、预算信息不透明和疲软的外部竞争力等因素，经济增长低迷，失业率高企，政府收入减少，支出效益低，财政状况不容乐观。

IMF认为埃及经济和财政状况处于一种危险的状态（precarious position）。现阶段埃及政府正采取一系列财政调整措施以使预算赤字和公共债务处于可控状态，包括调节税收、减缓通胀、增加外汇储备等。但IMF认为埃及政府相当多的财政政策虽然有助于经济恢复，但客观上并没有积极促进财政状况的稳定。受到埃及近期政治波动的影响，相关的具体财政措施和组织措施仍停留在拟定阶段，并未落实到实施阶段。

（二）IMF 对埃及财政制度的建议

1. 降低政府赤字和债务，促进财政稳定

为应对财政赤字危机，IMF 建议埃及削减公共部门支出，同时调整工资水平，提高现金管理和公共支出的效率。据 IMF 评估，埃及政府能源领域的支出长期以来未能获得良好的效益，应深化能源补贴改革（energy subsidy reform），以减少支出浪费，更多地投入到预算优先项目和公共基础设施建设中。在政府大型支出项目中，埃及应加大对公私合营项目的支持，鼓励私人部门投资埃及公共基础设施项目，节约政府部门的相关支出，减少或有负债。同时私人部门的管理模式有助于提高基建项目的运营效率，为埃及财政方面提供更及时有效的反馈。

2. 改革税制，提高政府收入能力

IMF 认为埃及主要的宏观经济风险就是财政漏洞，其中一个重要的表现就是税基狭窄。埃及公共债务总额因为新兴市场的标准和财政融资的要求，近年来一直维持较高水平，导致了通胀的上升，限制了反周期（countercyclical）财政政策的作用，增加了迟延偿债风险（rollover risks），给埃及财政施加了巨大的压力。因此 IMF 建议埃及政府调整税收制度，设计更加现代化的财产税结构，拓宽所得税税基，规范增值税机制。

3. 执行中期财政整顿策略

鉴于埃及当前的财政体系和财政状况，政府采取的财政调整往往过于激进和强硬，难以得到政治支持，因此从政策制定、实施到生效存在时间上的延迟和滞后性。IMF 建议埃及政府进行深入的中期财政整顿：以 2014 年埃及新宪法为法律依据，结合近年的财政状况、根据《预算法》规定的中期预算框架、基于对未来数个财年财政指标的预估，制定中期财政整顿策略，并将其具体应用于下一财年的年度预算中，或是修改相应的中期预算框架。

中期财政整顿策略除了具体的调整内容和措施，还需要相应的体制改革来巩固整顿成果，包括财政透明和监督程序，这些都需要政治支持。埃及政府通过达成政治共识，可以获得财政体制改革的可靠性和持续性。另外，埃及中央银行应采取审慎的措施以降低金融风险，并增加金融健全指数（financial soundness indicators）的公布频率，减少资产负债，加强其在财政管理中的作用。

4. 接受 IMF 贷款援助

IMF 认为埃及很可能无法单方面依靠自身财政政策调整度过财政危机，建议其必要时可考虑向 IMF 贷款。贷款项目可以刺激外资的投入，扩大埃及出口市场，提高外汇储备，支持社会保障和基础设施建设，提供就业机会，从而增加财政收入，减少政府财政赤字，减轻埃及财政支出压力，提高公共支出效率。

十一、结语

埃及预算以宪法为基础，以预算法及其修正案为整体框架，以相关法令为补充，经历数次调整才逐渐稳定下来。其沿革分为 2005 年之前的预算法案和相关法令修改、2005 年至 2007 年预算法和宪法修正、2014 年至今埃及新宪法规定三个阶段。改革内容主要涉及政府支出控制、财政部对预算修改的自由裁量权，以及预算分类、编制规则、职能机关、程序和执行、决算和监督。尤其要注意会计计量基础的变化。

预算编制基本原则包括年度性原则，即预算发布于每一个有着独立的财政收入和财政支出的财政年度；全面性原则，即埃及的国家预算应包括其所有收入和支出，相关资源由全民共有；普遍性原则，即埃及公共预算不得规定某项特定的预算收入的特定用途；统一性原则，即所有的预算收支都应列入一份预算文件中，且不允许有任何公共预算外的收支项目的存在；均衡性原则，即财政支出应该保持在财政收入的额度范围内；参与性原则，即方便非预算编制机构人员参与到预算编制过程中，提供更广大的民意基础和提高预算透明度。

预算分类方面，2005 年的埃及预算法主要对职能预算和经济预算分类进行了修改。职能预算分类包括一般公共服务、国防和国家安全、公共秩序和公共安全事务、经济事务、环境保护、住房和社会基础设施、医疗、青年、文化和宗教事务、教育、社会保障。经济预算分类包括收入上的税收、补贴、其他收入、贷款和出售金融资产收益、贷款，和支出上的工资和员工赔偿、购买商品和服务、津贴补助和社会福利、其他支出、购买非金融资产、取得金融资产、偿还债务。

埃及预算职能部门包括负责编制预算草案和决算附录草案的财政和经济发展部（原计划部）、批准预算草案并监督预算的众议院、独立审计并编制预算执行结果和决算审计报告的中央审计机关。

埃及政府预算的编制程序分为编制阶段和批准阶段。中央预算编制中，财政部向所有财政预算相关部门单位发出编制预算的通知，并公布编制过程原则和应该采取的措施。部门需在新的财政年度开始之前至少 4 个月内编制完成本部门的预算草案，并提交给财政部。财政部在新的财政年度开始之前至少三个月内向内阁提交公共预算草案，并将其一并提交给众议院。众议院设有专门的预算委员会，由预算委员会先行讨论预算草案，并召开听证会，与其他部门召开联席会议，提出修改意见并提交众议院大会审议。众议院一旦批准通过预算法案，公布的预算法案会附有一份预算附录。地方预算编制中，公共机关及其内部人员（公务员、地区官员）、民间社会组织和非政府组织、私营企业等都可以成为预算参与主体，政府通过频繁组织正式会谈等方式与各主体沟通，制定预算的主要计划，包括总体计划、民间社会机构的意见和公民预算，整合每一地方单位提交的预算报告成一份完整预算草案，提交至财政部进行审批，由此进入到前述中央预算的编制环节。

埃及预算的监督贯穿于预算编制、预算审批、预算执行和决算过程。非政府和民间机构及其人员可以通过参与式预算监督预算编制；众议院会对所有针对预算草案的修改进行审议；执行部门需提供数据资料，众议院和行政委员会进行具体的预算执行监督；中央审计机关负责预算决算报告。

为稳定财政情况，改善国家经济发展，埃及于2014年发布了《埃及宏观经济政策中期框架》。在税收上，修改所得税法，扩大税基；依据新的房地产税法简化之前的税收减免适用情形；改革矿山采矿税；加收通信许可费；对香烟和酒精饮料征收更高的消费税，同时引入增值税取代之前的消费税制度；简化小微企业的纳税流程并解决欠税征收和减免税问题。在政府支出上，加强能源补贴；加大食品补贴；对工资支出进行控制；支持公私合营项目；增加现金转移支付拨款。

IMF认为埃及由于宏观经济失衡、微观经济扭曲、财政信息不透明和疲软的外部竞争力等因素，经济增长低迷，失业率高企，政府收入减少，支出效益低，财政状况不容乐观。IMF建议埃及降低政府赤字和债务，促进财政稳定，包括削减公共部门支出，同时调整工资水平，提高现金管理和公共支出的效率。在政府大型支出项目中，埃及应加大对公私合营项目的支持，鼓励私人部门投资埃及公共基础设施项目；改革税制，提高政府收入能力，包括设计更加现代化的财产税结构，拓宽所得税税基，规范增值税机制；执行中期财政整顿策略。以2014年埃及新宪法为法律依据，结合近年的财政状况、根据《预算法》规定的中期预算框架、基于对未来数个财年财政指标的预估，制定中期财政整顿策略，增强财政透明和监督；接受IMF贷款援助。IMF认为埃及很可能无法单方面依靠自身财政政策调整度过财政危机，建议其必要时可考虑向IMF贷款。贷款可以有效拉动埃及经济发展，缓解财政压力。

附件：埃及预算数据统计表

埃及预算数据统计				
（单位：百万埃及镑）				
	预算	实际		
	2016 财年	2015 财年	2015 财年	2016 财年
		待审议	7—10 月	7—10 月
总收入	669, 756	491, 488	132, 882	131, 728
税收	433, 300	352, 315	89, 425	89, 538
所得税	150, 465	144, 743	33, 039	30, 057
财产税	36, 341	27, 990	7, 791	10, 736
货物与服务税	201, 178	140, 525	41, 290	42, 758
国际贸易税	29, 548	28, 091	7, 306	5, 987
其他税	15, 768	10, 966	0	0
非税收入	236, 456	139, 173	43, 457	42, 190
资助	2, 213	3, 543	2, 716	143
外国政府	1, 288	3, 236	2, 686	108
国际组织	597	169	10	2
其他	328	137	20	33
其他收入	234, 242	135, 630	40, 741	42, 047
财产所得	99, 309	69, 452	30, 349	31, 267
货物与服务贸易所得	30, 643	29, 052	5, 935	6, 673
罚金、罚款	914	1, 381	263	423
自动转让	771	1, 455	98	169
杂项收入	102, 604	34, 290	4, 096	3, 516

续表

埃及预算数据统计				
（单位：百万埃及镑）				
	预算	实际		
	2016 财年	2015 财年	2015 财年	2016 财年
		待审议	7—10 月	7—10 月
总支出	974, 794	817, 844	221, 179	235, 363
雇员报酬	228, 736	213, 721	70, 150	70, 559
财货与服务购买	42, 302	35, 662	7, 543	8, 611
付息	292, 520	243, 635	65, 372	77, 063
补贴、补助和社会福利	206, 424	201, 024	49, 641	45, 812
其他支出	58, 100	54, 551	17, 594	19, 761
购买非金融财产	146, 711	69, 250	10, 880	13, 558
总现金赤字	305, 038	326, 356	88, 297	103, 635
净增金融资产（Net Acquisition of Financial assets）	14, 422	13, 139	8, 436	3, 639
总财政赤字	319, 460	339, 495	96, 733	107, 274

第二节 南非预算法律问题研究

一、南非财政体制概况

南非是总统共和制国家，实行行政、立法、司法三权分立制度。总统由选民选举产生，任期不得超过两届。内阁首相兼任副总统，由总统任命。议会实行两院制，分为国民议会和全国省级事务委员会（简称省务院），议员任期均为 5 年。国民议会主要职权包括修宪、通过议案（不包括宪法附则中赋予省和地方立法范围的议案）、选举总统、授权省和地方进行立法、监督政府等。省务院主要职权包括参与修宪、在宪法授权范围内立法、审议国民议会通过并提交省务院的议案等。

二、南非财政法律框架与职能部门

（一）财政法律框架

南非并没有就国家财政制定专门的预算法，其预算事项主要由 1999 年通过的《公共财政管理法案》（Public Finance Management Act）规制，辅之以《税收划分法令》[①]和《调整拨款法令》[②]等预算相关法令。南非预算程序方面的立法则主要是 2008 年的《财政法令修正程序及相关事项法案》。

1.《公共财政管理法案》

《公共财政管理法案》旨在促进公共机构收入、支出、资产、债务的透明度和可问责性。[③]

《公共财政管理法案》规定了南非国库、国家收入基金（National Revenue Fund）和省级收入基金（Provincial Revenue Funds）等的权责划分，以及年度财政调整报告、财政数据的统计方法、年度预算和多年期预算规划、国家和省级预算调整等内容。

从机构设置来看，《公共财政管理法案》规定了执行委员会、会计办公室和会计标准委员会的职能。

（1）规定了执行委员会（Executive Council）的组成、权力、职能，执行委员会是省级财政的主管部门，包括发挥监督职能，评估月度报告。

---

① 指依据南非《宪法》214（1）条制定的《1997 年政府间财政关系法案》第 10 条的规定中必须一年一更的法令，规定了国家、省和地方政府之间的收入分配问题。

② 指为实行《公共财政管理法案》第 30 条所指的国家调整预算所必要的提供拨款调整的法令。

③ Legislation – Public Finance Management Act – PFMA [EB/OL]. National Treasury. http://www.treasury.gov.za/legislation/PFMA/default.aspx. 最后访问日期：2016 年 12 月 2 日。

（2）规定了会计办公室（Accounting officers）的职能是为公共部门、公共财政主体或公权力机关提供高效、系统、透明的财政管理、风险评估和外部控制。

（3）规定了会计标准委员会（Accounting Standards Board，简称 ASB）的责任，该委员会有权确定公共部门会计惯例，其主要任务是发布财务报告基本准则，使得公共部门得以熟练履行职责，促进国家、省级和地方政府的良好合作。会计标准委员会有专门工作人员负责制定报告标准，整合全国范围内所有公共实体的规范和惯例，以确保财政报告的统一性和可读性。①

2.《财政法令修正程序及相关事项法案》

《财政法令修正程序及相关事项法案》主要规定了南非预算的程序性问题，包括国家预算的前置程序、中期预算政策说明和国家预算；《税收划分法令》《调整拨款法令》的协调及适用，财政体制和税收提案的提出，其他财政法令的通过等；规定了议会修改财政法令的程序问题，为省级立法机构修改财政法令及相关事项提供规范及标准。

在机构设置上，该法案规定国民议会和省务院都应当成立财政委员会和拨款委员会，由财政委员会负责财政政策和体制修改审议及报告，拨款委员会负责税收划分和调整拨款审议和报告的；法案还规定了国会预算办公室的职责，主要是向相关委员会提供调研和分析报告。下文将展开具体论述。

（二）南非主要预算职能部门

1. 南非国家财政部

南非国家财政部（National Treasury）负责管理南非政府的财政事务，旨在为经济发展、善政建设、社会进步和提高全体南非公民的生活水平而提供高效稳定的公共财政管理服务。财政部有权制定宏观经济和财政框架，协调政府间财政关系，管理政府资产和负债等。

① http://www.asb.co.za . 最后访问日期：2016 年 12 月 6 日。

（1）财政部的法定职责

《南非宪法》第 13 章规定，财政部应当保证透明度、问责性和健全的财务控制。《南非公共财政管理法》第 2 章中也规定了国家财政部的职责，规定其应当促进完善政府的财政政策框架，协调宏观经济政策和政府间财政关系，管理预算的编制过程，协调《税收划分法令》和《调整拨款法令》的实施，并且监督省级预算的执行情况。①

（2）财政部在改革中发挥的作用

在南非进行两个阶段性中期财政规划改革的过程中，财政部也发挥了积极的作用。南非财政部分别对 1998 年、2002 年、2008 年和 2014 年中期预算声明进行积极评价，肯定了南非中期财政规划，加强了财政的透明度、可预期性和可问责性，同时也为从财务视角量化评估公共政策提供了可能。②

2. 南非中央银行

南非储备银行（South African Reserve Bank）是南非的中央银行，其设立的基本目的在于稳定价格水平，促进南非经济持续发展。同时，南非储备银行在确保金融和财政体系稳定方面也发挥着举足轻重的作用。在预算执行中，南非储备银行主要负责运营国家支付系统，管理国库账户。

（1）央行的法定职责

南非储备银行的主要职责包括：制定和实施货币政策，发行纸币和硬币，监管银行部门，确保国家支付系统的有效运行，管理政府黄金储备和外汇储备，执行国家剩余外汇管制，在特殊情况下充当最后贷款人，发布金融和财政预示指数，为政府财政预算提供必要数据和评估，管理国库账户。

（2）央行管理结构

在管理结构方面，南非储备银行的主要管理部门包括董事会、行长层、

---

① The Role of the National Treasury[EB/OL]. National Treasury. http://www.treasury.gov.za/nt/info.aspx . 最后访问日期：2016 年 11 月 17 日。

② 童锦治、徐翔、黄克珑等．“南非中期财政规划改革的经验与启示”，载《中国财政》，2016 年第 9 期。

管理层以及附属机构。根据《2010年储备银行修正案》第4条，南非储备银行董事会仅负责该银行的治理。因此，所有不属于董事会的权力均由行长和副行长享有，即南非储备银行的行长和副行长对该行的管理负责。此外，南非储备银行的附属机构包括国家金融公司（NFC）、南非印钞公司（PTY）和南非造币厂（South African Mint），设置目的在于确保该银行能够正常运行以及确保其职责能够得以最佳履行，南非储备银行的一部分活动也是由这些附属机构来组织的。目前，南非储备银行是其附属机构的唯一拥有人。

（3）央行部门设置

在部门设置上，南非储备银行主要设有：银行监管部，业务系统和技术部，企业服务部，货币管理部，行政管理部，金融市场部，金融服务部，财务监控部，人力资源部，内部审计部，法律服务部，国家支付系统部，经济研究与统计部，风险管理与合规部以及南非储备银行学院。[①]

3. 南非审计署

南非审计署（Auditor General）依据1996年《南非宪法》第9章设立，是南非最高独立审计机构。审计署的独立性表现在其职权行使不受行政干扰，南非审计署的日常运营通过服务收费而非政府拨款维持。

《南非宪法》第188节规定南非审计署的职责是促进公共资金的合理使用和管理，并具有对任何因公共目的而接受资金的机构进行审计的自由裁量权。南非审计署出具的报告必须公开，3个月内将审计报告提交财政部。审计署工作人员任期为5至10年。

4. 南非财政委员会

财政委员会指议会两院下设的负责宏观经济、财政和税收政策的委员会，根据宪法、法律授予的权力，负责下列事项的审议：国家宏观经济及财政政策、中期支出框架、预算收入与支出草案、补充预算、税收法案等。

---

① The South African Reserve Bank. https://www.resbank.co.za/Pages/default.aspx . 最后访问日期：2016年12月17日。

（1）先行审查中期支出框架

南非的中期支出框架包括对宏观经济和财政政策的预测分析、当前财政年度及未来3个财政年度的支出重点。中期支出框架提交至议会的30日内，由财政委员会先行审查，再提交给国民大会和省务院。

（2）联合听证预算收入和预算支出草案

与中期支出框架相同，预算收入和支出草案提交议会后，也现由财政委员会进行审查。但财政委员会需就预算收入和预算支出举行联合听证。自收到草案之日起16日内，向国民大会和省务院提交审查报告。

三、南非预算内容

南非财政年度为每年的4月1日至次年3月31日。年度预算是对该年度期间内政府收入和支出的计划和管理，内容上包括该年度预算相关的政府收入和支出预估，对政府主要部门的项目拨款，评估债务利息并债还债务；程序上包括预算编制、预算审议、预算调整和监督等。

1.《公共财政管理法案》对预算内容的规定

《公共财政管理法案》第27条规定了国家年度预算内容，收入方面包括对该财政年度内的财政收入和支出的预估。支出方面包括对所有应偿贷款、债务和利息的总计；该财政年度及未来年度开支的预期财政影响；该财政年度直接费用及有关财政拨款的规定。另外，年度预算还应从跨年预算角度出发对该财政年度内的赤字融资提出建议，增强财政可持续性。

2.《财政法令修正程序及相关事项法案》对预算内容的规定

《财政法令修正程序及相关事项法案》第7条对国家年度预算进行了特别规定，对《公共财政管理法案》的补充具体表现在对该财政年度及未来2年财政政策的提出，并附有短期、中期、长期宏观经济设想和财政调整方针；主要财政投入比例，即该财政年度末的税收、支出、基础和总余额以及一般政府和公共部门债务占国内生产总值的百分比；在建议方面增加了对税务和其他收入的建议，衡量各类税收对国家税收的贡献，增加应考虑的周期因素。同时建议对短期、中期、长期内政府公共部门的总债务的水平进行评估，明确政府可能负担的财政责任。

四、南非预算编制

1. 预算前程序：绩效评估

在正式进入预算编制程序之前，南非国民议会需先经过其下属委员会评估各公共部门的绩效，以其反馈信息和评价作为制定预算的基础。评估内容包括：各公共部门提交给国民议会的财政支出项目、财政支出重点及可量化目标；主要的财政战略规划；南非财政部根据《公共财政管理法案》第32条[①]披露的支出报告、财政说明和年度报告，以及公共账目委员会有关这些部门的报告；议院或议会所要求的或提交给议院或议会的其他信息。

2. 预算编制及审议程序

依据预算前置程序的报告，国民大会和省务院就该财年政府收入和支出的预测和使用事项，以及各政府部门的份额进行逐项投票，通过后形成预算草案。国民大会及省务院将预算草案和税收提案提交给各自的财政委员会。

（1）财政委员会审议

财政委员会就预算草案和税收提案进行联合听证。各财政委员会需在预算草案提交讨论后的16日内，根据情况向国民大会及省务院提交一份关于预算草案和税收提案的补充说明报告。该报告应包括接受或修改预算草案和税收提案的明确陈述。如果该补充说明报告包括了对财政体制或税收提案的修正，则对税收提案的修正必须符合《财政法令修正程序及相关事项法案》第11条第3款的规定。同时，在将各报告提交给各议院前，必须给财政部长留

① 南非《公共财政管理法案》第32条具体规定此处报告是指针对部门的报告，而非对所有部门的总体概述。

出 2 天的时间以对该报告或所提出的任何修正做出回应，而且各财政委员会作出的相应报告必须包含财政部长的回应。

（2）议会大会决议

议会在预算草案提交讨论之后 16 日内，应当根据该报告的内容做出是否通过的决议。决议需依照财政体制和法令或依据《财政法令修正程序及相关事项法案》做出，议会及其委员会应确保该决议对税收、支出及借贷、利息的平衡是合理的，维持经常性支出和优先发展基础设施建设，考虑财政体制及其税收划分，综合国家预算的短中长期影响，考虑周期性因素和预算外资金、或有债务等。

如果国民议会和省务院通过的决议中有对原预算的实质性改变，国民议会应参考与省务院所通过的决议的不同之处，重新通过一项有修改或无修改的决议。同时，对税收划分法令、税收法令或拨款法令的任何修改都必须遵守收入和支出评估。需要注意的是，评估中不包括国民大会决议所采用的财政体制中涵盖的法定支出、还本付息费用和应急准备金。

五、南非预算调整

为满足预算内容的要求，应对政府财政政策的改变，预算调整应依据各项财政信息及其评估，按照下列程序进行。

1. 财政部长提出议案

当需要在原有预算法案的基础上调整国家预算时，财政部长必须按照《公共财政管理法案》第 30 条中的规定，将预算调整提案提交讨论。

根据《公共财政管理法案》第 30 条，如果预算调整会导致财政体制的改变或者与相关年度的《税收划分法令》相冲突，财政部长必须将经修改的财政体制或者相关年度的《税收划分法令》与国家调整预算一起提交讨论。

2. 财政委员会审核

财政委员会必须在将调整预算提案提交讨论之后 9 天内向议会提交一份

调整提案建议报告，如果报告提出了关于《税收划分修正法令》的修正建议，在将报告提交正式提交议会之前，应留出至少 4 天时间由财政部长对该报告及其修正建议做出回应。

3. 拨款委员会审核

如果议会通过《税收划分修正法令》，财政部方可向拨款委员会提交《调整拨款法令》提案。拨款委员会可以就《调整拨款法令》提出审核意见。

具体流程包括:（1）拨款委员会报告关于《调整拨款法令》修正的评论;（2）其他委员会就修正提议的转移支付、经常性和资本性支出调整咨询拨款委员会;（3）拨款委员会调解各委员会之间关于《调整拨款法令》修正的冲突;（4）拨款委员会向议院提交审核意见。

为使财政部长能够依照程序对拨款委员会提出的关于《调整拨款法令》的任何修正进行回应，拨款委员会应留出至少 4 天时间给财政部长。最后，拨款委员会必须在将国家调整预算提交讨论后的 30 日内向议会报告。

六、南非预算监督

南非预算监督存在于预算的整个过程，包括预算的编制、审议、执行，通过对预算资金的筹集、分配和使用的监督，保证财政政策实行和财政稳定，促进预算透明度。从监督主体而言，可以分为内部监督和外部监督。

1. 内部监督

《公共财政管理法案》规定了南非预算的内部监督机构，即会计办公室。在组织架构上，依照《公共财政管理法案》，每个政府部门和宪法性机构都必须设立会计办公室。其办公室主任同时是各部门部长。

在预算职能方面，会计办公室需监察部门支出是否严格依照预算规定的领域和资金的分配；监督防止产生未获授权支出（unauthorized expenditure）的措施是否有效、适当；向相关执行机构和财政部门进行监督报告，包括应收收入不足，部门支出超额等。

2. 外部监督

南非预算的外部监督除了上文介绍的南非审计署外，主要由国会预算办公室负责。

（1）国会预算办公室

为向国会就有关预算和其他涉及《财政法令》的相关事项提供独立且客观的专业建议和分析，国会设立预算办公室，其核心职能是向相关委员会提供调研和分析报告，以协助该法案的实施。具体包括：①提供需由执行主管提交国会的年度审查和分析文件；②提供针对财政体制、税收划分法令和财政法令修改提议的分析和建议，及针对影响预算的政策性提议的分析和建议；③监测并综合处理需提交国会和需由国会通过的涉及预算影响的报告和事项，重点关注其他委员会提交的报告；④密切关注核心收支领域的政策争议和发展的最新情况；⑤针对因立法、政策和预算提议所引起的潜在无资助任务进行监测和报道；⑥承担预算办公室主任认为对于协助相关法案实施所必须的任何其他工作。

另外，国会预算办公室还应议院、其他委员会或国会议员提出的有关预算和其他涉及《财政法令》相关事项的请求，承担相应调研任务。国会预算办公室每年接受国会预算拨款以保证其职能运作。

（2）国会预算办公室主任

国会预算办公室由一名主任领导负责。主任有义务向国会报告任何阻碍国会预算办公室行使正常职能的行政和政治干预，例如就预算及其涉及法令相关事项提供独立且客观的专业建议和分析。主任每一年度必须及时向国会提交一份三年滚动预算以列入国会预算，并向国会提交一份年度报告以说明国会预算办公室的资金使用情况和工作明细。

七、IMF 对南非预算报告评价

（一）综合评价

IMF 在《G20 国家预算制度报告》（Budget Institutions In G-20 Countries）中指出，南非的预算报告和财政预测报告对政府财政概况和中期前景进行了全面的介绍，并筹备了长期的财政预测。南非的预算报告对财政风险和可能面临的财政困难进行了大量的论述，但对宏观经济可能面临的危机缺少财政应对措施。南非的预算制度正在进行改革，这也是南非财政改革的重点。改革措施主要包括机构改革和制度改革两个层面。在机构设置上，为改善对预算和财政政策的监督，2013 年南非设立议会预算办公室（Parliamentary Budget Office），旨在为议会提供关于政府预算政策、宏观经济和财政规划的独立建议。2013 年 6 月，议会任命了预算办公室的首位主任，但预算办公室迄今还未完全投入运作。南非金融和财政委员会（Financial and Fiscal Commission）是依照宪法设立的，根据政府宏观经济展望和财政政策向税务部门提供建议。财政部需在预算文件中披露对金融和财政委员会建议的采纳情况。在制度改革层面，南非政府在 2011 年年度预算中首次公布了一系列财政政策的基本原则。这些原则既适用于中期支出框架和全面规划，也适用于国家和地方层面的预算执行；2012 年开始在年度预算和中期支出框架中引入支出上限控制。在财政立法改革方面，南非通过了《公共财政管理法案》（1999 Public Financial Management Act）和 2009 年《货币法案修正程序和相关程序法》（2009 Money Bills Amendment Procedures and Related Procedures Act）。年度拨款法案（Annual Appropriation Acts）用于调整南非年度预算支出。

1. 年度财政报告

IMF 指出，南非财政汇总报告涵盖了所有中央政府部门和机构，以及所有政府控股的企业。上一年度的财政报告需要接受审计并在本财政年度结束前6个月公布。公共部门资产都需要进行资产登记，财政汇总报告需要对国家财政资产、非财政的资产及或有负债（南非财政报告中的或有负债包括对国有企业和私人部门的支出，政府部门面临或可能面临的索赔请求，公私合营债务和员工福利等）进行充分说明，包括贷款、融资租赁资产、衍生金融产品、职工福利和其他内容，但是南非财政报告不包括汇总的政府资产负债表。

对于相对独立的国家机构，如南非国家统计局为一般政府单位出示汇总的财政数据，包括中央、各省和地方政府，及其依照《2001年政府财政统计手册》（Government Finance Statistics Manual 2001）标准认定的非商事主体。

2. 中期财政报告

南非中期预算政策报告（Medium-Term Budget Policy Statement）涵盖了最近3年的预算执行结果，并对当前财年财政状况作出评估，同时提出对未来3年的财政规划，并对财政规划和预算执行结果进行对比分析。其中，财政规划包括中央、各省和地方政府接下来3年的具体支出项目，每个部门的新增预算优先项目会单独列示。IMF指出，虽然南非中期预算政策报告包含大量关于财政风险的讨论，但对宏观经济存在的问题披露不足。

3. 政府间财政关系

南非宪法规定了政府间财政关系的原则，税收收入按照合理份额分配给中央、省级和市级政府。税收份额分配的公式在年度《税收分配法案》（Division of Revenue Act）中公布。在政府财政责任的划分上，南非立法禁止中央政府为地方政府财政借债兜底，市级政府也有举债的权力，但举债规模取决于自身财政偿还能力。2003年的《市级政府财政管理法案》（Municipal Finance Management Act）要求各市维持收支平衡。

4. 预算执行约束

财政部长经议会授权可以在紧急状态下超支最高达2%的预算拨款，但在实践中极少发生。未用完拨款的结转只有特定种类支出类别才能结转拨款，而且财政部长还可以就拨款结转进行限制。跨年度的资本支出必须经过年度拨款法案的授权。南非政府设置了1%的或有开支（contingency fund）作为储备金，但其使用由拨款调整法案（Adjustment Appropriation Act）明确规定。

5. 议会审议预算

根据南非2009年《货币法案修正程序和相关程序法》，财政部长应至少在年度预算提交3个月前向议会提交中期预算政策报告，年度预算根据支出目的、项目和次级项目进行划分，议会对各部门预算审议至项目预算。议会首先就财政框架和税收提案进行表决，然后对税收分配和拨款进行投票。依据《公共财政管理法案》，如果预算在该财年开始时尚未通过，将强制执行上一财年45%的拨款直到预算通过。

6. 绩效预算导向

南非从2012至2013财年开始，由绩效监督和评估部（Department of Performance Monitoring and Evaluation）开始实施项目预算评估，还与国库委员会等部门合作，对项目效率和资金回报率进行联合评估，评估的结果会提交议会讨论，并在绩效监督和评估部的网站公布。

（二）IMF对南非预算报告的建议

IMF在做出南非预算报告的综合评价之后，就南非预算报告的改进给出了建议。首先，IMF认为南非应当在报告中加强宏观经济预测，包括长期财政分析、宏观经济状况预测及其对财政产生的影响等内容。其次，为应对宏观经济状况的变化，应提高中期支出框架的约束力，建立一个量化标准以指导财政政策的制定。最后，在财政风险的防控上，应加强对财政风险的分析并出具一个全面的财政风险报告，规避可能产生的财政风险。

八、结语

南非是总统共和制国家，实行行政、立法、司法三权分立制度。总统由选民选举产生，任期不得超过两届。内阁首相兼任副总统，由总统任命。议会实行两院制，分为国民议会和全国省级事务委员会（简称省务院），议员任期均为5年。国民议会主要负责修宪、立法、授权省和地方立法、监督；省务院主要负责在宪法授权范围内立法，审议提交省务院的议案。

从2011年开始，南非经济发展受挫，2013年南非国内生产总值下降到366.058亿；2014年下降趋势减缓，降至3498.73亿。为改善经济发展形势，南非政府出台了一系列用于改革的政策和制度，主要集中在区域一体化、基础设施建设和工业生产、开发性金融机构和创业就业。根据南非政府发布的2014至2015财政年报，在接下来的十年里，南非国家财政将优先着眼于提高基础设施和工业方面的投资；促进教育和科技发展，提高生产率；完善关于市场和公共实体的规定；以及通过高效的公共服务来消除贫困和不平等，扩大就业，提高就业水平和工作收入。尽管如此，就目前情况而言，南非经济形势依旧不容乐观。IMF在2016年10月4日发布的预测报告中指出，2016年南非经济几乎不能实现增长。

在财政法律体系方面，南非并没有就国家财政制定专门的预算法，其预算内容主要由1999年《公共财政管理法案》和《税收划分法令》《调整拨款法令》等预算相关法令规定。预算程序立法则主要是2008年《财政法令修正程序及相关事项法案》。《公共财政管理法案》规定了南非国库、国家收入基金和省级收入基金等的权责划分，以及财政调整、数据统计、年度预算和多年期预算规划、预算调整等内容，规定了执行委员会、会计办公室和会计标准委员会的职能。《财政法令修正程序及相关事项法案》规定了南非预算的程序性问题，包括预算前置程序、中期预算政策、国家预算、相关财政法令的通过及其协调适用、立法机构修改财政法令的程序；规定了国民议会和省务院成立的财政委员会和拨款委员会职责。

在财政职能机构方面，南非国家财政部负责促进完善政府的财政政策框架，协调宏观经济政策和政府间财政关系，管理预算的编制过程，协调《税收划分法令》和《调整拨款法令》的实施，并且监督省级预算的执行情况。财政部在两个阶段性中期财政规划改革的过程中也发挥了积极的作用；南非储备银行是南非的中央银行，主要职责包括制定和实施货币政策，监管银行部门，管理政府黄金储备和外汇储备，发布金融和财政预示指数，为政府财政预算提供必要数据和评估，管理国库账户。其下设有各技术、服务、管理、监督部门；南非审计署是依据1996年南非宪法设立的南非最高独立审计机构，职责是促进公共资金的合理使用和管理，并具有对任何因公共目的而接受资金的机构进行审计的自由裁量权；财政委员会议会两院下设的负责宏观经济、财政和税收政策的委员会，审议国家宏观经济及财政政策、中期支出框架、预算收入与支出草案、补充预算、税收法案等。

在预算制度方面，根据《公共财政管理法案》和《财政法令修正程序及相关事项法案》，国家年度预算包括收入方面对该财政年度内的财政收入和支出的预估，支出方面对所有应偿贷款、债务和利息的总计，该财政年度及未来年度开支的预期财政影响，该财政年度直接费用及有关财政拨款的规定，以及总体的财政政策、短中长期财政计划、财政建议和考虑因素等。

在正式进入预算编制程序之前，南非国民议会需先经过其下属委员会评估各公共部门的绩效，以其反馈信息和评价作为制定预算的基础。依据预算前置程序的报告，国民大会和省务院就该财年政府收入和支出的预测和使用事项，以及各政府部门的份额进行逐项投票，通过后形成预算草案。国民大会及省务院将预算草案和税收提案提交给各自的财政委员会。财政委员会审议后上交给议会，并提交一份关于预算草案和税收提案的补充说明报告。议会在预算草案提交讨论之后16日内，应当根据该报告的内容做出是否通过的决议。如果国民议会和省务院通过的决议中有对原预算的实质性改变，国民议会应参考与省务院所通过的决议的不同之处，重新通过一项有修改或无修改的决议。若要进行预算调整，则由财政部长按照《公共财政管理法案》第30条中的规定，将预算调整提案提交讨论，财政委员会必须在将调整预算提案提交讨论之后9天内向议会提交一份调整提案建议报告。如果议会通过《税收划分修正法令》，财政部方可向拨款委员会提交《调整拨款法令》提案，由拨款委员会向议院提交审核意见。

南非预算监督可以分为内部监督和外部监督。《公共财政管理法案》规定会计办公室为预算的内部监督机构，每个政府部门和宪法性机构都必须设立会计办公室，负责监督各部门预算分配和支出情况。外部监督则主要由国会预算办公室负责，职能是向相关委员会提供调研和分析报告，以协助该法案的实施。

IMF 认为南非的预算报告和财政预测报告对政府财政概况和中期前景进行了全面的介绍，并筹备了长期的财政预测，对财政风险和可能面临的财政困难进行了大量的论述，但对宏观经济可能面临的危机缺少财政应对措施。南非财政改革在机构层面包括设立议会预算办公室和金融财政委员会；在制度层面确立财政政策基本原则，改革年度预算和中期支出框架，通过 2009 年《货币法案修正程序和相关程序法》。

IMF 总结了南非年度财政汇总报告，中期预算政策报告，中央、省级和市级政府税收和财政责任分配，预算审议、执行和绩效导向，建议南非政府加强宏观经济预测，提高中期支出框架约束力，量化财政政策标准，加强对财政风险的分析并出具一个全面的财政风险报告。

第三节　坦桑尼亚预算法律问题研究

一、坦桑尼亚财政体制概况

坦桑尼亚联合共和国由原坦噶尼喀共和国和原桑给巴尔共和国两个国家根据《坦噶尼喀共和国和桑给巴尔人民共和国联合条款》组成。坦桑尼亚实行联邦总统制，总统为国家元首、政府首脑兼武装部队总司令，由选民直选产生，每届任期 5 年，最多连任两届，有权提名总理和各部部长等，与议会共同拥有立法权。

坦桑尼亚立法机构由两部分组成：总统和国民议会。国民议会议员每届任期5年。国民议会（National Parliament）是坦桑尼亚最高立法机构，下设常设委员会和特别委员会，主要职权包括审议并通过属于中央和联邦事务的法律，监督政府行为，提供政策咨询等。

二、坦桑尼亚预算法律框架

坦桑尼亚的预算法律相对完善，形成了以宪法为基础，以预算法为核心，以其他财政立法为补充的预算法律框架。

1. 坦桑尼亚1977年宪法

坦桑尼亚1977年宪法第7章规定了预算编制主体、税收种类、账户（accounts）、授权支付（authorization of payments）等内容。坦桑尼亚颁布专门的预算法之前，1977年宪法一直是其预算编制审议的主要依据。

2. 2014年《预算法案》（The Budget Act，2014）

坦桑尼亚长期以来由宪法和2001年公共财政法案为基础，指导国家预算行为，对于预算案中部分内容、决议和专项问题的处理缺乏足够的法律依据，而预算制度又在很大程度上影响了现阶段坦桑尼亚财政体制改革和经济增长，因此迫切需要进行专门的预算立法。

坦桑尼亚2014年预算法草案于2014年9月28日提交给国民议会，于10月30日通过。该预算法案阐述了国家预算程序、财政计划和指导方针、国民议会预算相关机构，列明了财政部长、财政部主计长（Accountant General）、财政部常务秘书（Permanent Secretary）、计划委员会（Planning Commission）以及预算专员（Commissioner for Budget）的具体职能，规定了国家的宏观财政框架，预算的编制、审议以及执行、监督等内容。

3. 2001年公共财政法案（Public Finance Act, 2001）

该法案主要是为预算系统中的税收、支出控制和可问责性提供法律依据，并废除了预算对1961年财政和审计条例（Exchequer and Audit Ordinance）的适用。

三、坦桑尼亚预算职能机关

坦桑尼亚的预算职能机关包括国民议会、议会预算委员会、财政部长、财政部主计长、财政部常务秘书、计划委员会以及预算专员，各机关相互配合，共同监督南非预算体系。

1. 国民议会

坦桑尼亚国民议会负责审批预算草案和宏观经济计划，同时还有权对预算问题提出建议。

国民议会下设的预算委员会（Parliamentary Budget Office）承担着分析、审查预算计划与预算指导方针、针对预算问题向国民议会提出建议的责任；同时，预算委员会还有监督预算的实施情况并将违法违规行为上报国民议会的权力。

国民议会计划委员会负责评估国有资源的价值，并有权就如何高效地利用国有资源向政府提建议。在预算职能上，计划委员会享有监督政府预算执行以及预算执行中对预算项目进行分析和建议的权力。

2. 财政部

坦桑尼亚财政部是主要的预算职能机关，财政部长就预算执行情况向议会进行汇报。但是如果财政部长宣布不再执行该预算报告并说明了理由，或者是在预算计划实施之前宣布停止实施该预算计划，那么公共部门便放弃执行现有的预算计划。财政部长还负责为国家发展计划、预算草案的编制做准备，拥有将国家发展计划提交内阁讨论并提交议会通过的权力。财政部主计长和常务书记负责将年度预算报告提交内阁。

3. 国家审计署（National Audit Office）

根据坦桑尼亚2008年《公共审计法案》（The Public Audit Act, 2008）第20条规定，国家审计署是坦桑尼亚最高审计机构，并依据该法案进行各种具体类型的审计，并由审计长承担责任、行使权力。

审计对象包括所有政府部门负责人，政府独立部门，政府机构及其会计办公室；地方政府机关及其会计办公室；所有经委托与税收、海关、贸易等有关的个人；所有公共机关和其他主体等。

就其职责而言，国家审计署由审计长领导，检查、审计按照相关法律规定的账目，并承担其他法律赋予的功能；确保所有账目的审计都是按照标准会计准则和相关法律的要求；确保所有按照法律进行的公共支出都获得授权；并对税收评估和征收进行有效检查，以促进公共资源使用的经济性、效率性。坦桑尼亚宪法、《公共审计法案》和其他相关法案都规定了国家审计署的独立地位，以此确保审计结果的公正和审计报告的有效性。

四、坦桑尼亚预算责任原则

坦桑尼亚政府在制定政府预算、宏观经济政策和财政的基本框架时，需要遵循具体的预算责任原则，包括：（1）保证公共债务的平稳以及可控；（2）保证政府在国库账户上有充足的缓冲余地；（3）将财政风险最小化，使政府可以充分应对贷款、社会福利或者其他支出；（4）将财政政策作为调节税收的一种手段，以保持税收的可持续性；（5）财政政策要符合现有的经济规模和经济发展的基本规律；（6）公共财政预算领域必须保持公开与透明。

五、坦桑尼亚预算编制程序

坦桑尼亚的财政年度从7月1日至次年6月30日。坦桑尼亚的预算编制以国家发展计划和预算估计为基础，并由国民议会进行表决通过。

坦桑尼亚预算编制程序包括以下步骤：（1）提交一份包含中期和长期发展计划的综合发展规划；（2）制定以及报告将要实行的财政、经济政策；（3）将财政计划和预算指导方针提交内阁审议并通过；（4）将财政计划和指导方针提交国民议会审议；（5）政府相关部门提出的征税措施获得内阁的通过；（6）将政府下一年度的财政预算提交内阁审议；（7）将获得内阁通过的财政预算方案提交国民议会进行审议并通过；（8）准备并提交拨款预算案、融资法案以及其他附属法例至立法机关；（9）立法机关通过并颁布政府年度预算案；（10）执行年度预算法案，并且每三个月对政府的收入和支出是否符合预算进行审查。

1. 预算编制准备

坦桑尼亚政府每年发布一个《财政计划和预算指导方针》（Fiscal Plan and Budget Guidelines），旨在促进宏观经济的稳定、降低国内的财政风险以及控制国内的财政赤字。《财政计划和预算指导方针》是编制年度预算的基础性文件之一，每年2月由坦桑尼亚财政部长负责提交议会预算委员会讨论，如果在2月没有召开议会会议，则应在会议召开的一周内将《财政计划和预算指导方针》交由预算委员会进行讨论和审议。议会预算委员会在接到文件的7日内进行讨论，并做出是否通过或者是否修改后再表决通过的决定。《财政计划和预算指导方针》在提交议会后的15日内向社会进行公布。

《财政计划和预算指导方针》包括如下内容：（1）针对世界经济形势对国内经济形势冲击的评估；（2）对未来一年财政状况的评估与展望；（3）对未来一年财政走势的预测等内容。《财政计划和预算指导方针》包含了战略上的宏观经济要件，例如对本年度财政状况的评估、未来三个财政年度的财政走势的预测、国内国外的贷款情况、国有自然资源的分配以及分配标准等。

2. 预算编制程序

各公共部门在参考《财政计划和预算指导方针》等预算基础性文件后，将本部门的草拟预算提交给财务部常务秘书审阅，财务部的常务秘书有权通过各部门的草拟预算。但是如果各部门所提交的预算严重超支，或者所提交的预算书不符合国家发展计划当中所提出的紧缩财政政策，那么财政部常务秘书有权部分或者全部驳回各单位提交的预算，并说明驳回理由。财政部常务秘书在通过各部门提交的草拟预算并将其汇总整理之后，提交财政部长，财政部长在法定期限前，将草拟预算以及相关文件提交内阁。

内阁在讨论通过草拟预算后，草拟预算变为预算草案。财政部长在议会常务命令（Parliamentary Standing Orders）所规定的日期前，将财政预算以及其他与预算有关文件，如预算汇总表（budget summary）、预算格式（format of the budget estimates）以及国家借贷、国家担保的相关内容一并提交议会。财政部长将预算草案提交议会审议的同时，应当将预算草案在政府公报上进行刊载，同时将预算草案的全部文件进行公开，以保障公民的知情权，提高预算透明度。

3. 预算审议程序

预算草案提交议会之后，先由议会预算委员会进行讨论，并提出相应的修改建议，随后议会大会对预算报告进行审议，国民议会对坦桑尼亚政府所提交的财政预算进行审议和辩论最迟不得晚于每年的 6 月 30 日，并且财政预算的审查要求全部的议员到场并进行投票。如果坦桑尼亚政府所提交的预算草案出现了政府拟增加的支出和拟减少的支出相抵或者是政府通过减少支出来冲抵财政赤字的情况，那么议会有权对政府财政预算进行修改而无需驳回整个预算草案。

如果议会通过了政府提交的预算草案，则接下来应当对政府所提交的拨款预算和融资预算一并进行审议。政府所提交国民议会的预算草案一旦获得通过，则应当向政府拨付相应的款项。财政部长应当在议会通过预算案的 30 日内，将最终获得通过的预算法案进行公布。

六、坦桑尼亚预算执行

由于拨款法案（Appropriation Act）不能马上生效，在其生效之前，坦桑尼亚总统应当通过签署总统令的方式，授权财政部长从国库账户——统一基金中支取出相应的金额。法案正式生效之日起，总统令失效。预算法案通过后，政府遇到计划外的支出可以向国民议会提出申请，请求追加预算（supplementary budget）。

1. 跨年度平衡措施

坦桑尼亚预算法案所拨付的款项在每个财政年度结束时即为失效，未使用的预算资金应当返还至统一基金，同时财政部主计长应当对未使用金额的返还情况出具报告，以监督未使用金额的返还。同时财政部长应当在该财政年度结束的时候就未使用的金额的相关情况向国民议会进行报告，并需要获得议会的通过。

如果政府部门的某项开支是跨财政年度的，那么该项开支就必须要事先获得财政部长的批准。跨年度的财政支出不能超出《财政计划和预算指导方针》中所规定的额度，还要通过立法机关的同意，才能够执行该项跨年度的财政开支计划。

2. 应急储备金（Contingency Fund）

根据坦桑尼亚 2014 年《预算法案》第 35 条规定，应急储备金由统一基金负责管理。财政部长有权动用应急储备金，审计长则负责应急储备金的审计和监管工作，根据《公共审计法案》的规定，对应急储备金的状况做出报告，并上报国民议会。

（1）储备金使用条件

如果遇到无法预见并且不能够推到下一财政年度的突发状况并需要相关资金的支持，例如，发生了严重威胁到国民的生命安全或者严重威胁国家的环境安全的状况，财政部长可以根据法律的规定，来预支应急储备金账户中的金额，以使政府预算能够保持一定的灵活性和机动性。

（2）储备金使用程序

财政部长在动用应急储备金后 2 个月内，应当向坦桑尼亚国民议会提交一份详细报告，报告包括使用理由、额度以及其他相关信息。如果提交报告时议会闭会，坦桑尼亚财政部长应当在议会召集之后的 14 日内向议会提交。一旦议会通过其所提交的报告，财政部长则可以再次向议会申请拨款，以便填补应急储备金支出产生的空缺。同时，在每个财政年度结束之时，财政部长都应当将动用应急储备金的事由、人员以及日期等基本情况向应急储备金的审计长进行备案。

七、坦桑尼亚财政收支管理制度

1. 财政收入管理

根据2014年《预算法案》第41条规定，坦桑尼亚各级政府的财政收入，都应当纳入国库账户统一管理。财政部常务秘书在政府收入管理中负有重要责任，由常务秘书负责确立收入的相关原则，研究政府潜在的收入来源，建立收入管理的建议机制，促进政府收支管理工作的高效与透明。财政部常务秘书还承担着调动国内外的资源为政府创收的责任，例如鼓励发展伙伴（development partner）的投资与援助。

2. 财政支出管理

根据2014年《预算法案》第44条规定，坦桑尼亚政府部门在日常工作中的开支必须满足以下条件：开支的额度要小于或等于拨款的金额；政府预算支出获得了国民议会的批准；开支要和本季度所发放的预算资金相一致。

与此同时，坦桑尼亚建立了一系列的开支承诺控制体系（commitment control system），来保证政府开支的透明度。该体系要求所有可能的政府开支都要列入监控的范畴，同时所有政府开支都要进行记录，否则政府的开支不予准许。对于十分必要的开支或者是政府对于优先支出项目的花费，都应当在充分评估其价值的前提下保障资金的充足。

（1）预算支出程序

坦桑尼亚政府财政预算获得国民议会通过后，财政部长应当根据政府的工作计划、采购计划以及聘用计划来制定政府的年度现金流计划。年度现金流计划是会计长向各个会计师发放资金的依据。同时各个部门的会计师也应当根据该年度现金流计划来规划本部门的年度开支。

政府部门在对财政预算拨款进行开支并订立合同之前，应当先获得财政部长的准许，并且财政部长要对该笔开支进行审核，如果审核通过，部长应当在30日内予以批准。

（2）政府支出的报告程序

政府各部门的会计师应当在每个季度结束时，向财政部常务秘书提交一份季度政府开支报告（quarterly expenditure commitment report），报告应当详细记载预计政府的支出和实际支出，以及基金的现金头寸和本季度预算的执行状况。财政部常务秘书审议报告后将其交给部长，再由财政部长在每一季度结束后的30日内将各项报告整理之后交给议会审批。

八、坦桑尼亚预算监督

（一）预算报告制度

坦桑尼亚同时实施两套预算报告制度，一是以时间为划分标准的期间报告（in-year reporting）制度，二是执行合规报告（compliance report）制度。

1. 期间报告

期间报告又分为月度报告和季度报告。根据月度报告的程序和内容要求，政府部门的会计长在每个月都要向财政部常务秘书提交一份月度报告，里面应当包括上月的实际收入和支出以及对于本部门本月的预测收入和支出。季度报告则是预算专员、政策分析专员以季度为期间，对预算的执行情况进行报告并公布，会计师还应当在季度结束后向财政部常务秘书提交预算法案执行进度的季度报告。

2. 执行合规报告

执行合规报告主要考察预算法案的执行状况。如果在执行合规报告中检测到一些既定的任务和目标没有完成，则应当解释没有完成的原因，并且做出相应的补救措施。

执行合规报告当中应当包括：审查具体项目的时间和《财政计划和预算指导方针》当中已完成的项目，并且应当针对政府的实际收入与预期收入，比较政府的实际支出（actual expenditure）和资本支出（capital expenditure）、经常性支出（current expenditure）。

财政部长应当在预算法案通过后的3个月内以及之后的每个季度向议会提交合规报告。如果在提交合规报告时议会闭会，那么财政部长应当在议会会议召开次日提交合规报告，合规报告必须在议会进行辩论。会计长应当每个月就统一基金的实际收入和支出的情况以合规报告的方式向财政部常务秘书进行汇报。同时，财政部长也应当在每个财政年度的年底向议会提交合规报告，并且要经过议会的辩论才能确定是否通过。

（二）财政部长负责制

坦桑尼亚财政部长的财政权力较大。例如，财政部长负有监督地方政府的财政预算和财政管理的职责。地方的预算在完成起草工作之后应当提交财政部长，由财政部长进行审议。在财政收入上，财政部长在符合法律规定的情形下，有权对税收进行减免，但是在进行减免之后应当做好相关的记录，包括减税的原因、项目，同时将相关的报告在每季度结束的时候提交议会进行审议。

1. 财政部长的相关权力

（1）立法权

财政部有权制定一些规范性文件，以补充正式立法中关于预算规定的不足，使之更加完善：首先是提交议会审议的各种类型的报告，财政部长应当就这些报告的内容和形式进行细化规定；其次是提交议会审议的各项报告的时间，应当由财政部长对具体的时间进行规定。

（2）监督权

财政部长对中央政府、地方政府、其他预算机构以及特殊基金所进行的不合规范的行为或者是由于其自身的行为可能导致财政风险的情况下，可以通过行使财政部长监督权，来纠正其行为。财政部长监督权的具体包括批准部门之间的重大决策、监督政府部门向其他机构挪用预算的行为，或者是财政部长可以任命一名新的负责人行使原相关负责人的部分决策权，以保证公共实体的财政安全。

2. 法律责任的承担

（1）财政部长的责任承担

如果政府或者是公共主体违反了坦桑尼亚《预算法案》的相关条款，那么国民议会有权强制财政部长出席议会，并且做出合理的解释。

（2）个人责任

如果是因为公职人员的故意或者过失行为导致政府违反了坦桑尼亚《预算法案》，那么应当让其承担个人责任，而不再追究其单位的责任。

九、IMF 对坦桑尼亚财政评价

（一）IMF 对坦桑尼亚财政概述

IMF 在 2016 年公布的《第四次政策审查报告》（Forth Review Under the Policy Support Instrument）中指出，受益于市场经济导向和宏观财政政策，坦桑尼亚在推动财政可持续性发展、稳定外部条件的同时实现 GDP 的持续增长，近年来财政状况不断改善。2015 年，坦桑尼亚 GDP 增长率为 7%，通胀维持在 5.6% 左右。IMF 预计，在中期计划的大量公共投资支持下，2016 年坦桑尼亚的 GDP 增长率保持在 7%；通胀则受紧缩的货币政策影响回落至 5%。短期内，坦桑尼亚会进一步提高政府负债水平，为公共基础设施投资提供财政支持。

IMF 认为坦桑尼亚仍要继续深化财政体制改革，但同时要注意防范债务风险，一方面增加政府财政收入，另一方面要促进经常性支出合理化。此外，IMF 还指出，为实现经济增长目标，提高财政支出效率，尤其是公共投资领域的支出效率，也是改革的重要方面。尽管坦桑尼亚宏观层面的财政管理能维持财政稳定和经济顺畅，但在财政政策的执行过程中还存在一些具体的问题，就此，IMF 给出以下具体建议。

（二）IMF 对坦桑尼亚财政建议

1. 降低预算编制中的税收收入水平

根据公开的统计数据，IMF 认为坦桑尼亚的税收收入和非税收收入都低于其目标水平约 0.5 %。IMF 还指出导致坦桑尼亚近年来财政赤字增加的原因很多，但高估税收收入是重要原因之一。IMF 建议坦桑尼亚降低预算法案中关于税收收入的预估水平，避免因高估财政收入而产生超额赤字（arrears accumulation）。IMF 建议坦桑尼亚在编制预算案时，从整体财政收入来源中减少 1%GDP 的税收收入，并谨慎编制增加财政收入的项目，使财政收入预算草案更接近下一财政年度的实际收入。IMF 认为，在赤字率固定的情况下，降低税收收入估计会导致预算支出项目相应减少，以控制政府负债水平，避免政府财政危机。

2. 完善税收征管制度

增加税收收入是协调政府优先投资项目和财政持续性的关键。2015 年 7 月坦桑尼亚新的增值税法案开始实施并取得了良好的效果，IMF 建议坦桑尼亚政府在税收制度和税收征收管理两方面同时展开持续有效的深入改革，进一步简化免税（streamline exemptions）和退税（refund）程序机制。IMF 指出，在税制改革上，减免公司节假日期间收入税、定期调整消费税率（specific excise rates）、完善财产税制度都能调动坦桑尼亚国内税制发展的潜力；在税收行政管理方面，可以整顿纳税人登记和账户，更新税务信息技术系统，加强相应的风险管理。

3. 提高公共支出效率

坦桑尼亚政府在提高教育和卫生部门的资源分配效率的改革中，要将预算资源分配与绩效水平联系起来。IMF 对坦桑尼亚公共投资管理程序的初步评估反映，预算项目的评估和执行能力需要进一步的加强，公共财政管理还需要进行持续的改革。改革目标应当包括更详尽的预算编制内容，更严格的支出项目审批程序（commitment controls），更高效现金管理水平等。

4. 增加公共投资的同时注意降低风险

根据债务可持续性分析报告（debt sustainability analysis），IMF 预计坦桑尼亚在财政支出方面会进一步扩大财政赤字，增加超预算计划额度的财政债务，对公共建设领域进行投资。为避免财政困境，IMF 建议坦桑尼亚政府对大型资本支出进行成本收益分析，并根据分析结果调整资本支出方向，加强对财政风险和债务的管理；编制详细的项目预算，包括与资本支出相关的经常费用和应变措施（contingency measures）。IMF 还指出坦桑尼亚政府如果在大型公共基础建设项目中采用政府与社会资本合作模式（public-private partnership），会有效减少政府支出，但是也存在相关的财政风险。因此，坦桑尼亚政府应加强资本管理能力，进行谨慎的评估和报告，对公私合营项目的监督和管理要确保信息的可获得性，增强透明度。

5. 发展经济的同时维持财政稳定

IMF 认为，虽然目前坦桑尼亚的经济增长和债务水平的联系不甚紧密，但从长期来看，坦桑尼亚实现经济增长目标，离不开宽松的财政政策支持。但是信贷扩张（credit expansion）需要遵循审慎性财政原则。公共债务水平的提高是经济发展的刺激性因素，随着财政体制的发展和完善，存量债务与 GDP 比率（credit-to-GDP ratio）将会进一步上升。IMF 建议坦桑尼亚银行进行密切监管，提高应对风险的能力，加强对短期利率的关注，稳定银行间拆借利率，开发金融市场，加强审慎监管。从财政体制角度而言，IMF 建议坦桑尼亚进一步推动经济结构调整，维持较高的投资建设水平，促进生产力的发展；尤其要确保能源部门的可持续发展，出台及时的财政政策以指导对能源领域的公共支出和投资，并保证决策的透明度。

十、结语

在预算制度方面，坦桑尼亚预算框架主要包括宪法、预算法案、公共财政法案、年度拨款法案和年度财政法案，由国民议会、财政部进行预算编制及其审议，并通过国民议会、议会预算委员会、财政部长等机构形成共同预算监督。坦桑尼亚1977年宪法第7章规定了预算编制主体、税收种类、账户、授权支付等内容。2014年《预算法案》阐述了国家预算程序和财政部长、财政部主计长等预算机构的职能，规定了国家的宏观财政框架，预算的编制、审议以及执行、监督等内容。2001年公共财政法案主要是为预算系统中的税收、支出控制和可问责性提供法律依据。

坦桑尼亚财政部是主要的预算职能机关，财政部长就预算执行情况向议会进行汇报。财政部长还负责为国家发展计划、预算草案的编制做准备，拥有将国家发展计划提交内阁讨论并提交议会通过的权力；坦桑尼亚国民议会负责审批预算草案和宏观经济计划，同时还有权对预算问题提出建议。其下设的预算委员会承担分析、审查预算计划与预算指导方针、针对预算问题向国民议会提出建议的责任，并监督预算执行；国家审计署是坦桑尼亚最高审计机构，由审计长领导，检查、审计按照相关法律规定的账目，并承担其他法律赋予的功能。

坦桑尼亚政府在编制政府预算时，必须确保债务稳定可控、国库缓冲余地、财政风险最小化、税收可持续、符合经济规律、过程透明公开。具体预算程序为：提交综合发展规划，制定并报告财政、经济政策，内阁审议并通过财政计划和预算指导方针，交由国民议会审议。同时内阁通过政府相关部门的征税措施，审议并通过财政预算方案，由国民议会审议并通过。提交拨款预算案和其他相关法案，由立法机关通过并颁布政府年度预算案，执行年度预算法案。

在开始预算编制程序前，坦桑尼亚政府每年发布一个旨在促进宏观经济稳定、降低国内财政风险以及控制国内财政赤字的《财政计划和预算指导方针》，该文件是编制年度预算的基础性文件之一。在开始预算编制程序后，各公共部门根据《财政计划和预算指导方针》等预算基础性文件将本部门的草拟预算提交给财务部常务秘书审阅。财政部常务秘书在通过各部门提交的草拟预算并将其汇总整理之后，提交财政部长，财政部长在法定期限前，将草拟预算以及相关文件提交内阁。内阁在讨论通过草拟预算后，草拟预算变为预算草案。财政部长将预算草案提交议会后，先由议会预算委员会进行讨论，并提出相应的修改建议，随后议会大会对预算报告进行审议。财政部长应当在议会通过预算案的30日内，将最终获得通过的预算法案进行公布。

在预算执行方面，拨款法案生效前，由统一基金先支取相应金额。跨年度平衡措施规定如果政府部门的某项开支是跨财政年度的，那么该项开支就必须要事先获得财政部长的批准，不能超出《财政计划和预算指导方针》中所规定的额度，还要通过立法机关的同意。在预算执行中，如果遇到无法预见并且不能够推到下一财政年度的突发状况并需要相关资金的支持，财政部长还能动用应急储备金，以使政府预算能够保持一定的灵活性和机动性。

在财政收支方面，坦桑尼亚各级政府的财政收入，都应当纳入国库账户统一管理。政府部门在日常工作中的开支必须满足以下条件：开支的额度要小于或等于拨款的金额，政府预算支出获得了国民议会的批准，开支要和本季度所发放的预算资金相一致。坦桑尼亚还建立了一系列的开支控制体系来保证政府开支的透明度。同时，坦桑尼亚政府财政预算获得国民议会通过后，财政部长应当根据政府的工作计划、采购计划以及聘用计划来制定政府的年度现金流计划。政府各部门的会计师应当在每个季度结束时，向财政部常务秘书提交一份季度政府开支报告，详细记载预计政府的支出、实际支出和本季度预算的执行状况。

在预算监督方面，坦桑尼亚实行预算报告制度和财政部长负责制。其中预算报告制度分为期间报告制度，即按月或者季度向财政部常务秘书提交关于该月度或季度实际收入和支出以及对于本部门本月或本季度的预测收入和支出的报告，季度报告还需公开；执行合规报告制度，即主要考察预算法案的执行状况。如果在执行合规报告中检测到一些既定的任务和目标没有完成，则应当解释没有完成的原因，并且做出相应的补救措施。财政部长负责制即由财政部长监督政府的财政预算和财政管理，并制定一些规范性文件，以补充正式立法中关于预算规定的不足，具体包括批准部门之间的重大决策，监督政府部门向其他机构挪用预算的行为，或者是财政部长可以任命一名新的负责人行使原相关负责人的部分决策权，以保证公共实体的财政安全。

IMF分析认为，受益于市场经济导向和宏观财政政策，坦桑尼亚在推动财政可持续性发展、稳定外部条件的同时实现GDP的持续增长，近年来财政状况不断改善。2015年，坦桑尼亚GDP增长率为7%，通胀维持在5.6%左右。据IMF预计，在中期计划的大量公共投资支持下，2016年坦桑尼亚的GDP增长率将保持在7%。IMF认为坦桑尼亚仍要继续深化财政体制改革，但同时要注意防范债务风险，一方面增加政府财政收入，另一方面要促进经常性支出合理化。

针对坦桑尼亚的财政现状，IMF提出如下建议：降低预算编制中的税收收入水平，避免因高估财政收入而产生超额赤字，并谨慎编制增加财政收入的项目，使财政收入预算草案更接近下一财政年度的实际收入；完善税收征管制度，在税收制度和税收征收管理两方面同时展开持续有效的深入改革，进一步简化免税和退税程序机制；提高公共支出效率，包括更详尽的预算编制内容、更严格的支出项目审批程序、更高效现金管理水平等；增加公共投资的同时注意降低风险，对大型资本支出进行成本收益分析，并根据分析结果调整资本支出方向，加强对财政风险和债务的管理；发展经济的同时维持财政稳定，坦桑尼亚银行应进行密切监管，提高应对风险的能力，加强对短期利率的关注，稳定银行间拆借利率，开发金融市场，加强审慎监管，同时进一步推动经济结构调整。

第四节 乌干达预算法律问题研究

一、乌干达政治体制概况

从政治体制来看，乌干达是议会共和制国家。乌干达总统既是国家元首又是政府首脑，通过直接选举产生。立法机构为国民大会，有权弹劾总统和罢免部长，总统的重大任命、决定和签署重要条约均应先经议会批准。议会下设国务委员会，由部分内阁成员和议员组成，负责协调政府与议会之间的矛盾。

二、乌干达预算职能机关

1. 乌干达财政部

乌干达财政部由财政部长领导，下设5个副部长，分别负责常规事务、规划、投资、私有化、微观金融和企业发展。财政部有三个部门，分别是预算部门、经济事务部门和会计主任办公室。

（1）预算部门

预算部门包括预算政策和评估部门、基础设施和社会服务部门、公共管理部门，主要负责启动、规划、协调、执行、监督和评估预算政策和程序，保证政府部门及其机构、部长都获得执行其项目的必要财政资源；

（2）经济事务部门

经济事务部门包括微观经济政策部门、税收政策部门、经济发展政策和调查部门、援助联络部门，主要负责资源流入的高效管理、稳定宏观经济框架和经济发展规划；

（3）会计主任办公室

会计主任办公室包括技术和咨询服务部门、资金服务部门、财政管理服务部门、监察和内部审计部门、乌干达计算机系统服务部门，主要负责启动、规划、协调公共基金、资产和负债的管理政策，为公共基金提供指导和运行程序。

2. 乌干达议会预算委员会

根据乌干达宪法，议会设三类委员会：常设委员会、临时委员会、特别委员会（Standing，Sessional and Select committees）。而预算委员会（Committee on Budget）就是常设委员会的一种。其职能包括：审查初步预算估计和宏观经济规划和计划，并向议长提出建议；审查国家预算，提出修改，并向有关委员会通报；以及负责议会指定或法律要求的国家预算其他事务。①

三、乌干达预算编制程序

乌干达的财政年度为每年的 6 月 30 日至次年的 7 月 1 日。年度预算需依据对宏观经济发展和财政前景的预测分析，陈述近期的经济发展和趋势，通过经济指标数据规划未来 5 年内的走向，详细说明进行政府财政政策计划的合理期间。具体内容包括税收、经常开支和资本支出、负债和偿债（borrowing and debt servicing）以及或有负债等。

乌干达的预算编制程序在财年开始前一年即开始准备，预算框架性文件（Budget Framework Papers）以《中期支出框架》和《国家投资绩效评估》为参考，确定预算草案的编制基础。预算框架性文件需要经过公共支出审查会议和部长级会议的讨论、协商，还需经过议会审查。议会审查通过后，方可进入预算草案编制程序。

1. 预算框架性文件编制

每年 7 月至 8 月，乌干达预算公布《中期支出框架》（Medium Tern Expenditure Framework，简称 MTEF）和《国家投资绩效评估》（Portfolio Performance Review），这是乌干达预算编制基础文件和指导。通过对以上报告的更新、分析、总结，该财年第一次预算咨询研讨会在 10 月和 11 月之间进行。会后，所有预算相关工作部门和当地政府就开始准备预算框架性文件。

预算框架性文件在各财务主管与利益相关人协商后，经过利益相关人在负责国家预算工作的公共支出审查会议（Public Expenditure Review Meeting）上投票通过。就该预算框架文件需要还经过部长级会议讨论，该会议的成果

① http://www.npc.gov.cn/npc/xinwen/2011-05/23/content_1656518.htm，最近访问日期：2016 年 11 月 25 日。

将直接影响国家预算框架文件的内容，体现该年度国家预算的编制重点。

根据乌干达2015年颁布的《公共财政管理法案》(Public Finance Management Act 2015)，该预算框架文件需于每年11月15日前提交给财政部长。财政部长需保证该预算框架文件含有国家发展计划(National Development Plan)和财政责任(Fiscal Responsibility)的单章内容。经乌干达内阁通过后，财政部长应在每年12月31日前将该预算框架文件提交给议会。议会将对预算框架文件进行审查，并在该财年的2月1日之前批准。

2. 预算草案编制与审批

各部门和机构根据预算框架文件，对预算数据变动和影响因素的变化进行分析评估。财政部再对评估结果进行考量，与议会预算委员会协商后将评估结果在含有国家收入和支出的预算草案中体现出来。在4月1日前，由财政部长代表内阁，将最终形成的年度预算草案提交给议会。同时政府需准备进行预算演说(Budget Speech)，演讲人一般是财政部长，向议会和与年度预算各章内容相对应的各部门解释该年度预算。议会审议通过后，每年的6月1日，由财政部长宣布该财年年度预算生效。

四、乌干达预算执行

1. 预算支出重点

近年来，乌干达预算支出侧重于以下方面:(1)维持国家安全和防御;(2)为私人部门的商业发展、吸引投资、增加就业、经济发展提供便利;(3)基础设施的投资和维持;(4)主要增长部门产品和生产力的商品化;(5)提高持续增加的国内税收的调动容量;(6)增加社会服务的提供;(7)改善政府管理能力。

根据乌干达2016至2017财年年度预算，其预算总额为26.3万亿乌先令(约合78.55亿美元)。按照年度规划，其核心项目有基础设施建设、社会保障和教育再就业、生产和通讯部门等。其中基础设施建设领域投入3.8万亿乌先令，在工程、能源、通讯信息领域的投入为6.29万亿乌先令。为提升家庭收入，乌干达政府在预算中专门划拨面向农村的扶贫计划转移支付，由政府提供农业生产资料，鼓励参与该计划的社会中下层群众开垦土地和进行花卉、棉花和咖啡等经济作物的种植。在教育方面，乌干达政府与教师协会进行持续协商后，基于为年轻人提供更多的培训和就业机会的考虑，提高了教师包括公立大学讲师的薪酬水平，最高增幅能达到25%。以上内容突出表现了乌干达国家发展计划的核心是优先提升国民生活水平。

2. 预算透明度

在2015年全球公开预算调查指数报告中，乌干达以62分高于同为非洲国家的肯尼亚（48分）、坦桑尼亚（46分），并且在102个参与预算透明度调查的国家中排名第24位。该调查涉及预算的制定、提议、执行和年度反馈等内容，乌干达在其中6个核心因素上都取得不错的成绩，预算透明度相对比较高。

3. 预算平衡

乌干达政府跨年度预算余额不得结转下年，未使用的预算资金必须返还国库统一账户。财政年度内不设补充预算，政府无权支配统一基金，只能通过增加财政赤字的方式弥补收入不足。

2015年5月，乌干达议会通过了《公共预算法案》，不仅取消了对补充预算的有关规定，并要求所有未使用预算余额应在每年6月30日前返还统一基金，乌干达政府只有经议会授权才可使用统一基金。为提高预算执行的可操作性，乌干达政府向议会提交了财政修正案，试图获得直接使用统一基金平衡预算收支的权力，但于2015年10月遭乌干达议会否决。因此，在预算收入不足且未能得到授权使用统一基金的情况下，乌政府2015至2016财年一季度出现财政赤字，促使其做出临时削减部门预算的决定以应对财政赤字。[①]

---

① http://www.mofcom.gov.cn/article/i/jyjl/k/201511/20151101159235.shtml，最近访问日期：2016年11月25日。

五、乌干达预算监督

（一）财政部监督

在财政部方面，主要由预算政策和评估部门（Budget Policy & Evaluation Department）负责协调和监督预算，包括:（1）与其他主管部门沟通后根据国家优先事项进行支出分配的建议;（2）协调预算程序，如预算框架性文件、补充报表（Supplementary Schedules）、财政报表和账单（Financial Statements and Finance Bill）的确定;（3）参考、评估、分析并推动关于跨领域预算议题的政策形成，如工资、地方性财政、国债和外债的议题;（4）实施和维持预算管理体系;（5）对预算的执行进行监督，协调并评估预算表现。

（二）公共支出采购监督

乌干达《公共支出（采购）处置法案》是根据《公共支出法》制定的，于2003年生效。根据该法案，乌干达公共采购由公共采购和资产处置局（Public Procurement and Disposal of Public Assets Authority）进行监管，主要职责包括：就公共采购和资产处置的政策、原则和具体操作向政府机构提供建议；监控和公示公共采购和资产处置系统的运作并提出建议；设置培训标准、能力水平和资格要求；准备、改进、发布和审核公共采购和资产处置的招标文件和程序表格等。

1. 供应商资格审查

各政府支出部门下设采购机构，由会计主管（Accounting Officer）领导，还设有招标委员会（Contracts Committee）、采购小组（Procurement and Disposal Unit）、使用部门（User Department）和评估委员会（Evaluation Committee），共同构成公共采购和处置的主体。

（1）审查标准

参与政府招标的供应商需要通过资格预审，这是避免寻租交易、防止腐败，提高预算透明度和预算资金使用效率的第一道防线。对供应商资格的预审的标准包括：①在对象国、地区或国际上有履行类似合同的经验；②在设备、制造、与建筑设施方面的实力；③从业人员从事相关工作的资格条件；④合同对象地附近现有的设施和商业存在；⑤诉讼记录。

（2）编制资格预审名录

依据2003年《公共支出（采购）管理规定》第126条规定，采购与公共支出单位应当每年定期更新供应商名单，且每三年从供应商名单中筛选候选人，编制资格预审名录，并至少于第三个财年末的前两个月在全国最有影响力的出版物上公告，提高透明度。此外，为确保创造一个公平的竞争环境，名录实行滚动制，即每次的名单顺序不同，并且可能有新的供应商加入。而对于未达到相应的资格标准或缺少相关文件材料的供应商，如贸易许可证、注册资格证、所得税清关手续、增值税呈报手续等，将可能被剔除出预审名单。

2. 采购方式与限额标准

（1）工程项目的采购

若某工程项目的估值超过1亿先令或5万美元（二者取较大者），须采取公开招标的方式；若某工程项目的估值不足1亿先令或5万美元（二者取较大者），可以采用限制性招标的方式；若某工程项目的估值不足8000万先令或4万美元（二者取较大者），可以采用询价采购的方式；若某工程项目的估值不足200货币点[①]，可以采用小额采购方式。

（2）服务的采购

若某服务的估值超过5000万先令或2.5万美元（二者取较大者），须采取公开招标的方式；若某服务的估值不超过5000万先令或2.5万美元（二者取较大者），可以采用限制性招标的方式；若某服务的估值不足3000万先令或1.5万美元（二者取较大者），可以采用询价采购的方式；若某服务的估值

① 依据《公共支出法》附表一，1货币点等于2万乌干达先令（约为12美元）。

不足100货币点值，可以采用小额采购方式。

（3）供应品的采购

若某供应品的估值超过7000万先令或3.5万美元（二者取较大者），须采取公开招标的方式；若某供应品的估值不超过7000万先令或3.5万美元（二者取较大者），可以采用限制性招标的方式；若某供应品的估值不足3000万先令或1.5万美元（二者取较大者），可以采用询价采购的方式；若某供应品的估值不足100货币点值，可以采用小额采购方式。

3. 公共采购和处置流程

一般情况下，公共采购流程首先由使用部门按照采购计划和预算申请采购，并具体其规格，经会计主管确认资金支持后，由采购处置小组审查物资规格、采购方式、估价标准和潜在市场。随后，合同委员会批准采购方式，由采购处置小组准备招标文件，再由合同委员会批准文件。公开邀标。此时采购处置小组开始公开邀标、收标、开标。评估委员会评标后交由合同委员会审查评估报告并授标。其后会计主管签立合同并进行行政复审。合同的监督由采购处置小组负责，对合同进行运行评估后交付使用部门。

4. 保证金

《公共支出（采购）管理规定》第152（2）与232（3）条对投标保证金与履约保证金作出了相关规定。投标保证金由采购与公共支出单位决定，其数额为一固定值，必须控制在投标估算价格的1%到2%之间。而履约保证金可以是固定数值，也可以按照投标价值的一定比例计算，它同样是由采购与公共支出单位决定，其数额可以达到合同价值的5%-10%。

5. 异议

若合同委员会不同意采购处置小组推荐的中标人，那么合同委员会需以书面形式说明理由并退回其推荐报告，要求其复审。合同委员会也可以单独向公共采购和资产处置局申请建议。若处置小组不同意合同委员会对其推荐报告的否定，也可以单独向公共采购和资产处置局申请建议。

乌干达《公共支出（采购）处置法案》较为系统和详细地规定了乌干达

的政府采购职能机关及权责、供应商资格审查、招标流程和异议处理程序。对监管预算支出的使用、提高预算资金效率，起到了良好的监督作用。

六、IMF 对乌干达财政评价

（一）IMF 对乌干达财政状况评价

IMF 在 2016 年 6 月发布的乌干达《第六次政策审查报告》（Sixth Review Under The Policy Support Instrument）中指出，在充满挑战性的整体外部环境下，乌干达的宏观经济情况相对较好，财政政策的稳定性比较高，乌干达央行在通货膨胀估计的基础上编制预算，实行了较为宽松的货币政策。另外，虽然乌干达大选带来的政策调整对财政收入和支出造成一定影响。但选举带来的财政压力并没有影响到 IMF 对乌干达中期财政状况的乐观估计，长远来看，IMF 认为乌干达财政面向好，财政体制改革的加速将继续促进基础设施建设和地区贸易的增加。

2016 至 2017 财年，乌干达财政预算的目标是通过增加税收收入和限制经常性支出，使总体赤字（overall deficit）水平相较于 2015 至 2016 财年小幅缩减至 GDP 的 6.2%，国内净负债也将显著减少。乌干达计划通过减赤措施，减少利息成本，转而推进公共投资和脱贫项目。但 IMF 指出，乌干达在财政年度内，受到大选影响，财政支出增加，税收收入少于预期，与目标基础赤字相比，减赤目标难以实现，甚至会出现赤字扩张的情况。虽然通货膨胀的程度有所缓和，用于稳定通货膨胀的财政支出可以适当削减，但财政支出的再分配不可避免地对投资和扶贫造成了负面影响。

（二）IMF 对乌干达财政建议

1. 增加税收收入

乌干达财政政策的调整主要是根据风险审计结果，对比预期目标和实际财政执行情况，采取审慎的财政态度来应对风险。IMF 建议乌干达进行行政管理改革，为推行审慎的财政政策奠定基础。IMF在报告中提到对乌干达可以改进海关税收数据系统的完整性，补充纳税人登记信息，提高纳税账户的统一性，打击走私，减少财政税收收入流失。根据IMF在2014至2015年报告的建议，乌干达需增加相当于GDP0.5%的税收以使其财政收入达到该地区其他类似国家的水平。议会已经通过了一系列的税收政策包括石油、香烟和酒的消费税，引进各种形式的环境税（environmental levies），扩大增值税范围，增加税收收入。

2. 提高PPP项目的投资回报率

乌干达议会意图通过谨慎评估公私合营项目（PPP）中可能产生的风险，将项目投资回报率作为投资选择的衡量标准之一。在这方面，IMF建议乌干达政府参考新的公共投资管理指南（Public Investment Management Guidelines）、投资评估用户手册（Investment Appraisal User Manual）等提高投资项目管理水平，并寻求东非共同体的技术援助，提供关于项目确认、评价、履行、监管和评估标准的必要指导。

3. 巩固中期财政状况

根据中期财政框架的指导，乌干达政府应在数个财政年度内持续稳定和巩固财政状况，降低债务风险。乌干达中期财政计划对经常性支出项目的限制为扶贫支出和公共投资提供了更大的操作空间。现行的中期财政计划与IMF针对乌干达的《债务可持续性分析》（Debt Sustainability Analysis）中得出的低风险结论相一致。

4. 发挥央行监管职能

IMF建议乌干达央行在加强审慎监管和保持财政稳定方面发挥更大的作用。例如为降低房地产业的风险，乌干达央行可以运用设置上限的贷款-价值比率（loan-to-value ratios）作为风险监测工具。此外，乌干达央行应对潜在市场、流动资产和运行风险保持警戒，并且谨慎面对信贷资金来源过于集中产生的不稳定性。根据最近通过的《财政机构修改法案》（Financial Institutions Act），IMF建议财政部门加强对信贷银行业的监管，包括内部和外部监督，以增强财政的稳定性。

5. 实施新的公共财政管理法案

根据乌干达新的公共财政管理框架（public financial management framework），乌干达仍然会着眼于权力机关组织架构的改革，实施新的公共财政管理条例（PFM Regulations），加强财政和货币政策的协调。

具体措施包括：（1）加快制定新的公共财政管理条例，以保证条例内容与 IMF 国际最佳实践标准（international best practice）相符合，与《公共财政管理法案》相配合；（2）明确政府支出责任，将政府支出财政目标量化，并在预算草案中体现出来，提交议会审议；（3）乌干达财政部和央行应提高政策协调度，根据《公共财政管理法案》修正财政部和央行签订的谅解备忘录（Memorandum of Understanding），包括石油基金管理、公共债务、政府财政责任等方面。

七、结语

乌干达的预算体系以年度预算编制与执行为主，具体内容包括税收、经常开支和资本支出、负债和偿债以及或有负债等。财政部和议会下设的预算委员会是主要的职能机关。乌干达的预算编制程序在财年开始前一年即开始准备，预算框架性文件（Budget Framework Papers）以《中期支出框架》和《国家投资绩效评估》为参考，确定预算草案的编制基础。预算框架性文件需要经过公共支出审查会议和部长级会议的讨论、协商，还需经过议会审查。议会审查通过后，方可进入预算草案编制程序。各部门和机构根据预算框架文件，对预算数据变动和影响因素的变化进行分析评估。财政部再对评估结果进行考量，与议会预算委员会协商后将评估结果在含有国家收入和支出的预算草案中体现出来。由财政部长代表内阁将预算草案提交给议会审议，并在议会通过后宣布年度预算生效。

虽然没有对多年预算编制进行规定，但在年度预算编制中提到要依据对宏观经济发展和财政前景的预测分析，通过经济指标数据规划未来5年内的走向，详细说明进行政府财政政策计划的合理期间。

近年来，乌干达预算支出侧重于以下方面：(1) 维持国家安全和防御；(2) 为私人部门的商业发展、吸引投资、增加就业、经济发展提供便利；(3) 基础设施的投资和维持；(4) 主要增长部门产品和生产力的商品化；(5) 提高持续增加的国内税收的调动容量；(6) 增加社会服务的提供；(7) 改善政府管理能力。

在2015年全球公开预算调查指数报告中，乌干达以62分高于同为非洲国家的肯尼亚（48分）、坦桑尼亚（46分），并且在102个参与预算透明度调查的国家中排名第24位。该调查涉及预算的制定、提议、执行和年度反馈等内容，乌干达在其中6个核心因素上都取得不错的成绩，预算透明度相对比较高。

乌干达的《公共支出（采购）处置法案》较为系统和详细地规定了乌干达的政府采购职能机关及权责、供应商资格审查、招标流程和异议处理程序。对监管预算支出的使用、提高预算资金效率，起到了良好的监督作用。乌干达公共采购由公共采购和资产处置局进行监管，主要职责包括：就公共采购和资产处置的政策、原则和具体操作向政府机构提供建议；监控和公示公共采购和资产处置系统的运作并提出建议；设置培训标准、能力水平和资格要求；准备、改进、发布和审核公共采购和资产处置的招标文件和程序表格等。

IMF在2016年6月发布的乌干达《第六次政策审查报告》中，对乌干达的宏观经济情况和财政政策稳定性都给出了较为积极的评价。但IMF指出，乌干达在财政年度内，受到大选影响，财政支出增加，税收收入少，与目标基础赤字相比，减赤目标难以实现，甚至会出现赤字扩张的情况。虽然通货膨胀的程度有所缓和，用于稳定通货膨胀的财政支出可以适当削减，但财政支出的再分配不可避免地对投资和扶贫造成了负面影响。IMF对乌干达财政状况给出的建议包括：(1) 增加税收收入；乌干达可以改进海关税收数据系统的完整性，补充纳税人登记信息，提高纳税账户的统一性，打击走私，减少财政税收收入流失。（2）提高 PPP 项目的投资回报率；参考新的公共投资管理指南（Public Investment Management Guidelines）、投资评估用户手册（Investment Appraisal User Manual）等提高投资项目管理水平，并寻求东非共同体的技术援助，提供关于项目确认、评价、履行、监管和评估标准的必要指导。（3）巩固中期财政状况，降低债务风险。（4）发挥央行监管职能；在加强审慎监管和保持财政稳定方面发挥更大的作用，对潜在市场、流动资产和运行风险保持警戒。（5）实施新的公共财政管理法案；加快制定新的公共财政管理条例，明确政府支出责任，提高财政部和央行的政策协调度。

第五节　肯尼亚预算法律问题研究

一、肯尼亚政治体制概况

（一）肯尼亚政治结构

肯尼亚是总统内阁制国家，总统为国家元首，政府首脑兼武装部队总司令，由直接普选产生，每届任期 5 年。内阁由总统和总统任命的副总统、各部部长、副部长以及总检察长组成。国民议会是国家最高立法机构，实行两院制——参议院和众议院，两院的议员每届任期 5 年。肯尼亚 47 个郡分别设立议会，由各郡自行选举产生郡议员。

肯尼亚是联合国、非洲联盟、不结盟运动、77 国集团和英联邦成员国，也是东非政府间发展组织、东非共同体、东南非共同市场、环印度洋地区合作联盟等区域性组织成员国。

（二）肯尼亚近期财政状况

1. 肯尼亚 2015 至 2016 财年预算法案执行状况

根据《2016 年预算案回顾和前景报告》，肯尼亚 2015 至 2016 财年预算法案执行情况良好，但征收税款和实际支出未达预期目标。税款征收方面，个人所得税、进口税、进口产品增值税收入都低于预期。在支出方面，中央政府的经常性支出及发展支出都低于原计划目标。肯尼亚 2016 至 2017 财年财政赤字为 GDP 的 7.6%，也低于预期。

2. 肯尼亚 2016 至 2017 财年预算法案特点

根据肯尼亚 2016 至 2017 财年预算法案，本财年肯尼亚政府预算支出总金额为 2.3 万亿肯先令（约合 230 亿美元），税收收入为 1.44 万亿肯先令（约合 144 亿美元），创历史新高。具体来看，本财政年度预算呈现以下特点。

（1）不断加大基础设施投入

不断加大公共基础设施建设、能源开发和网络信息技术投入。基础设施建设、能源建设支出及网络信息技术支出拟为 5066 亿肯先令（约合 50.66 亿美元），约占预算总额的 20%，为继续推动肯尼亚清洁能源发展，对节能炉具进口关税下调至 10%。

（2）增加对安全、就业、健康等领域的投入

鉴于肯尼亚目前日益严峻的安全形势，本财年内用于安全方面的预算为 2640 亿肯先令，主要用于加强军、警现代化，包括购买警车、警察保险及配套服务等；为鼓励就业，拟投入 211 亿肯先令促进目前国内就业水平，主要用于发放雇主补贴、开展职业技术培训等；为促进旅游酒店业复苏，对于旅游从业者免征佣金增值税；医疗健康卫生方面拟获得预算 603 亿肯先令，主要用于购买医疗设备，加强医疗培训等。

（3）鼓励国内制造业及出口加工贸易行业的发展

本年度预算对国内相关加工制造业领域进行重点保护，其中对于进口钢铁产品实行每公吨 200 美元的特别征税；对进口车辆根据车辆价格征税。同时为鼓励铝制罐产品生产，对原材料铝制品进口实行零关税，对进口铝制罐制成品关税由 10% 提高到 25%。

二、肯尼亚预算职能部门

1. 财政部

财政部是负责中央政部预算的主要机构。根据肯尼亚《公共财政管理法》第10条的规定，财政部主要由内阁大臣（Cabinet Secretary）、首席秘书长（Principle Secretary）和经济金融相关的各个部门和办公室组成。根据宪法和法律的规定，财政部的主要职能包括对国家宏观层面收入和支出政策的制定、执行和监督。

2. 政府间预算经济理事会

肯尼亚设有政府间预算经济理事会，根据肯尼亚《公共财政管理法》第187条至190条，其主要任务是为中央政府和各郡政府之间的协商合作提供平台。负责的主要事项包括预算政策声明、预算回顾和前景报告以及中期债务管理策略；涉及中央层面和各郡层面预算、经济财政管理和同意发展事项；涉及借款以及中央政府贷款担保框架、担保标准以及担保适格性等事项；协商同意统计基金发放现金的拨款流程安排；对各郡或个别郡产生财政影响的立法建议或政策；中央和各郡政府以及各郡政府之间收入合理分配建议等等。

三、肯尼亚预算编制程序

1. 预算编制基础

肯尼亚财政年度为每年6月30日至次年7月1日。每年2月15日之前，由财政部负责向议会提交经内阁审批通过的《预算政策声明》。《预算政策声明》应当制定并确定中期国家财政经济政策和财政优先事项，并对中央政府收入与支出进行整体评估，以便为中央政府和各郡政府制定下一财政年度的预算方案提供方向性指导。议会在收到《财政预算声明》14天内对其进行协商讨论，并给出附有或不附有修改案的决议。

2. 预算编制程序

议会通过《财政预算声明》后由内阁秘书长负责对政府各个部门进行协调统筹并保证在预算制定过程中的公共参与，内阁秘书长在合理期限内将各部门预算评估及拨款草案提交内阁审核通过，并于每年 4 月 30 日之前正式提交至国民议会审核。

3. 预算审批程序

国民议会的相关委员会应当在考量内阁秘书长的意见后对国民议会提出建议，之后国民议会对收入和支出的评估进行商讨并给出附带或不附带修改意见的预算案。国民议会应当采取合理措施保证通过的预算案通俗易懂，能为公众理解。财政部负责在预算案通过 21 天内向公众进行公开。

四、肯尼亚政府债务管理制度

1. 债务管理机关

根据肯尼亚宪法和《公共财政管理法》的规定，肯尼亚国家债务管理的原则是谨慎性。《公共财政管理法》规定财政部应当设立公共债务管理办公室（Public Debt Management Office）。中央政府和各郡政府要保证公共债务管理的严格程序、问责性和及时汇报等各项要求。

2. 肯尼亚当前债务状况

自 2012 至 2013 财政年度起，肯尼亚赤字率逐年提高，2014 至 2015 财政年度总赤字率为总支出的 33%，并且预测未来两年赤字率仍会保持在相当水平。同时，随着赤字率的不断上升，公共债务也不断增多。而财政部预测 2016 至 2017 财政年度公共债务与赤字会出现一致性的下降。近五年肯尼亚预算赤字和公共债务情况详见附件三。

最新肯尼亚债务可持续性分析显示肯尼亚的债务状况正常。债务可持续性分析将负债指标同未来 20 年指示性阈值相比较，若负债指标超过指示性阈值则说明可能有债务危机风险。2017 年，公共债务对 GDP 的现值预期为

GDP 的 41.3%，而分析显示期间公共债务对收入现值将低于阈值 300%。总体来说，债务可持续性分析的结果表示肯尼亚公共债务将在中期内保持可持续性。

3. 2015 年财政部债务管理建议

《中期债务管理战略》（The Medium Term Debt Management Strategy）是规定在《公共财政管理法》中，财政部所提供的重要文件之一。该战略为中央政府借贷的数量和类型提供指导并对各类方案进行成本和风险评估，提出最佳战略建议。

财政部在 2015 年《中期债务管理战略》中指出，肯尼亚面临的潜在财政风险主要有干旱等自然灾害对食物保障的影响、或有负债变现、财政收入不足等。肯尼亚国内借贷市场发展迅速，信贷来源缺乏稳定性。肯尼亚政府试图探索从国内借贷转向国外借贷的可能。但是政策转向可能会对国内借贷市场造成冲击。就此，2015 年《中期债务管理战略》建议将国内、外债务比例设为 55% 和 45%，以增强债务稳定性。

五、IMF 对肯尼亚预算状况评价

（一）IMF 对肯尼亚预算报告评价

IMF 在针对肯尼亚财政制度的报告中指出，肯尼亚的财政报告在报告内容、发布周期、廉政透明等方面存在一系列缺陷：

1. 肯尼亚财政报告缺乏全面性

肯尼亚财政报告几乎只涵盖了中央政府现金方式的预算内容，排除了预算外单位（off-budget units）实施重要的财政行为，也没有资产负债报告。

2. 肯尼亚财政报告缺少周期性

肯尼亚财政报告对国库资金流（exchequer flows）报告披露不够及时、周期不固定；对预算执行结果报告的披露过于迟延；即使年度财务报告经过审计，政策制定者也难以从中获取可靠信息。

3. 肯尼亚财政报告未采用国际标准

肯尼亚财政报告质量常常因为与国内可核实信息不一致而遭到质疑。在肯尼亚财政报告框架下，采用了不同于国际标准的方式，对实际的财政结果进行了不同的估计。即使其财政报告的体系和分类良好，也仍有大量的财政数据统计没有采用国际通用标准。

4. 肯尼亚财政报告的完整性和透明度比较低

肯尼亚财政报告没有财政数据汇总表，几乎一半的支出都是保留或者无法表示（disclaimer）的审计意见。

（二）IMF 对肯尼亚财政预测和预算评价

根据 IMF 的预算标准要求，财政预算及财政预测应对政府预算目标和政策意图进行明确地说明，并提供全面、及时、可靠的公共财政评估预测。肯尼亚财政预测和预算在过去数十年中已经取得不小的改善，但是仍然存在一些障碍：

肯尼亚预算文件中并没有提供综合中央政府税收、支出和筹措资金的内容；公共投资项目（public investment projects）的选择（Selection）和预算额度非常零碎，导致其财政债务的披露受限，并缺乏系统的成本效益分析；现存的财政原则不能很好地转化为清楚、可衡量的、具有约束力的财政政策目标；多年期的计划与预算程序还没有产生可信赖的优先支出事项，也没能在资金方面加强可靠估计的可预测性。

（三）IMF 对肯尼亚预算报告的制度建议

1. 扩展关键财政报告（key fiscal reports）中的制度性内容

这部分内容的扩展，至少应包括预算外和国有资本控股企业的直接支出和收入，并以此为基础扩大补充的制度性内容。包括关键报告的附加信息，整合预算财务主管（Controller of Budget）关于国家支出和税收的数据，在一般政府的基础上呈现合计的财政数据。

2. 改进财政报告形式和分类架构（Classification structure）

肯尼亚政府应当重新设计（re-engineered）综合财政管理信息系统（Integrated Financial Management Information Systems），重新确立财政报告的形式和体系，规定具体的改革流程和功能性要求。IMF 指出，肯尼亚政府现阶段在财政管理的信息处理上并没有进行很明确的分类，综合财政管理信息系统需要重新设计，使其得以应用于所有形式的预算主体单位，为一般政府提供修正的分类结构，并具体实施。

3. 编制中央政府部门资产负债表

IMF 建议肯尼亚政府在重要的财务报表，尤其是资产负债表中，使用未经审计的最初数据编制报表，以保证数据的客观和公正。随着政府报告的体系逐渐适用国际公共部门报告（International Public Sector Account）的标准，肯尼亚政府在编制财务报表时，应当适用国际财政报告标准（International Financial Reporting Standards），提高预估数据的质量，从增加政府部门的数据内容开始，最终覆盖包括商业性国有企业（commercial state corporations）在内的整个公共部门。

4. 改善已审核财政报表的质量和实时性

为与国际标准接轨，IMF 建议肯尼亚成立针对一般政府部门的公共部门会计准则委员会（Public Sector Accounting Standards Board），并由会计总部（Accountant General's Department）依据其标准制定年度财政报告。年度财政报告包括中央政府年度财政报表和会计总部出具的财务状况表。审计主任（Auditor-General）应在该年结束前 6 个月之内完成审计，由国库委员会（National Treasury）公布审计报告。

5. 将所有财政文件报告作为国内最终审计数据的依据

肯尼亚政府应开始在财政声明中报告主要的财政总计（fiscal aggregates），调查任何财政收支与净资金（net-financing）、存量和流量调整（stock-flow adjustment）之间的存在的差异。在计算最终账目余额时，应在净资金和负债股的兑换（change in debt stock outturns）之间进行年度调节（annual reconciliation），并由审计主任编制需要审计的调节表（reconciliation table）。

（四）IMF 对财政预测和预算的改革建议

1. 妥善处理各种预算文件中普遍存在的补助金的差异之处

IMF 建议肯尼亚政府应当确保按照预算进行的预估文件中的转让（transfers）和国营企业（public corporations）附件中显示收到的补助金的一致性，并且就附属文件中其余的不同之处提供解释。

2. 阐明公共投资管理的机构角色

IMF 建议肯尼亚政府应当加强对公共投资项目的协调、评估和监测，提高吸引资本的能力，对主要公共设施建设项目进行成本效益分析，并确保预算文件反映了整个项目期间的所有成本。

3. 阐述财政政策原则

IMF 认为肯尼亚政府在财政预测和预算中，尤其是在重要的政府财政汇总表（major fiscal aggregates）中，应具体阐述其财政政策，给政策制定者以实践性的指导。

4. 改善预测基础数据调整方式

IMF 建议肯尼亚政府采取的改善方式主要是对预测基础数据变化的来源进行分解，从以下三个部分调整：一是在该阶段实行新的财政政策；二是经济前景的变化；三是会计和统计方法的进步。

六、结语

肯尼亚 2015 至 2016 财年预算法案执行情况良好，但征收税款和实际支出未达预期目标。税款征收方面，个人所得税、进口税、进口产品增值税收入都低于预期。在支出方面，中央政府的经常性支出及发展支出都低于原计划目标。肯尼亚 2016 至 2017 财年政府预算支出总金额为 2.3 万亿肯先令（约合 230 亿美元），税收收入为 1.44 万亿肯先令（约合 144 亿美元），其特点是不断加大公共基础设施建设、能源开发和网络信息技术投入，拟为5066亿肯先令（约合50.66亿美元），约占预算总额的20%；增加对安全、就业、健康等领域的投入。2640亿肯先令用于维护社会安全，211亿肯先令用于促进就业，603亿肯先令用于医疗设备和培训；鼓励国内制造业及出口加工贸易行业的发展，对国内相关加工制造业领域进行重点保护。

在预算职能机关方面，财政部是负责中央政部预算的主要机构。根据宪法和法律的规定，财政部的主要职能包括对国家宏观层面收入和支出政策的制定、执行和监督；预算经济理事会为中央政府和各郡政府之间的协商合作提供平台，包括预算声明、管理策略、政府贷款程序、拨款流程、立法和政策建议等。

在预算编制方面，每年2月15日之前，由财政部负责向议会提交经内阁审批通过的《预算政策声明》，作为预算基础。议会通过《财政预算声明》后由内阁审议各部门预算评估及拨款草案，于每年4月30日之前正式提交至国民议会审核。国民议会对收入和支出的评估进行商讨并给出附带或不附带修改意见的预算案。

在债务管理方面，《公共财政管理法》规定财政部应当设立公共债务管理办公室。中央政府和各郡政府要保证公共债务管理的严格程序、问责性和及时汇报等各项要求。自2012至2013财政年度起，肯尼亚赤字率逐年提高，近年来保持在较高水平。2017年肯尼亚公共债务对GDP的现值预期为GDP的41.3%，而分析显示期间公共债务对收入现值将低于阈值300%。总体而言肯尼亚公共债务将在中期内保持可持续性。

《中期债务管理战略》为中央政府借贷的数量和类型提供指导并对各类方案进行成本和风险评估，在2015年提出肯尼亚面临的潜在财政风险主要有干旱等自然灾害对食物保障的影响、或有负债变现、财政收入不足等。肯尼亚政府试图探索从国内借贷转向国外借贷的可能。但是政策转向可能会对国内借贷市场造成冲击。就此，2015年《中期债务管理战略》建议将国内、外债务比例设为55%和45%，以增强债务稳定性。

IMF对肯尼亚财政制度的报告中指出，肯尼亚的财政报告在报告内容、发布周期、廉政透明等方面存在一系列缺陷。包括缺乏全面性，排除了预算外单位实施重要的财政行为，也没有资产负债报告；缺少周期性，国库信息、预算执行结果报告披露延迟，不固定；财政报告未采用国际标准，质量常常因为与国内可核实信息不一致而遭到质疑；完整性和透明度比较低，没有财政数据汇总表，几乎一半的支出都是保留或者无法表示的审计意见。另外，肯尼亚预算文件中并没有提供综合中央政府税收、支出和筹措资金的内容，财政债务的披露受限，并缺乏系统的成本效益分析，在资金方面缺乏可靠估计的可预测性。

针对肯尼亚财政报告制度，IMF建议肯尼亚扩展关键财政报告中的制度性内容，至少应包括预算外和国有资本控股企业的直接支出和收入，并以此为基础扩大补充的制度性内容。同时需改进财政报告形式和分类架构，重新设计综合财政管理信息系统，重新确立财政报告的形式和体系。在内容上编制中央政府部门资产负债表，尤其要注意使用未经审计的最初数据编制报表，以保证数据的客观和公正。对于已审核财政报表，则要提高其质量和实时性，建议肯尼亚成立针对一般政府部门的公共部门会计准则委员会，并由会计总部依据其标准制定年度财政报告。尤其是将所有财政文件报告作为国内最终审计数据的依据。

针对肯尼亚财政预测和预算的改革，IMF建议肯尼亚妥善处理各种预算文件中普遍存在的补助金的差异之处；阐明公共投资管理的机构角色，加强对公共投资项目的协调、评估和监测；阐述财政政策原则，给政策制定者以实践性的指导；改善预测基础数据调整方式，对预测基础数据变化的来源进行分解。

非洲主要国家预算法律研究报告选取了埃及、南非、坦桑尼亚、乌干达、肯尼亚五个非洲国家，介绍了各个国家的基本政治制度（包括国体、政体、国家权力分配）和经济概况（包括经济发展现状、投资状况、政府财年预算执行情况等），与国家财政制度联系紧密，相辅相成。虽然非洲各国普遍发展较为落后，但是国别间差异仍较为明显，例如埃及和南非的财政主要问题是财政体系的稳定性，其外债水平和政府赤字已经严重影响到国家的整体发展；

而坦桑尼亚和乌干达的财政收入和支出主要集中于农业，整体经济结构相当程度上决定了财政结构；肯尼亚则主要是缺乏财政体系建设和财政监督，其宪法和预算法对于财政权力的分配未能达到实际效果。报告通过各国国情和财政概况，体现了各国财政制度基础的差异性和特点，为进一步探讨各国财政制度提供了必要信息和基本框架。

在财政法律体系方面，各国或由宪法、公共财政管理法案和其他相关法令共同协调，或由专门预算法规制，通过预算制度将财政的收入和支出相统一，并结合各国宏观财政政策，呈现国家整体财政的运行状况。报告中，预算制度包括预算内容、预算职能机关，和预算的编制、审议、执行、决议、监督，涉及国家预算和地方预算，各公共部门的预算资金和支出项目，保障各国政府的日常运作，并为政府中、长期的经济计划做准备。同时报告显示了各国预算对国库或者国家账户进行的管理和紧急状态下的资金调动等，揭示了各国的财政政策，涉及政府赤字调整和外债管理，税收改革等等。此外，报告对财政监督的制度及其执行也做了相应论述，针对非洲国家财政体系的监察进行评估，帮助了解非洲的财政监督情况。

报告尤其关注各国的财政制度改革，包括预算制度沿革、中期经济框架、政府收入和支出调整、机构设置和合并、财政政策转变、财政监督调整等，结合 IMF 对各国的财政报告，基于中非发展过程中的相似性，报告着力探讨了 IMF 对非洲各国财政制度的整体评价和具体建议，总结了较为客观的相关建议，如控制政府赤字和负债，以财政体系稳定为要义；改革税制必须建立广泛接受的标准；具备中长期的财政整顿配套措施；注重财政报告的稳定性和基础数据的客观性、准确性；将财政政策具体化、实践化，并赋予确切的约束力；提高公共支出的灵活性和效率；明确各级财政部门职责，督责到位；确立财政监督机构的独立性等等。

深入研究非洲国家财政制度，一方面可以为我国对非投资提供帮助，另一方面则可以在与非洲加强经济一体化，实现“一带一路”倡议的进程中协助非洲对象国深化财税改革，完善财政制度。

第十一章

欧盟预算法律问题研究

欧盟是区域一体化组织的典范，欧洲一体化从经济一体化开始。财政政策协调作为欧盟经济一体化的重要方面，主要包括两个层次的内容：一是欧盟机构层面的预算协调；二是欧盟成员国之间的财政趋同。

第一节　欧盟机构预算制度

一、欧洲一体化进程与预算政策演变

欧洲一体化始于《建立欧洲煤钢共同体条约》，该条约以法国提出的“舒曼计划”为雏形。“舒曼计划”旨在限制联邦德国的煤炭和钢铁生产总量，把法国和联邦德国的煤炭和钢铁生产置于一个共同机构管理之下，这一共同机构吸引了意大利、荷兰、比利时、卢森堡的参与。上述国家 1951 年在巴黎签订了《建立欧洲煤钢共同体条约》，因此也被称为《巴黎条约》。《巴黎条约》于 1952 年开始生效后，欧洲煤钢共同体便作为专门性的国际组织，拥有了取得和处置财产的国际法律人格。其预算收入是煤钢生产税和煤钢进口税，具有一般性国家税收的性质，虽然税率比较低，但税收收入是煤钢共同体的自有财源。预算支出主要包括共同体的业务性和行政性支出，即期间费用。此外，煤钢共同体对成员国的煤炭钢铁研究与产业技术改造还会进行拨款。

欧洲煤钢共同体的成功运转增强了成员国在其他领域进行合作的信心。

1957年，欧洲煤钢共同体的六个成员国签订了《罗马条约》，组建欧洲经济共同体（EEC）和欧洲原子能共同体。《罗马条约》明确规定了共同体预算程序和共同预算原则条款，指出共同体的预算收入和支出应当实现平衡。欧洲经济共同体和欧洲原子能共同体的预算收入主要来自成员国的捐款，缺少自有财源。

1967年7月1日，法国、联邦德国、意大利、卢森堡、比利时、荷兰签订《布鲁塞尔条约》，欧洲煤钢共同体、欧洲经济共同体和欧洲原子能共同体合并为欧洲共同体。此后，随着关税同盟的建立，1970年欧共体通过决议，开始建立共同预算制度、创建自有财源，在欧共体机构层面形成预算收入和支出。这一决议从1980年开始正式施行。在1980年以前，欧共体自有财源主要是非欧盟国家进口到欧盟国家的关税。但是随着关贸总协定（GATT）关税减让谈判的深入，关税税率不断降低，自有财源也出现了萎缩的趋势。1980年，欧共体第一次采取措施扩大财源，引入成员国一定比率的增值税提成作为自有财源的一部分，在不同的财年，比率也不一样。因此，增值税提成比率可以被用作欧共体预算平衡的一种工具。1988年，欧共体第二次扩大财源，引入基于国民生产总值（GNP）提成作为自有财源，之后计量基础改为国民总收入（GNI），称为国民总收入提成。自有财源是欧洲共同体固定的项目收入，无须成员国政府议会的批准和通过，但欧共体并不直接向成员国公民收缴预算收入，而是由成员国代替欧盟行使这一权力。

随着经货联盟的建立，共同市场中的成员国经济发展水平却并不完全一致，在欧盟层面上对共同市场的经济运行进行调控是十分必要的。如果在欧盟层面上进行财政转移支付，可以减少经货联盟对成员国带来的冲击，也可以降低相应的社会经济成本。

通过以上分析，不难发现，在欧洲一体化的过程当中，欧盟通过一系列的条约和法案建立起了自有财源，也形成了支出项目。而欧盟的预算政策深受欧洲一体化的影响，预算收入和支出也与成员国的经济状况和财政收入密切相关。这使得欧盟成为一个超国家组织，对成员国的约束力和决议的执行力都是实质性的。同时，每一财年都根据当年的具体情况，采用比率的方式确定收入的多少又使欧盟财政体现出充分的灵活性和应变性。

二、欧盟预算的基本原则

（一）统一性原则

欧盟机构预算的统一性原则出自《关于欧洲联盟运行的条约》第310条，是指所有共同体的收入和支出必须以一个文件提交。这一条款是为了解决欧洲煤钢共同体、欧洲经济共同体和欧洲原子能共同体并行时期以及合并为欧洲共同体初期，各自进行预算安排的历史遗留问题。欧盟层面的统一性原则与国内预算法中的全口径预算原则相似，将欧盟的全部预算收入纳入一个统一的管理体系。

（二）统筹性原则

统筹性原则是指统筹安排和统收统支，类似于国内预算法中的收支两条线原则。收入不得与支出进行挂钩，某项预算收入不得分配给指定项目的支出，从而发挥欧盟机构的经济调节功能。欧盟机构的自有财源都是来自于成员国的公民，如果统筹性原则得不到完善，欧盟就缺少利用预算支出项目对成员国经济进行干预的手段。

统筹性原则在成员国国内预算法上运行状况良好，尤其是在单一制国家，强有力的中央政府运用货币和财政政策对财政资源进行分配，调节区域间发展的不平衡。但是在欧盟机构层面，却引起了较大的争议，尤其是从在撒切尔政府向欧共体提出返款请求后，1985年欧共体引入了“英国返款机制”对英国进行返款。“英国返款机制”是否背离了统筹性原则是一个颇具争议性的问题[①]。

---

① 英国返款机制详情见附件一。

（三）年度性原则

与国内预算法的编制原则相同，欧盟预算也按照年度运行。每年的1月1日到年末的12月31日是欧盟的一个预算年度。年度预算支出和收入针对下一个财年的具体情况编制、审议、执行。

（四）平衡性原则

平衡性原则要求欧盟机构层面的预算收入要与预算支出实现平衡。平衡性原则出自《罗马公约》，要求共同体实现无赤字预算，如果在一个财政年度内，出现了额外支出，要通过预算调整程序来进行预算融资或者是在支出项目之间调拨经费。

（五）特定性原则

欧盟的预算支出项目不是按照功能进行划分的，而是根据支出目的进行划分，将每一项预算支出分配给特定的目标。按照支出目标进行预算编制，也体现了绩效预算改革的要求。

（六）以欧元为记账单位

欧盟预算以欧元为单位，这一原则主要是针对非欧元区的欧盟国家而言，欧元与其本国货币存在汇率的换算问题。在欧盟27个成员国中，有19个是欧元区成员。有7个欧盟成员国使用本国货币：英国、丹麦、瑞典、匈牙利、捷克、斯洛文尼亚、罗马尼亚。

三、欧盟预算的框架

欧盟预算包括年度预算和中长期预算，欧盟的中长期预算被称为“财政展望系统”（Financial Perspective System），1988年引入欧盟预算体系，2007

年改称“跨年度财政框架”（Multiannual Financial Framework）。欧盟的年度预算是中长期预算的具体实施，财政框架为欧盟的年度财政支出设置了上限（ceiling），包括对总的支出额度和单个支出类别的限制。

（一）预算职能机构

欧盟年度预算编制的动议权归欧盟委员会，决定权归欧洲议会和欧盟理事会。具体来说，欧盟理事会决定强制性支出（compulsory expenditure），主要包括农业政策支出，司法支出和安全防务支出等。欧洲议会决定非强制性支出（non-compulsory expenditure），主要包括对欧盟相对落后地区的开支、环境开支、对人员的投资、研究和教育支出。

（二）跨年度财政框架

为实施《单一欧洲法案》，1998 年，欧盟编制了第一个中长期预算，包括了对 1998 至 1992 财年的财政展望，确立了欧盟机构层面的中长期预算编制制度。1992 年又制定了第二个财政展望系统，涵盖了 1993 至 1999 财年。1999 年，欧盟制定了“千年议程”（Agenda 2000），涵盖了 2000 至 2006 财年。2007 年，欧盟将财政展望系统升级成跨年度财政框架，在期间年度内会进行技术调整（technical adjustment）和超额融资（additional financing needs）。2007 至 2014 财年框架指出欧盟本阶段的预算支出重点是可持续增长、保护和管理自然资源，这两项支出在欧盟预算支出中占比分别是 44% 和 43%。现行的跨年度框架是 2014 至 2020 财年指引。在这一新的跨年度预算中，欧盟实行了中期审查制度（Mid-term review/revision），而且欧盟开始根据年度预算的执行情况对跨年度预算进行调整。通过对欧盟跨年度预算历史的回顾不难发现，欧盟的预算编制思路已经发生了很大变化。在 1988 年，欧盟刚引入跨年度预算时，只是为了推进某一法案的实施，时间也比较短。千年议程阶段的预算还是比较松散，执行力度也不是很强，更多的被认为是政策性文件，而非法案。经过近 30 年的发展，欧盟已经将跨年度预算的编制作为预算制度的核心，将 7 个财政年度的预算编制作为一个整体进行审议，再将跨年度预算拆分为 7 个财政年度具体执行，每个财政年度的预算执行都是中长期预算执行的一部分。因此，欧盟的中长期预算并不是宏观的指引，而是具体的、有执行力的预算法案。

（三）欧盟年度预算的编制程序

欧盟年度预算和支出程序是以关于预算纪律和程序的机构间协定（Interinstitutional Agreements on Budgetary Discipline and the Improvement of the Budgetary Procedure）为基础实施的。此类协定由欧洲议会、欧盟理事会和欧盟委员会共同通过，主要包括为预算项目设定支出上限的财政规划（financial perspective）和改善预算程序的机构间协议两部分内容，财政规划属于预算纪律（budgetary discipline）的内容，而机构间协议是关于预算程序的内容。

欧盟年度预算程序规定在《欧共体条约》第 268 至 280 条：先由欧盟委员会草拟初步预算，将其提交给欧盟理事会，欧盟理事会修订后形成预算草案。预算草案提交欧洲议会，欧洲议会对预算草案进行修订，经过欧盟理事会和欧洲议会的二读程序，最后由欧洲议会批准，欧洲议会议长签字通过。

1. 欧盟委员会草拟初步预算

一般在四五月份由欧盟委员会向欧盟理事会提出下一年初步预算草案（Preliminary Draft Budget）。欧盟委员会根据每个欧盟内部机构估算的本部门下一年度的预算支出草拟初步预算。草拟完成后，提交欧盟理事会第一次审核。

2. 欧盟理事会第一次审核

7 月份，欧盟理事会对草拟的初步预算进行第一次审核。欧盟理事会经过初步审查并征求欧洲议会代表的意见后，提出修改意见。如果欧盟理事会对草拟的初步预算进行实质性修改，必须征得欧盟委员会的同意。根据《里斯本条约》中对预算制度的改革规定，欧洲议会、欧盟理事会和欧盟委员会在预算问题上，应该本着合作、沟通的态度编制和通过预算，大大简化了审批程序。最大限度地减少国内法上可能出现的无法通过预算法案的情况。因为欧盟成员国众多，一旦无法通过机构预算，将面临极为窘迫的现实。因此欧盟的部分文件是以“沟通”为标题的，如“Communication from the Commission to the Council and the European Parliament”“Communication from the Commission”等。

3. 欧洲议会的第一次审核

欧盟理事会对初步草案进行修改之后，初步草案就可以被称为“预算草案”。预算草案送到欧洲议会后，如果欧洲议会批准，那么下一财年的预算法案就算通过。预算草案在欧洲议会通过，必须经议会多数成员同意，并且以4/5的实际投票为赞成票。欧洲议会如果对预算草案进行一些修改，提出修改意见，修改后的预算草案需要送到欧盟理事会进行第二次审核。

4. 欧盟理事会的第二次审核

欧盟理事会第二次审核通常安排在11月的第3周，如果欧盟理事会接受欧洲议会所有的修改建议。预算草案即获通过。但如果欧盟理事会对欧洲议会的修改意见持否定态度，则要视情况决定。欧盟理事会对强制性支出具有最终决定权，也就是说，即便欧洲议会没有通过一项义务性支出，提出了修改建议。欧盟理事会也可能通过投票拒绝欧洲议会的修改。而对于非强制性支出，欧盟理事会没有这样的权力。

5. 欧洲议会的第二次审核

经过欧盟理事会的修改，预算草案被再次送到欧洲议会。欧洲议会有15天时间对预算草案进行二次审查，如果15天内，欧洲议会没有对预算草案表明立场，那么该预算草案视为通过。与上述欧盟理事会的最终决定权相类似，欧洲议会对非强制性支出也有最终决定权。在第二次审核中，如果欧洲议会拒绝整个预算，预算程序就要从头开始。欧盟将采取月度拨款（monthly appropriation）的方式维持欧盟机构的运作，每月拨款额度是上一财年预算总额的1/12。2015年预算草案中的预算支出比2014财年增长8%，由于各国削减欧盟机构规模的呼声较高，欧盟委员会、欧盟理事会和欧洲议会之间的沟通一度陷入僵局，直到12月9日，最终通过的预算案比2014年增长了1.6%。

四、欧盟的预算来源与支出

（一）欧盟的预算资金来源

欧盟预算资金来源主要包括传统自有财源和成员国的缴费。成员国缴费主要是增值税提成、国民总收入（GNI）提成和英国返款。传统财源、增值税提成和国民总收入提成占欧盟财政收入的比例超过95%。

1. 传统自有财源

欧盟传统的自有财源主要包括两项：一是农产品的进口差价税和糖税；二是欧盟作为统一关税区按照共同关税税率征收的关税。

2. 增值税提成

增值税提成的比率是欧盟统一的，但是成员国的税基视本国具体情况而定，税基上限是成员国国民总收入的50%，防止欧盟经济最不发达的国家支付比例超过其贡献的能力。因为经济发展水平比较低的国家，消费税和增值税往往比较高。税基核算可以用作欧盟机构预算平衡的工具。

3. 国民总收入提成

国民总收入提成的原理与增值税类似，也是一个可变的比率，用来保障欧盟的预算平衡机制，国民总收入提成是欧盟最主要的财源。

4. 英国返款

英国返款机制是欧盟预算支出的一部分。根据这部分支出的额度，欧盟向除英国以外的其他成员国摊派费用。

（二）成员国税制协调

欧盟最主要的预算资金来源都是以成员国的税收为核算基础，如何协调成员国之间的税制，使不同国家之间的税收核算基础保持趋同和一致性是关键性问题。对欧盟而言，成员国税制协调的重要性不仅体现在欧盟与成员国的关系层面，更重要的是，在成员国之间，通过税制的协调，能够有效减少由于税收制度差异造成的核算技术性错误，使成员国向欧盟的缴费能真正取决于该国的经济实力，所以税制协调是制度公平的必然要求。

在经货联盟的现行框架下，成员国依然享有财政自主权，欧盟机构层面的预算也无法全部承担成员国财政政策职能；从另一个角度来看，欧盟成员国保留财政自主权，也使其具有了应对欧盟经济不对称冲击的财政工具。

就成员国而言，实施不同财政政策和税收政策会对他国产生外溢效应，会导致要素或资本的流动，对某些地区带来益处的政策可能会对相邻区域产生正外部性或负外部性，可能会造成税收竞争等现象，如果缺乏有效的沟通协调机制就会出现“以邻为壑”或“零和博弈”的局面。

如果欧盟要平衡协调以实现整个区域的福利最大化和资源的有效配置，将公平与效率有机地统一起来，就要在成员国税收制度上进行协调。虽然欧盟认为税制统一是未来的发展方向，但在具体的实践中，欧盟采取了更为务实和谨慎的做法，即允许成员国自行确定本国的税收制度和政策的同时也在《罗马条约》和《马斯特里赫特条约》（以下简称《马约》）中确立了一系列欧盟税收一体化的原则，规定了各成员国税制改革的方向。这些原则主要包括：（1）禁止以税收方式对本国产品提供保护；（2）协调成员国税收立法；（3）消除重复征税；（4）从属原则；（5）一致同意原则。最后两条原则反映出欧盟对成员国的税收主权和税制差异的充分尊重。经过努力，欧盟在2000年底达成税收协议，协议规定：成员国要在2005年以前停止66项税收竞争行为，建立纳税人的信息交换制度[①]。此外，欧盟在关税、增值税、消费税、公司税、社会保障税、金融税制以及反偷税等领域进行了广泛合作制定了一系列制度文件来促进税收制度的趋同[②]。

实施共同关税政策，建立关税同盟，是欧盟发展初期提出的一体化目标

① 包括非居民客户资料、增值税纳税人的增值税年度客户清单等内容。

② 具体规定参照附件二列表。

之一。关税也是欧盟最早实施统筹的税种。共同关税政策主要包括在欧盟成员国国内实行零关税，和欧盟成员国对外实行统一的关税政策。欧盟要求成员国对产品和服务统一实行增值税制度，废除营业税，并按照从属原则的要求，采取属地管理征收税款的方法。废除营业税，在税基、税前扣除额和税率上体现出最大限度的协调。企业所得税和金融税制的趋同，主要是为了促进商事交易，避免或者减少重复征税。

（三）欧盟的预算支出

1. 欧盟预算支出限制

欧盟预算支出限制的规定主要来自预算平衡原则、GNI 比例限制和机构间协定的指导意见。预算平衡原则是强制性规定，GNI 比例可以根据年度经济运行情况进行调节，欧洲议会、欧盟理事会和欧盟委员会共同通过的财政规划是指导性的。

（1）预算平衡原则

预算平衡原则是强制性的。不同于国内预算，欧盟机构本身并不产生收入，它的收入都是基于成员国的贡献。所以如何保证预算平衡，对欧盟而言，是技术层面的问题。欧盟的税收提成比率都是浮动的。欧盟机构预算从制定的那一刻起，就注定是平衡的，无赤字的。

（2）欧盟预算支出不得超过欧盟 GNI 的比例限制

欧盟预算支出不得超过欧盟 GNI 的 1.2% 左右，但这一比例并非恒定不变，在年度预算案中会有明确的规定。欧盟预算对总的支出额度和单个支出类别额度都设置了限制。

（3）机构间协定的指导意见

在欧洲议会、欧盟理事会和欧盟委员会共同通过的机构间协定中，财政规划是专门用来为预算项目设定支出上限的，财政规划属于预算纪律的内容，对欧盟机构预算支出具有指导性。

2. 欧盟机构预算支出重点

欧盟机构预算中用于机构自身的行政和职能性支出占欧盟预算收入的5%，其余约95%用于成员国转移支付和推行欧盟政策。

（1）促进可持续发展

可持续发展支出包括对欧盟竞争力和凝聚力的支出。竞争力支出包括区域和社会发展基金，区域基金对经济发展存在严重障碍地区的基础设施投资，社会发展基金主要用于对人员的投资，提高劳动生产率、改善工作条件、提高劳动技能、促进机会平等。欧盟认为，研究和创新对促进欧盟竞争力的作用最大，对就业和增长尤为重要，促进经济可持续发展。凝聚力支出用于最贫困的地区，对交通、能源和环境基础设施项目进行投资。

（2）保护自然环境

自然资源支出包括支持农村发展和农业支出，援助渔业部门和环境项目支出。环境保护计划往往与可持续发展项下的支出项目进行整合。在发展的同时保护自然环境，强调发展的可持续性。

（3）保障公民权利

欧盟将成员国公民视为欧洲公民，保障他们作为欧洲公民的权利。改善欧盟公民的生活质量，减少重大疾病的发病率，共同应对流行病威胁，同等保护整个欧盟的消费者，促进欧洲语言文化的多样性，鼓励成员国之间的文化交流。公民权支出约占欧盟预算支出的0.5%。

（4）承担全球责任

将欧盟成员国作为一个整体，以欧盟的名义进行人道主义援助、技术援助和发展援助等。强调欧盟整体的全球责任。全球责任支出占欧盟年度预算支出的5%。

（5）支付行政费用

欧盟机构工作人员约为4万名，欧盟拥有5亿公民，机构工作人员与公民的比例相对于国内行政机构要低得多。换句话说，欧盟的行政机构并不臃肿，但是欧盟的官方语言有23种，欧盟所有的官方文件都要用23种语言发布，欧盟的官方网站也有 23 种语言的选项，这部分支出在欧盟行政支出中所占比例非常高。行政开支约占欧盟年度预算支出的 5%。

五、欧盟的预算监管

欧盟预算监管的职能部门有欧盟委员会、欧洲审计院和欧洲议会。其中，欧盟委员会负责执行预算和内部控制；欧洲审计院和欧洲议会承担外部监督职能。

（一）欧盟委员会的内部控制

根据《关于欧洲联盟运行的条约》第 317 条的规定，欧盟委员会负责执行预算，执行欧洲议会和欧盟理事会的预算决议。在实践中，欧盟委员会执行预算还离不开成员国政府的支持。欧盟预算中约有 76% 的支出是通过机构与成员国“共同管理”的方式完成的。

欧盟机构在预算支出的支付环节由财务部门对支出证明文件进行检查，机构内部还有自己的审计部门，对预算支出的正确性进行核实。成员国的审计机构也可能参与欧盟内部控制。

（二）欧盟审计院的独立审计

欧盟审计院是独立的审计部门，对预算支出和收入的合法性进行审计。欧盟审计院通过发布审计报告的形式发挥作用，审计报告有年度报告，也有针对具体政策的专项报告。

六、结语

欧洲一体化始于《建立欧洲煤钢共同体条约》，缔约国有法国、德国、意大利、荷兰、比利时和卢森堡。《条约》于 1952 年开始生效后，欧洲煤钢共同体便作为专门性的国际组织，其预算收入是煤钢生产税和煤钢进口税，具有一般性国家税收的性质，虽然税率比较低，但税收收入是煤钢共同体的自有财源。预算支出主要包括共同体的业务性和行政性支出，还包括对成员国的煤炭钢铁研究与产业技术改造进行拨款。1957年，欧洲煤钢共同体的六个成员国签订了《罗马条约》，组建欧洲经济共同体（EEC）和欧洲原子能共同体。《罗马条约》明确规定了共同体预算程序和共同预算原则条款，指出共同体的预算收入和支出应当实现平衡。1967年，欧洲煤钢共同体、欧洲经济共同体和欧洲原子能共同体合并为欧洲共同体。1970年欧共体通过决议，开始建立共同预算制度、创建自有财源，在欧共体机构层面形成预算收入和支出。但是随着关贸总协定（GATT）关税减让谈判的深入，关税税率不断降低，自有财源也出现了萎缩的趋势。1980年，欧共体第一次采取措施扩大财源，引入成员国一定比率的增值税提成作为自有财源的一部分，增值税提成比率可以被用作欧共体预算平衡的一种工具。1988年，欧共体第二次扩大财源，引入基于国民生产总值（GNP）提成作为自有财源，之后计量基础改为国民总收入（GNI），称为国民总收入提成。欧共体并不直接向成员国公民收缴预算收入，而是由成员国代替欧盟行使这一权力。在欧洲一体化的过程当中，欧盟通过一系列的条约和法案建立起了自有财源，也形成了支出项目。而欧盟的预算政策深受欧洲一体化的影响，预算收入和支出也与成员国的经济状况和财政收入密切相关。

欧盟机构预算的基本原则有六项。一是统一性，统一性原则要求所有共同体的收入和支出必须以一个文件提交。与国内预算法中的全口径预算原则相似，将欧盟的全部预算收入纳入一个统一的管理体系。二是统筹性，统筹性原则是指统筹安排和统收统支，类似于国内预算法中的收支两条线原则。收入不得与支出进行挂钩，某项预算收入不得分配给指定项目的支出，从而发挥欧盟机构的经济调节功能。三是年度性，每年的1月1日到年末的12月31日是欧盟的一个预算年度。年度预算支出和收入针对下一个财年的具体情况编制、审议、执行。四是平衡性，平衡性原则要求欧盟机构层面的预算收入要与预算支出实现平衡。五是特定性，欧盟的预算支出项目不是按照功能进行划分的，而是根据支出目的进行划分，将每一项预算支出分配给特定的目标。六是以欧元为记账单位，这一原则主要是针对非欧元区的欧盟国家而言，欧元与其本国货币存在汇率的换算问题。

欧盟预算包括年度预算和跨年度财政框架，财政框架为欧盟的年度财政支出设置了上限，包括对总的支出额度和单个支出类别的限制。将7个财政年度的预算编制作为一个整体进行审议，再将跨年度预算拆分为7个财政年度具体执行，每个财政年度的预算执行都是中长期预算执行的一部分。因此，欧盟的中长期预算并不是宏观的指引，而是具体的、有执行力的预算法案。

欧盟年度预算编制的动议权归欧盟委员会，决定权归欧洲议会和欧盟理事会。欧盟理事会决定强制性支出，欧洲议会决定非强制性支出。一般在四五月份由欧盟委员会向欧盟理事会提出下一年初步预算草案，草拟完成后，提交欧盟理事会第一次审核。7月份，欧盟理事会对草拟的初步预算进行第一次审核。欧盟理事会经过初步审查并征求欧洲议会代表的意见后，提出修改意见。欧盟理事会对初步草案进行修改之后，初步草案就可以被称为“预算草案”。预算草案送到欧洲议会后，如果欧洲议会批准，那么下一财年的预算法案就算通过。欧洲议会如果对预算草案进行一些修改，提出修改意见，修改后的预算草案需要送到欧盟理事会进行第二次审核。欧盟理事会第二次审核通常安排在11月的第3周，如果欧盟理事会接受欧洲议会所有的修改建议。预算草案即获通过。但如果欧盟理事会对欧洲议会的修改意见持否定态度，则要视情况决定。欧盟理事会对强制性支出具有最终决定权，也就是说，即便欧洲议会没有通过一项义务性支出，提出了修改建议。欧盟理事会也可能通过投票拒绝欧洲议会的修改。而对于非强制性支出，欧盟理事会没有这样的权力。经过欧盟理事会的修改，预算草案被再次送到欧洲议会。欧洲议会有15天时间对预算草案进行二次审查，如果15天内，欧洲议会没有对预算草案表明立场，那么该预算草案视为通过。与上述欧盟理事会的最终决定权相类似，欧洲议会对非强制性支出也有最终决定权。在第二次审核中，如果欧洲议会拒绝整个预算，预算程序就要从头开始。欧盟将采取月度拨款的方式维持欧盟机构的运作，每月拨款额度是上一财年预算总额的1/12。

欧盟预算资金来源主要包括传统自有财源和成员国的缴费。成员国缴费主要是增值税提成、国民总收入（GNI）提成和英国返款。传统财源、增值税提成和国民总收入提成占欧盟财政收入的比例超过95%。欧盟最主要的预算资金来源都是以成员国的税收为核算基础，对欧盟而言，成员国税制协调的重要性不仅体现在欧盟与成员国的关系层面，而且在成员国之间，通过税制的协调，能够有效减少由于税收制度差异造成的核算技术性错误，使成员国向欧盟的缴费能真正取决于该国的经济实力。虽然欧盟认为税制统一是未来的发展方向，但在具体的实践中，欧盟采取了更为务实和谨慎的做法，即允许成员国自行确定本国的税收制度和政策的同时也在《罗马条约》和《马约》中确立了一系列欧盟税收一体化的原则，规定了各成员国税制改革的方向。实施共同关税政策，建立关税同盟，是欧盟发展初期提出的一体化目标之一。关税也是欧盟最早实施统筹的税种。共同关税政策主要包括在欧盟成员国国内实行零关税，和欧盟成员国对外实行统一的关税政策。欧盟要求成员国对产品和服务统一实行增值税制度，废除营业税，并按照从属原则的要求，采取属地管理征收税款的方法。废除营业税，在税基、税前扣除额和税率上体现出最大限度的协调。企业所得税和金融税制的趋同，主要是为了促进商事交易，避免或者减少重复征税。

欧盟预算支出限制的规定主要来自预算平衡原则、GNI比例限制和机构间协定的指导意见。预算平衡原则是强制性规定，GNI比例可以根据年度经济运行情况进行调节，欧洲议会、欧盟理事会和欧盟委员会共同通过的财政规划是指导性的。欧盟机构预算支出的95%用于成员国转移支付和推行欧盟政策。欧盟通过设立专门的基金和账户，促进欧盟成员国可持续发展、保护自然环境、保障欧洲公民的权利、承担全球责任以及支付行政费用。

欧盟预算监管的职能部门有欧盟委员会、欧洲审计院和欧洲议会。其中，欧盟委员会负责执行预算和内部控制；欧洲审计院和欧洲议会承担外部监督职能。欧洲议会行使决算权力。欧盟机构在预算支出的支付环节由财务部门对支出证明文件进行检查，机构内部还有自己的审计部门，对预算支出的正确性进行核实。成员国的审计机构也可能参与欧盟内部控制。欧盟审计院通过发布审计报告的形式发挥作用，审计报告有年度报告，也有针对具体政策的专项报告。

附件一：英国返款机制简介

英国返款机制是欧盟一项固定的财政支出，将英国上缴的预算资金与其获得的欧盟财政拨款差额的66%返还给英国。英国返款给欧共体造成的资金缺口由其他成员国分摊。英国返款是撒切尔政府与欧盟谈判的结果。

（一）英国返款机制产生背景

1. 欧共体的共同农业政策增加了预算负担

共同农业政策制度中与预算支出有关的有三项，一是出口补贴，出口补贴制度是对农产品的出口国进行补贴，适用于大部分的农产品；二是直接补助，补助的对象包括羊肉、油、烟草、棉花等具体的农产品；三是落后地区发展补贴，欧共体将人均国民生产总值不足欧共体成员国平均水平25%的地区称为落后地区。利用欧洲的结构基金，特别是农业指导和保障基金为落后地区采用农业新技术、改善农产品结构、发展非农产业提供资金支持，保护生态环境。补贴政策导致农民不断扩大生产。1980年，欧共体为实行共同农业政策产生的预算支出占到欧共体总支出的73%。除了预算负担沉重外，共同农业政策还为预算支出分配的不公平埋下伏笔。

2. 共同农业政策造成的预算支出分配不公

欧共体预算分配支出不公主要是由预算支出项目重点过于偏向农业政策造成的。1992年改革之前，欧共体的共同农业政策，对于成员国的产业结构调整均造成了一定的不利影响。对农业大国来说，来自欧共体的补贴使农民扩大生产的积极性空前高涨，以期获得更多补贴；恰恰相反，对于农产品进口较多的国家来说，他们上交欧共体的资金被大量补贴给其他国家的农业发展，引起这些国家不满。以英国为例，从1997年开始撒切尔政府提出欧共体应当对英国进行返款。撒切尔政府提出，返款并不是为了从欧共体获得更多的拨款，而是要求欧共体将英国缴纳的资金返还一部分给英国。因为英国的工业化程度比较深，农产品进口很多，所以英国向欧共体缴纳的资金远远超过从欧共体处获得的拨款。德国也存在同样的情况，但德国主张彻底改革共同农业政策，而不是退出欧盟。

3. 英国返款机制的产生

1985年欧共体正式引入英国返款机制，将英国上缴的预算资金与其获得的欧盟财政拨款差额的66%返还给英国。这部分返还的资金被称为“返款”。英国返款给欧共体造成的资金缺口由其他成员国分摊。分摊比例参照每个国家在欧共体全部国民收入所占的份额来确定，德国、荷兰、奥地利和瑞典的分摊份额最高不超过正常上缴资金总额的25%，剩余部分由其他成员国承担。英国返款机制对欧共体的预算政策和成员国之间的利益分配都提出了考验，有学者认为这加深了欧共体成员国之间的不信任感，使成员国对欧洲一体化的进程产生怀疑。

（二）英国脱欧与欧盟预算政策的关系

2016年英国举行全民公决作出退出欧盟的决定，引起舆论一片哗然，虽然《里斯本条约》中有些条款涉及退出欧盟的机制，但制定者也许并未想到这一幕仅在《里斯本条约》生效后7年就变成了现实。欧盟在2004年通过《欧洲宪法条约》，试图将欧洲一体化进程推向更高的层面，条约规定了欧盟的盟旗、盟歌等，欧盟俨然已经呈现出一个国家应有的某些要素。但《欧洲宪法条约》在法国和荷兰的全民公投中被否决，欧盟不得不叫停了对《宪法条约》的推进。虽然1975年时任英国首相的威尔逊也曾通过全民公投的方式对是否退出欧洲经济共同体（EEC）作出决定，但彼时EEC的一体化程度并不能与今天的 EU 同日而语。

与北欧国家类似，英国对于发源于欧洲大陆的欧盟抱有一些怀疑的心理，这种心理在学理上被称为“疑欧主义”。除了地缘上的因素外，历史上英国还在 1959 年联合瑞典、丹麦、挪威、瑞士、奥地利和葡萄牙建立欧洲自由贸易联盟来抗衡欧共体，而非与之合作。1969 年，一直反对英国加入欧共体的戴高乐总统下台，再加上英国对欧洲统一市场的渴望，1973 年英国终于加入欧共体。但英国对欧洲一体化的芥蒂心理并未因此平复。如果不能通过有效且合理的制度安排消除英国的疑欧心理，退出欧盟只是时间问题。英国退欧公投前，退欧派与留欧派的辩论中公布了一些英国负担的欧盟预算款项，但事后被认为“使用了错误的数字”，没有扣减返款。根据第三方机构英国财政研究所的数据，英国每年向欧盟支付的净贡献（net contribution）约为 80 亿英镑。英国每年政府公共开支超过 7000 亿英镑，80 亿英镑虽然仅占到总开支的 1.1%，但脱欧派认为这笔钱投入到国内其他项目上会更有益处。英国民众支持脱欧的原因很多，但可以肯定的是：与难民问题一样，预算摊派费过高是脱欧派所持的重要论据，说服了更多的英国人决定离开欧盟。

附件二：欧盟税制趋同协议进程

税种	协议或制度文件	核心内容
关税	1994 年，欧盟通过并颁布了《关税同盟》。	（1）在欧共体内取消成员国之间商品的关税和限额，实现商品自由流动；共同体以外设立共同关税税率，并执行共同的关税法。 （2）取消所有非关税壁垒、边境税并实现间接税逐步统一税种和税率。

续表

税种	协议或制度文件	核心内容
增值税	（1）1967 年欧盟委员会发布“第 1 号指令”。 （2）1969 年发布“第 2 号指令”，1977 年发布“第 6 号指令”。 （3）1993 年，欧盟达成了增值税总体协议。 （4）目前在起草新的“共同增值税”方案。	（1）要求所有成员国都采用增值税体制，并废除如对营业额征税的其他征税形式。 （2）“第 2 号指令”只是提供了指导性原则，“第 6 号指令”规定各成员国必须遵守该指令所附的增值税法令范本，修改本国的增值税法。 （3）规定成员国可以实行两种增值税税率，即标准税率，最低为 15%；生活必需品税率，最低为 5%。 （4）在税基、扣除额和税率方面体现了最大限度的协调，要求对区域内的纳税人颁发统一的执照，并按照属地管理的原则来征收税款。
消费税	（1）1972 年就对消费税协调发布指令。 （2）1993 年统一欧盟的最低税率。 （3）2002 年欧盟委员会建议对商用柴油统一征收消费税。 （4）2002 年，欧盟委员会建议对汽车综合征税。 （5）2003 年 3 月 20 日，欧盟各成员国就能源产品税指令方案达成一致，并从 2004 年 1 月 1 日起生效。	（1）规定了成员国的征税范围，即只能对烟草、酒精饮料和矿物油品征收消费税。 （2）最低税率每两年调整一次，直到完全接近目标税率。 （3）建议在 2010 年前将此项最低限额（每吨 245 欧元），从 2003 年起提高至 350 欧元，上下偏离不得超过 100 欧元，而后继续缩小偏离数，到 2010 年缩小至 15 欧元，2011 年实现税率的完全统一。 （4）税种包括购车时的注册税、车辆道路税以及对燃油征收的增值税、保险税、登记费、过路费等。 （5）扩大能源产品税的征收范围，从矿物油扩大至煤、气、电等产品；对上述产品在欧盟范围内实行最低税率制度；本规定只适用于用做机器动力或供热的能源产品；允许成员国对柴油实行差别税率；允许成员国在不影响内部市场功能和不产生竞争扭曲的情况下实行减免税。

续表

税种	协议或制度文件	核心内容
公司税	(1)1990年针对公司税发布了两个条例和一个公约。 (2)2001年10月，欧盟部长理事会通过了《欧洲公司法》。	(1)《公司兼并条例》对跨国兼并资本收益的延迟纳税进行了规定;《母子公司条例》规范了不同国家的母子公司之间进行利润分配时的税收抵扣和减免;《仲裁公约》则致力于消除关联企业的双重征税问题。 (2)允许欧盟成员国的公司可以注册成为“欧洲公司”，欧洲公司享有与跨国公司一样的税收待遇，从而有利于欧洲企业进行资产重组和调整、降低经营成本。
金融税制	目前欧盟已就储蓄利息税达成初步协议。	要求各成员国将对非居民征收的储蓄利息税按一定比例转移给其母国，并加强税收情报的交换制度，强调相互交换非居民详细的经济信息情报。
社会保障税	政府担当社会保障的主要职责，向公民提供普遍的社会保障服务，消除各成员国社会保障制度的差异对劳动力流动的阻碍，鼓励区域内劳动力的自由流动。	建立单一退休金制度的目标，要在欧盟内实行统一的退休金制度，并着手研究解决跨境的退休金问题。
反偷税协调	建立单一退休金制度的目标，要在欧盟内实行统一的退休金制度，并着手研究解决跨境的退休金问题。	规定偷税为刑事犯罪行为，偷税者必须承担相应的法律责任，从而统一了各成员国在反偷税上的立场和法律尺度。

欧盟成员国之间的财政趋同是欧盟财政政策协调的第二个层面的内容，与欧盟机构层面的预算协调相比，成员国之间的财政趋同更加复杂，难度也更大。欧盟为推行统一货币，在1992年的《马斯特里赫特条约》中规定了五项趋同标准，其中与财政趋同有关的有两项。这两项标准是欧盟成员国财政趋同的基础。此后，伴随着金融危机、债务危机的困境，欧盟在这两项标准的基础上不断修正和完善其财政趋同政策，促进成员国财政一体化的发展。

第二节 欧盟成员国之间的财政趋同研究

一、财政趋同提出的背景及其重要性

欧盟成员国之间的财政趋同最早是作为共同体成员国进入欧洲经济和货币联盟第三阶段[①]的门槛提出的。进入第三阶段的国家，统一使用新货币欧元，本国国内货币政策的制定权移交给欧洲央行。

（一）经济联盟的特殊性

经济联盟的制度安排不同于货币联盟，其特点是：首先，经济联盟没有要求共同体成员将经济政策制定权移交欧共体，只是规定成员国有义务将经济政策视为“关系共同利益的事项”对待并在理事会的框架内进行合作；其次，经济联盟中不存在类似于货币联盟中的欧洲中央银行的专门机构，欧盟层面的合作在现有机构设置上发挥作用；最后，经济联盟对成员国财政政策的协调主要体现在债务和赤字上的约束。

（二）财政趋同的重要性

财政政策的分散和货币政策的集中从根本上导致这样一种局面——欧元区国家能否实行稳健的预算政策是欧元货币稳定的关键。这是因为如果欧元区内个别国家实行扩张性预算政策，导致该国政府赤字率和债务率上升，很可能引发整个欧元区范围内的利率上升和欧元升值。为了防止私人投资的挤出效应对欧元区其他国家经济发展带来不良影响，欧洲央行面临增发货币和

① 欧洲经济和货币联盟第三阶段是指确定欧元区成员国本国货币兑欧元的永久汇率，欧元成为欧元区的法定统一货币，成员国之间中央银行货币交换按照固定汇率进行，成员国以欧元为单位发行国债。

降低利率的强大压力，不得不放松银根。而扩张性的货币政策又很容易导致欧元区内的通货膨胀以及欧元的对外贬值。因此，多个财政当局和一个货币当局反而使得财政政策的重要性更加突出，如何加强财政合作、强化财政纪律是摆在欧盟经济发展面前最重要的问题。欧盟成员国的财政趋同，或者说财政一体化是欧盟经济一体化的组成部分，从立法视角可以讲欧盟财政一体化过程分为三个阶段。从财政趋同标准的提出到欧元区成立之前，是欧盟财政一体化发展的第一阶段。从欧元区成立到金融危机之前，是欧盟财政一体化发展的第二阶段。金融危机发生至今是欧盟财政一体化发展的第三阶段。

二、财政一体化进程第一阶段

从财政趋同标准提出到欧元区成立之前，是欧盟财政一体化发展的第一阶段。这一阶段的主要特点是，欧盟开始注意到财政趋同的重要性，在条约中提出了财政趋同的标准，制定了财政政策的基本框架。

（一）财政趋同标准诞生背景

1970 年以后，欧洲煤钢联营、原子能条约及欧共体等开始提出财政一体化推进问题，1992 年的《马约》提出欧洲联盟有三大支柱：经济与货币联盟、共同外交和安全政策、司法和警务合作。根据《马约》的规定，欧洲经济货币联盟的最终目标是建立欧洲中央银行并用统一的欧洲货币取代各成员国货币，建成单一货币市场。这一进程分三个阶段进行。第一阶段从 1991 年 7 月 1 日开始，主要任务是争取所有成员国货币加入欧洲货币体系汇率机制，取消外汇管制，实现资本自由流动。第二阶段从 1994 年开始，其任务是要实现各成员国的“经济聚合[①]”，为第三阶段做准备。第三阶段从 1997 年开始，是最后阶段，其任务是最终实现统一货币和建立独立的欧洲中央银行体系。根据

① 经济聚合是指通货膨胀、利率和财政稳定性方面较差的成员国应当接近较好成员国的水平。

协议规定，在1996年底以前必须对各国经济运行状况进行审查。如多数国家不能达到经济聚合的标准，则第三阶段推迟到1999年初开始，届时由达标国家实行统一货币，而没有达到聚合标准的成员国将被暂时排除在欧洲经济货币联盟第三阶段之外，即不能将它们的旧货币兑换为欧元并对所有商品和服务以欧元标价，但以后可在达标时随时加入。

此三个阶段中，第二阶段是关键。由于当时欧共体内部经济发展不平衡，各国经济和财政政策也不一致，在欧共体中具有重要影响的德国认为，如果在这种情况下匆忙进入联盟最后阶段，不但难以实施统一的经济货币政策，而且很可能弱国拖累强国。因此，德国竭力主张在步入联盟最后阶段之前，成员国必须实现所谓“经济聚合”，达到相应标准才有资格加入联盟，并一再强调这是德国接受联盟的核心条件。当时虽然某些南欧成员国，如意大利、葡萄牙、希腊对此颇不情愿，担心可能被长期排除在经济货币联盟之外，但由于德国的坚持和其在联盟中举足轻重的地位，同时这一主张客观上符合走向联盟聚合的实际需要，因此最终为大多数成员国所接受。为此，《马约》规定，在最终步入经济货币联盟最后阶段之前，成员国应当实现“经济聚合”，“马约标准”由此诞生。“马约标准”规定了五项趋同标准，其中与财政趋同有关的两条红线是政府财政赤字不得超过GDP的3%，累积债务（public debt）规模不得超过GDP的60%。

（二）立法进展

1.《稳定与增长公约》的制定背景

随着欧盟统一市场的建立，作为欧洲经济火车头的德国意识到成员国财政政策对欧盟经济发展的影响，如前所述，欧盟成员国根据本国的财政收入情况向欧盟上缴预算资金，欧盟预算资金70%以上的收入来自成员国GNI（国民总收入）的提成，德国每年都是欧盟“纯贡献国”，从欧盟的支出项目重点也可以看出，对于最不发达地区和有严重经济发展障碍的地区，欧盟都成立专门基金进行专项补贴。换句话说，德国每年都在用本国纳税人的钱去补贴欧盟其他国家。所以，在 1995 年 11 月 10 日，德国联邦财政部提议制定稳定公约。1997 年 6 月 17 日，欧洲理事会在阿姆斯特丹作出决议，要求根据基础条约中关于经济政策的条款加强调控，执行《马约》提出的赤字与债务限制。

欧盟成员国形成了财政政策基本框架——《稳定与增长公约》。《稳定与增长公约》包括三个文件：一是《欧洲理事会在阿姆斯特丹关于稳定与增长公约的决议》[Resolution of the Amsterdam European Council on the Stability and Growth Pact，以下简称《阿姆斯特丹决议》]；二是 1997 年 7 月 7 日的颁布的《欧洲理事会对预算状况、财政政策加强监督与协调的规定》[COUNCIL REGULATION①（EC）No 1466/97 of 7 July 1997 on the strengthening of the surveillance of budgetary positions and the surveillance and coordination of economic policies，以下简称《1466/97 号规则》]；三是《欧洲理事会关于阐明和加快实施超额赤字程序的规定》(COUNCIL REGULATION (EC) No 1467/97 of 7 July 1997 on speeding up and clarifying the implementation of the excessive deficit procedure，以下简称《1467/97 号规则》)。

《稳定与增长公约》构建的基本框架主要包括三个方面内容，一是允许成员国正常的周期性波动，但应当遵守红线的标准要求；二是要求成员国制定平衡或略有盈余的中期预算目标；三是超额赤字程序。这一框架是相对完整的一个财政政策体系，在提出财政目标后，既有预防措施，又有纠正程序，通过"软硬兼施"的方式来保障执行。

《稳定与增长公约》重申了成员国对财政纪律的承诺，引入"平衡或略有盈余的中期预算目标"，允许成员国在保持政府财政赤字不超过 3% 的红线内存在正常的周期性波动，形成了欧盟成员国财政政策的基本框架。《1466/97 号规则》与《1467/97 号规则》是欧盟财政约束政策的核心，分别于 1998 年 7

① 在欧盟法律体系中，法规（regulation）是最严格的形式，成员国无需内国化即可直接适用。这一法律形式的使用表示欧盟内部的高度共识。

月 1 日和 1999 年 1 月 1 日生效。前者规定协调、监督预算和经济政策的“软法”，发挥预防功能（preventive arm）；后者规定了对违反预算政策的“硬性”惩罚措施，发挥纠正功能（corrective arm），通过巩固多边监管来促进成员国遵循接近平衡或略有盈余的中期预算目标。

2.《阿姆斯特丹决议》强调共同但有区别的责任

《阿姆斯特丹决议》确立了《稳定与增长公约》的政治基础，为欧盟成员国、欧盟理事会和欧盟委员会及时和严格实施公约提供了政策方针指导，对成员国进入经济和货币联盟第三阶段提出财政要求。《阿姆斯特丹决议》对成员国、欧盟理事会和欧盟委员会提出了共同但有区别的责任。共同之处体现在成员国政府、欧盟理事会和欧盟委员会对于欧盟经济政策的贯彻和实施承担共同的责任，但是在具体执行的分工上，各有侧重和不同。成员国除了遵守平衡或略有盈余的中期预算目标外，还应当配合理欧盟理事会和欧盟委员会对欧盟经济政策的协调、监督工作。

成员国的责任包括：（1）应主动公开理事会向其提出的建议；（2）为实现中期经济发展稳定规划或中期经济发展趋同规划目标，承诺采取其认为必要的纠正性预算措施；（3）接到超额赤字风险指示时，进行预算调整；（4）出现超额赤字后，尽快进行纠正；（5）当国内生产总值出现 0.75% 至 2% 的负增长时，财政赤字超过 3% 的情况不得援引异常性（exceptional nature）条款的规定[①]。

欧盟理事会权限包括：（1）严格实施《稳定与增长公约》；（2）按照《1467/97 号规则》消除超额赤字期限的规定，敦促成员国采取必要措施；（3）对未能按照规定消除超额赤字的成员国进行制裁；（4）书面说明不对超额赤字成员国进行制裁的原因。

欧盟委员会有以下权限：（1）将根据条约规定的方式行使其建议权，以

---

① 高于 3% 的财政赤字存在三种例外情形：异常性、暂时性、接近性。重大异常事件如自然灾害、战争和超过 2% 的 GDP 负增长才被视为“异常”。下文有详述。

严格、及时和有效运作《稳定与增长公约》;(2)在成员国发生超额赤字风险或出现超额赤字时撰写报告;(3)如果认为成员国的超额赤字属于豁免情形且与经济财政委员会[①]的意见不同，应向理事会提交书面说明;(4)协助理事会判断成员国是否存在超额赤字。

3. 制定中期预算目标

根据《1466/97号规则》第二、三部分的规定，欧盟成员国应当制定中期经济发展稳定规划（由欧元区成员国制定）或中期经济趋同规划（由非欧元区成员国制定），确定实现中期财政预算目标的时间表，争取在较短的时间内实现预算接近平衡或略有盈余。中期经济发展稳定规划与中期经济趋同规划的内容略有不同。中期经济发展稳定规划应当包括如下内容:(1)上一年度、当年和今后三年经济预期增长的总体设想和影响经济增长的因素分析（如政府投资、实际GDP增长率、就业水平、通货膨胀率等);(2)经济增长目标与具体措施;(3)中期预算目标以及具体措施;(4)经济预期目标对预算和债务的影响等。除了上述内容外，中期经济趋同计划还应当包括中期货币政策目标，以及货币与财政政策目标对物价和汇率稳定性的影响。成员国应在每年三月份前将规划报告提交欧盟委员会和欧盟理事会进行审议。

欧盟委员会根据欧盟理事会通过的《成员国和共同体经济政策指导大纲》[②]对成员国的规划报告进行审议并提出修改意见，最后由欧盟理事会批准。在预算执行过程中，欧盟委员会负责监督成员国财政预算执行情况和债务变化情况，监测财政赤字的变动。如果某一成员国可能或已经发生超额赤字风险，欧盟委员会应撰写有关该国经济和预算的报告，欧盟经济财政委员

---

① 经济财政委员会是欧盟理事会的咨询机构，由各成员国、欧盟委员会和欧洲中央银行各指定两名代表组成，其主要任务是对成员国和整个欧盟的经济、财政、金融状况进行密切的监视，定期向欧盟理事会和欧盟委员会报告其监测和评审结果，参加欧盟理事会有关文件的起草和准备工作。

②《成员国和共同体经济政策指导大纲》是欧盟经济和财政政策的重要文件。根据《马约》的规定，欧盟委员会负责每年制定一个《成员国和共同体经济政策指导大纲》，欧盟理事会批准通过。《成员国和共同体经济政策指导大纲》不仅对上一年成员国实施纲要的情况进行全面评估，而且根据欧盟委员会对当年成员国和欧盟经济发展前景所作的预测，提出欧盟和成员国经济政策的目标、任务和要求。

会就报告提出意见后，提交欧盟理事会和该成员国政府。欧盟理事会在接到欧盟委员会有关成员国财政赤字可能超过或已经超过3%上限的报告后，必须在三个月内就该成员国是否存在超额财政赤字做出决定。欧盟理事会一旦确认某成员国已经存在超额财政赤字，应当向该国提出在一定期限内进行纠正的建议。一般情况下，成员国必须在四个月内采取有效措施以消除超额赤字，欧盟理事会的建议不对外公开。若成员国没有在规定的时间内执行欧盟理事会的建议，欧盟理事会将再次向该国提出迅速纠正的建议，并将纠正建议公开。如果成员国仍不执行，欧盟理事会有权决定对该成员国进行惩罚。

4. 执行超额赤字程序

《1467/97号规则》如其名称所言，主要包括两部分内容，一是如何定义“超额财政赤字”；二是如何执行超额财政赤字程序。《1467/97号规则》通过负面列举的方式，规定了超额财政赤字的三种例外情形。一是异常性例外，指不受成员国控制的突发性事件引起的，并对政府的财务状况产生影响，或因异常严重的经济衰退所引起的财政赤字；二是暂时性例外，指成员国的赤字率暂时高于3%，“暂时”意为时间的有限性；三是接近性例外，指成员国的赤字率略高于3%，但有持续、明显下降的趋势，且不断接近3%。《1467/97号规则》将国内生产总值出现2%以上的负增长定义为异常严重经济衰退，此时该成员国可以免于处罚；将0.75%至2%的负增长定义为严重经济衰退，此时该成员国可以申请异常性豁免，但是否得到批准应由财长会议作出裁决；当经济负增长低于0.75%时，成员国不得申请异常性豁免，但可能存在其他两种豁免情形。对于暂时性例外和接近性例外中的“暂时”“略高”等，《1467/97号规则》没有给出明确的定义。判断成员国是否出现超额财政赤字，欧盟应当使用该成员国下半年的统计数据。一旦确定某成员国存在超额财政赤字，该国需在一年内纠正，再加上审议和决策时间，成员国的超额财政赤字一般可以持续两年。如果两年后仍存在超额财政赤字，就要面临惩罚。罚金由固定部分和附加部分两部分组成，固定部分相当于其国内生产总值的0.2%，附加部分则按当年财政赤字占国内生产总值的比例超出3%

的部分的 1/10 计算，最高罚金不会超过国内生产总值的 0.5%，具体数额由欧洲中央银行、欧盟财长会议和接受惩罚的成员国协商确定。

三、财政一体化第二阶段

从欧元区成立到金融危机之前，是欧盟财政一体化发展的第二阶段。

（一）立法背景

在这一阶段，欧盟面临的情势发生了根本性的变化，一是因为欧元的发行。在欧元流通之初，成员国国内经济表现出一定的不适应，使得他们无法达到《稳定与增长公约》的要求。二是因为欧盟东扩，吸收了一些苏联成员国，发达的西欧国家与东欧新兴市场之间的差距类似于 NAFTA 中的美国和墨西哥。毫无疑问，新成员国的加盟，使欧盟的统筹协调工作变得更加艰难。

1. 欧元区财政状况难以达标

在 2002、2003 两个财年，德法两国赤字纷纷突破了 3% 的警戒线。欧盟委员会试图通过超额赤字程序对其进行惩罚。但在当年的欧元区 12 国财长会议上，德法联合意大利、卢森堡、葡萄牙以有效多数票表决机制冻结了惩罚程序。2004 年，欧洲法院在取消冻结程序时指出各国政府有权根据本国的经济运行情况制定经济政策。这个耗时一年半的裁决对德法并未产生实质性影响，而且到了 2004 年，两国财政赤字规模进一步扩大。

2. 欧盟新成员国财政状况对赤字需求过大

2004 年 5 月 1 日，中东欧 10 个候选国正式成为欧盟成员国。新成员国人均年收入低于 2 万美元，与欧盟发达国家（如卢森堡）相比存在很大差距，加剧了欧盟财政一体化进程的难度。新加入欧盟的成员国大部分属于新兴市场国家，经济增长速度较快，但财政赤字相对较大。这与欧盟降低赤字率的发展目标是相悖的。这 10 个新成员国在当时还都不是欧元区国家，因此，欧盟的制裁方式只能是“警告”“建议”，而无法进行罚款。

3. 单一的货币政策与分散的财政政策之间协调困难

根据《马约》的要求，欧元区实行单一货币政策和利率标准，但各国经济发展水平不同，通货膨胀率越高的国家，实际利率也就越低，市场上的货币量涌入也就越多，导致物价难以稳定，影响到整个欧盟的经济再发展。欧盟成员国政府调控宏观经济的手段极为有限，仅有的财政政策受到《稳定与增长公约》的限制。经济一旦受到下行压力，各国为了维护本国经济利益，对几无惩罚后果的《稳定与增长公约》之违反似乎是必然选择。

（二）立法应对

为了改变上述状况，2005 年 3 月 20 日，欧盟经济财政理事会（ECOFIN）就修订《稳定与增长公约》达成政治协议。2005 年 7 月 7 日，欧盟理事会通过《欧洲理事会修订第 1467/97 号对预算状况、财政政策加强监督与协调的规定》[COUNCIL REGULATION (EC) No 1055/2005 of 27 June 2005 amending Regulation (EC) No 1466/97 on the strengthening of the surveillance of budgetary positions and the surveillance and coordination of economic policies，以下简称《1055/2005 号规则》] 与《欧洲理事会修订第 1467/97 号关于阐明和加快实施超额赤字程序的规定》[COUNCIL REGULATION (EC) No 1056/2005/of 27 June 2005/amending Regulation (EC) No 1467/97 on speeding up and clarifying the implementation of the excessive deficit procedure，以下简称《1056/2005 号规则》]，旨在强化原有规则的经济合理性，以使其更为有效。

1. 提出差异化的中期预算目标

《1055/2005 号规则》着重对《稳定与增长公约》预防功能的修订，主要包括两方面内容。第一，针对各国预算状况给出差异化的中期预算目标，为欧盟新成员国与处于经济滞缓中的成员国提供了缓冲余地。第二，完善了欧盟理事会对成员国中期预算目标及具体措施的审议要求。

《1466/97 号规则》仅宽泛地要求欧盟理事会对成员国中期预算目标是否有利于财政协调进行审查，而《1055/2005 号规则》对其进行细化，明确以国民生产总值的0.5%为基准，审议成员国周期性调整平衡、一次性净额和其他临时措施；要求欧盟理事会针对成员国预算暂时性不平衡的情况，考虑该国是否正在实施重大结构性改革；另外，多支柱系统的养老保险改革也被纳入理事会的审议范围中，由于这类改革引发的预算支出增加将不被认定为赤字。

2. 改善超额赤字程序

《1056/2005号规则》提出了“例外情形”“其他相关因素”和“纠正超额度赤字的期限”等条款以改善“纠正功能”。第一，在出现经济负增长、债务累积导致财政赤字的情况下，规则将考虑是否属于例外情形。第二，“相关因素”引入审议过程，使赤字判定更具灵活性。欧盟委员会、理事会审议时，应考虑与中期预算目标及预算状况相关的所有因素，还应考虑多支柱系统的养老金改革对预算产生的影响。第三，该规则也整体延长了超额赤字程序纠正的相关期限：理事会审议期限由三个月延长至四个月；成员国采取有效措施的期限由四个月延长至六个月；理事会发出纠正通知的期限由一个月延长至两个月；理事会制裁决定期限由两个月延长至四个月；制裁实施期限由十个月延长为十六个月；另外，如果没有意外情况，成员国可将超额赤字程序纠正期限延长一年。

四、财政一体化第三阶段

金融危机发生至今是欧盟财政一体化发展的第三阶段。实际上，从欧盟东扩到2008年以前，伴随着欧洲一体化进程的推进，以及各种资源要素在欧洲之间的流动，充分发挥了各国的比较优势，贸易往来增加，大部分欧洲国家实现了经济稳步增长，欧元区内的价格和统一汇率也维持了相对的稳定状态，欧盟作为当时世界第一大经济体，整体保持2%的增长速度。但在2008年金融危机的冲击之下，欧盟各国在不同程度上出现财政危机或困境，欧盟的财政治理缺陷开始暴露出来。这一阶段给欧盟带来的挑战是：一旦面临危机，欧盟该如何应对？

（一）立法背景

1. 作为一个超国家组织，欧盟过于强调各成员国财政趋同，对内部成员国之间的“结构性差异”没有产生足够重视，忽视了各国之间经济发展水平不均衡的客观情况。

2. 为了保证欧洲央行的独立性，防止财政政策对货币政策稳定性产生影响，早在《马约》中欧盟就规定“成员国政府不得向央行借款”的不救助（No bailout）原则[①]，使各国抵御经济危机的能力下降。

3. 欧盟新成员国在获得“入盟外部性福利”的同时，人力资源流动更为自由也使其损失了一部分高素质劳动力，产业结构调整与升级变得更加困难。

4.《稳定与增长公约》在经过 2005 年修订之后，不管是对欧元区还是对非欧元区国家来说，监管仍然浮于形式，尤其在法德两国违约而未受到惩罚后，欧盟财政约束的信度降低。欧元区政府平均累积负债水平、赤字水平在 2008 年以前长期维持在 70%、2%。

（二）欧盟财政立法进展呈现出新的特点

金融危机及其后的欧债危机是欧盟财政一体化进程中重要的转折点，欧盟财政立法进展呈现出新的特点：

1. 欧盟财政趋同改革的重点发生变化。金融危机之前，欧盟财政改革致力于细化制度本身的规定，提高其效率并贯彻实施；但在之后，欧盟更多开始考量制度本身的合理性，尤其是客观经济环境的变化对制度产生的冲击和影响，不断进行修正。例如《稳定与增长公约》要求成员国遵守中期预算目标，中期预算目标是以一国经济状况为基础设定的，但在成员国政府对本国

---

① 随着欧债危机不断深化，不救助原则被打破。2010 年欧盟与 IMF 特设“欧洲金融稳定工具”（European Financial Stability），为危机国提供支持。主要措施包括贷款、预防性信用额度、金融机构资本重组贷款等。同时成立了面向全体成员国的“欧洲金融稳定机制”（European Financial Stabilization Mechanism）。

经济调控措施及力度有限的情况下，目标遵守实然“力不从心”。

2. 欧盟对财政政策的改革进程明显加快。迄今为止，欧盟已经有 28 个成员国，是全世界政治、经济一体化程度最高的组织。欧盟机构与成员国之间权责的划分、欧盟各成员国之间[①]的平衡与制约，要在众多成员国之间达成一致绝非易事。

（1）欧盟在 2010 年修订《稳定与增长公约行动准则》，决定从下一财年起引入“欧洲学期”（European Semester），指导成员国预算及财政政策。

（2）2011 年施行《六部立法》（Six Pack），包括五个欧盟法规（Regulation）和一个欧盟理事会指令（Directive）。

（3）2013 年欧洲议会和欧洲理事会出台并实施《加强欧元区金融稳定的 2013/472 号条例》《规范预算草案监督与超额赤字纠正程序实施的 2013/473 号条例》[REGULATION (EU) No 472/2013 OF THE EUROPEAN PARLIAMENT AND OF THE COUNCIL of 21 May 2013 on the strengthening of economic and budgetary surveillance of Member States in the euro area experiencing or threatened with serious difficulties with respect to their financial stability、REGULATION (EU) No 473/2013 OF THE EUROPEAN PARLIAMENT AND OF THE COUNCIL of 21 May 2013 on common provisions for monitoring and assessing draft budgetary plans and ensuring the correction of excessive deficit of the Member States in the euro area，以下简称《两部立法》（Two Pack）]。

3. 除了通过立法进行财政约束外，各国签署的“政治协议”（Treaty）、欧盟理事会的“指导性意见”（Guidance）、“立法审查”（Review）等补充性规定越来越多。这些规定或条约虽然不经过欧盟立法程序产生，也不具有法律效力，但在欧盟之外开辟了一条协同规范财政政策的路径。

（1）2014 年欧盟签署《经济货币联盟稳定、协调与治理条约》（Treaty

① 由于欧盟各成员国之间经济发展水平各异，如何避免强国、大国把持欧盟，在实现公平的同时提高效率始终是欧盟需要解决的重要议题。

on Stability, Coordination and Governance in the Economic and Monetary Union, TSCG，以下简称《财政契约》[①]）。

（2）2014年11月底，欧盟理事会以报告形式对《六部立法》《两部立法》的实施效果进行审查，对各国在实施过程中存在的问题进行评估，总结经验教训。

（3）2015年，欧盟委员会发布通讯，就如何在《稳定和增长公约》现有框架下增强灵活性发表意见。

（三）欧盟在新阶段采取的预算控制措施

欧盟成员国受到金融危机影响，经济状况恶化；欧债危机波及希腊、葡萄牙等重债国，政府赤字不断扩大。预算作为政府的"钱袋子"，欧盟高度重视，在财政政策协调问题上开出一剂剂药方，加强预算监管，减少赤字。

1. 引入欧洲学期制度捍卫"欧盟预算利益"

2011年开始，欧盟通过设立欧洲学期制度使欧盟理事会和欧盟委员会在成员国的预算准备阶段就参与其中，指导成员国的预算及财政政策；通过增加高层会面与磋商讨论，避免各国各自为政的情况发生，核心在于捍卫"欧盟预算利益"。欧洲学期制度类似于联邦国家的预算编制程序：预算权力掌握在各成员国政府和议会手中，但欧盟可以通过欧洲学期制度协调、牵制成员国的预算计划。

欧盟每年年初发布的《年度增长调查报告》（Annual Growth Survey），是欧盟委员会对成员国国内经济增长与改革状况的评估报告；欧盟理事会则根据《年度增长报告》，将欧盟作为一个整体、成员国作为个体确定联盟经济战略及优先事项，突出预算重点，对成员国的财政政策、结构改革和经济增长提出指导意见。根据《稳定与增长公约》的要求，成员国于4月份开始起草中期预算方案时，需要参照欧盟委员会和欧盟理事会的建议。欧洲统计局同

---

① 除英国和捷克外，当时的25歌欧盟成员国领导人签署，属于协议性质，非经欧盟立法程序产生。

时公布上一财年债务与赤字数据，检查成员国的财政政策执行结果。5月至6月份，欧盟委员会对成员国的预算法案提出指导建议后，再由欧盟理事会对其进行讨论和审议。如果成员国没有采纳并执行欧盟的指导建议，欧盟委员会有权对其发出警告。10月份，成员国向欧盟委员会提交预算草案。欧元区预算草案提交欧元区财长会议进行讨论，12月份，欧元区成员国根据欧盟委员会及财长会议的建议最终确定预算草案内容。

欧洲学期制度的主要意义在于加强成员国之间的信息交流和沟通，深化欧盟机构对成员国财政政策制定的参与程度，维护欧盟的整体利益。

2. 改革超额赤字程序

1997年的《稳定与增长》公约诞生之时，划定两条红线，对财政赤字水平和累积债务水平进行限制：债务（public debt）规模不得超过GDP的60%；政府财政赤字不得超过GDP的3%，但缺乏有效的约束机制。2005年，随着欧元的流通和一些国家短视财政行为带来的影响开始涌现，欧盟对《稳定与增长公约》进行灵活性调整，放松了财政要求，成员国陷入“惯性超额赤字”困境。

危机发生后，《六部立法》出台，其中四部是为强化《稳定与增长公约》的预算控制力度。

（1）增加政府债务衡量指标，将成员国政府的中期债务状况、变化情况、可持续性和风险因素等纳入考核范围。

（2）增加超额赤字程序的触发原因。除了赤字超过GDP的3%可能引发超额赤字程序外，在债务危机严峻的背景下，欧盟新增一项规定：在综合考虑成员国经济状况，并排除例外情形的前提下，如果一国累积债务水平超过其GDP的60%，且无法按照每年5%的速度降低，即使其政府财政赤字不足3%也可能引发超额赤字程序；如果不能在3年缓冲期内降低债务水平至60%，成员国须缴纳相当于其上年GDP的0.2%的无息保证金。

3. 加强预算监管程序，增加成员国财政透明度

为防止过度举债，欧盟要求成员国的财政收入与其支出相适应，采用可

支配收入净支出分析法对成员国的中期财政预算目标进行分析与评估，评估内容包括预算草案经济假设的合理性、宏观经济政策的可行性等。为保证评估基础的真实性，欧盟要求成员国预算草案的经济数据必须对外公开，增强社会监督，强化预算透明度。一旦出现债务指标、赤字水平和基础数据不真实的情况，欧盟理事会有权对成员国进行罚款。

五、欧盟财政一体化改革前景

危机之后，不论是欧盟通过立法程序制定的法规，还是各成员国之间通过各种形式达成的条约，都在一定程度上对欧洲各国经济及财政状况的改善发挥了作用。从现实层面观察，欧债危机主要在爱尔兰、希腊、西班牙、葡萄牙、意大利蔓延；欧盟整体财政赤字水平和债务水平也并不高于同期的美国、日本。面向未来，欧盟可以不断改善其财政治理，早日实现财政一体化。

（一）提高欧盟财政约束的公信力和可靠性

欧盟在财政治理上，大部分立法都是以法规（regulation）的形式通过的，成员国无需经过国内程序审批即可直接适用，这表示欧盟内部在财政问题上达成的高度共识。但在执行层面，财政约束始终停留在“软法”领域。21世纪初，德法两国为了达到《稳定与增长公约》的要求，冲刺进入经货联盟第三阶段，采取了一系列短期行为，如延缓支付养老金、削减社保支出、出售国有资产弥补财政赤字等，在2002、2003两个财年，德法两国纷纷突破了3%的警戒线。欧盟委员会试图通过超额赤字程序对其进行惩罚，但德法联合意大利、卢森堡、葡萄牙通过表决冻结了惩罚程序。这一事件，极大削弱了欧盟机构法规的公信力，产生不利影响。经过2005年的灵活性调整，缺乏惩罚机制的《稳定与增长公约》在实质上已经形同虚设。如何在执行层面提高财政约束力，是欧盟在后危机时代，亟需解决的问题。

（二）平衡欧盟扩张与欧盟财政一体化之间的关系

欧盟成立以来，一直以极快的速度扩张着。28 个成员国之间经济发展水平、政治形势、文化传统各有差异。平衡成员国之间、欧盟机构与成员国之间关系越来越困难。在发展水平差异如此大的成员国之间加强财政趋同不符合最优货币区理论的要求，对于欧盟来说也绝非易事，财政约束的标准和机制都受到影响。新成员国人均年收入低于 2 万美元，与欧盟发达国家相比存在很大差距，加剧了欧盟财政治理的难度。新加入欧盟的成员国大部分属于新兴市场国家，经济增长速度较快，但财政赤字相对较大。新兴市场国家往往需要宽松的财政政策刺激经济，这与欧盟降低赤字率的发展目标是相悖的。新成员国的加入，无疑放慢了欧盟的财政一体化速度。这对欧盟来说是一种妥协，也是欧盟未来发展需要考量的重要因素之一。

（三）处理好财政政策与货币政策之间的关系

在一个统一的货币当局与数个分散的财政当局之间，货币政策与财政政府不对称几乎是必然的结果。现有的财政政策约束目标之一是保持欧洲央行的独立性，但货币政策却没有反过来对财政政策给予配合。欧洲央行的货币政策目标是维持价格稳定，而非经济增长、充分就业，而失业率、货币存量等对于财政政策来说又是极为重要的影响因素，成员国各自为政的财政政策将危及或者已经危及了欧元稳定的基础。在欧盟大部分成员国都处于“超额赤字程序”的情况下，一味强调严格的财政约束指标是没有意义的。至少欧盟国家需要先从财政泥潭中挣脱出来，才能再考虑趋同问题。有学者预言，未来欧盟将实现税收统一、建立起财政转移支付制度的财政联盟，这是一种理想化的联邦财政制度，也是欧盟财政一体化的目标，但鉴于目前的状况来看，这一构想还为时过早。不过必须承认的一点是欧盟这一区域合作制度的有效性，以及面对困境及挑战时，欧盟总能即时对自身机制进行反省，并不断完善。

六、总结

欧盟成员国之间的财政趋同最早是作为共同体成员国进入欧洲经济和货币联盟第三阶段的门槛提出的，进入第三阶段的国家，统一使用新货币欧元，本国国内货币政策的制定权移交给欧洲央行。财政政策的分散和货币政策的集中从根本上导致这样一种局面——欧元区国家能否实行稳健的预算政策是欧元货币稳定的关键。如何加强财政合作、强化财政纪律是摆在欧盟经济发展面前最重要的问题。欧盟成员国的财政趋同，或者说财政一体化是欧盟经济一体化的组成部分，从立法视角可以讲欧盟财政一体化过程分为三个阶段。

从财政趋同标准的提出到欧元区成立之前，是欧盟财政一体化发展的第一阶段。这一阶段的主要特点是，欧盟开始注意到财政趋同的重要性，在条约中提出了财政趋同的标准，制定了财政政策的基本框架。基本框架主要包括遵守红线的标准要求但允许正常的周期性波动，平衡或略有盈余的中期预算目标和超额赤字程序。这一框架是相对完整的一个财政政策体系，在提出财政目标后，既有预防措施，又有纠正程序，通过“软硬兼施”的方式来保障执行。

从欧元区成立到金融危机之前，是欧盟财政一体化发展的第二阶段。在这一阶段，因为欧元流通和欧盟东扩，欧盟面临的情势发生了根本性的变化，通过对《稳定与增长公约》的修订，提出了差异化的中期预算目标，针对各国预算状况给出差异化的中期预算目标，为欧盟新成员国与处于经济滞缓中的成员国提供了缓冲余地；完善了欧盟理事会对成员国中期预算目标及具体措施的审议要求。完善了超额赤字程序，提出了“例外情形”“其他相关因素”和“纠正超额度赤字的期限”等内容。在出现经济负增长、债务累积导致财政赤字的情况下，规则将考虑是否属于例外情形。欧盟委员会、理事会审议时，应考虑与中期预算目标及预算状况相关的所有因素，还应考虑多支柱系统的养老金改革对预算产生的影响。延长了超额赤字程序纠正的相关期限：理事会审议期限由三个月延长至四个月；成员国采取有效措施的期限由四个月延长至六个月；理事会发出纠正通知的期限由一个月延长至两个月；理事会制裁决定期限由两个月延长至四个月；制裁实施期限由十个月延长为十六个月；另外，如果没有意外情况，成员国可将超额赤字程序纠正期限延长一年。

金融危机发生至今是欧盟财政一体化发展的第三阶段。欧盟财政趋同改革的重点发生变化。欧盟更多开始考量制度本身的合理性，尤其是客观经济环境的变化对制度产生的冲击和影响，.除了通过立法进行财政约束外，各国签署的“政治协议”（Treaty）、欧盟理事会的“指导性意见”（Guidance）、“立法审查”（Review）等补充性规定越来越多。2011 年开始，欧盟通过设立欧洲学期制度使欧盟理事会和欧盟委员会在成员国的预算准备阶段就参与其中，指导成员国的预算及财政政策；通过增加高层会面与磋商讨论，避免各国各自为政的情况发生。为改善成员国的“惯性超额赤字”困境，增加政府债务衡量指标，将成员国政府的中期债务状况、变化情况、可持续性和风险因素等纳入考核范围。增加超额赤字程序的触发原因。如果一国累积债务水平超过其 GDP 的 60%，且无法按照每年 5% 的速度降低，即使其政府财政赤字不足 3% 也可能引发超额赤字程序；如果不能在 3 年缓冲期内降低债务水平至 60%，成员国须缴纳相当于其上年 GDP 的 0.2% 的无息保证金。为防止过度举债，欧盟要求成员国的财政收入与其支出相适应，采用可支配收入净支出分析法对成员国的中期财政预算目标进行分析与评估，评估内容包括预算草案经济假设的合理性、宏观经济政策的可行性等。为保证评估基础的真实性，欧盟要求成员国预算草案的经济数据必须对外公开，增强社会监督，强化预算透明度。一旦出现债务指标、赤字水平和基础数据不真实的情况，欧盟理事会有权对成员国进行罚款。

面向未来，欧盟财政一体化改革要着重提高欧盟财政约束的公信力和可靠性，从立法和执行两个层面进行监管，两手都要硬，不能只停留在立法领域。平衡欧盟扩张与欧盟财政一体化之间的关系。鉴于新加入欧盟的成员国大部分属于新兴市场国家，经济增长速度较快，但财政赤字相对较大。新兴市场国家往往需要宽松的财政政策刺激经济，这与欧盟降低赤字率的发展目标是相悖的。处理好财政政策与货币政策之间的关系。货币政策对财政政策给予一定配合，避免各自为政的财政政策侵蚀欧元稳定的基础。

第十二章

国际货币基金组织、世界银行对成员国财政透明度的建议

一、国际货币基金组织机构简介

（一）国际货币基金组织的职能目标

国际货币基金组织（International Monetary Fund，以下简称 IMF）是全球性的政府间国际组织，成立之初的主要目标是稳定国际金融体系。2015 年 IMF 现任总裁拉加德在年会上指出，目前 IMF 的目标（aim）是提高自身的灵活性（agile）、一体化（integrated）以及更多地以成员国为重心（member-focused）。IMF 在国际上承担的主要职责，可以用“一个中心两个基本点”来概括。一个中心是指 IMF 的核心专长领域：财政事务、货币政策、汇率安排以及加强宏观金融分析；两个基本点是指其他具有宏观重要性问题（金融普惠性、性别不平等、腐败、移民和气候变化等问题）和支持成员国能力建设（成立地区培训中心）。

（二）IMF 与世界银行的关系——救急与救穷

IMF 和世界银行集团（World Bank Group，以下简称世行）都是二战以后建立的布雷顿森林体系的一部分，凡是参加世行的国家必须首先是 IMF 的成员国。OECD、IMF、世行并称为世界三大金融组织，但是 OECD 的成员国

要少得多。IMF 与世行虽然都向国家提供贷款，但 IMF 主要贷款的对象是陷入流动性（liquidity）困境的国家；而世行贷款的对象主要是贫困的发展中国家，贷款期限以中期、长期为主。与世行相比，IMF 更像是一个银行，而世行则是援助性基金。IMF 救急，而世行救穷。

（三）IMF 的研究能力

IMF 的研究成果主要通过其发布会和出版物向社会公布。IMF 的出版物，如《世界经济展望》（World Economic Outlook）《全球金融稳定报告》（Global Financial Stability Report）《财政监测报告》（Fiscal Monitor）《地区经济展望》（Regional Economic Reports）等通常都有固定的出版时间，如 IMF 的区域经济报告按照非洲、亚太地区、欧洲、中东和中亚、西半球地区进行区分。一般每年发布 2 次，IMF 会在区域当地召开发布会，邀请新闻媒体进行提问。IMF 出版物有以下几个特点。

1. IMF 的数据来源非常广泛

IMF 不仅对一国政府的货币政策进行研究，而且对世界 200 多家主要银行的财务情况进行调查，如 IMF 在 2016 年 10 月的全球金融稳定报告中指出欧盟的银行分行过多，经营成本高企，建议欧盟银行削减成本，提高盈利能力。

2. IMF 的研究成果极具针对性

IMF 对新兴市场和发达国家市场加以区分，如 IMF 在今年指出新兴市场银行以外的信贷产品复杂、不透明、超出资本缓冲范围，融资来源脆弱，建议新兴市场去杠杆，遏制信贷过于扩张的现状。

3.IMF 的研究对象包括财政政策、经济政策和货币政策

虽然 IMF 是金融组织，其主要的研究对象是货币政策。但随着世界经济运行态势的变化，IMF 将经济政策和财政政策纳入研究范畴。但 IMF 对经济政策的研究主要体现在结构性调整上。而在财政政策问题上，IMF 尤其强调透明度的重要性。

（四）IMF 重视财政透明度问题

IMF 的数据来源广泛，不同国家、不同地区之间的财政制度差别很大。为了使财政数据的横向可比性更强，IMF 尤其强调财政政策的透明度。即使国家间政府会计核算基础不同、口径不一，但只有保证了财政文件公开、透明，IMF 才能对数据进行技术性调整。此外，对于接受 IMF 贷款的国家来说，它们不得不将财政数据公开，以接受 IMF 的评估，并根据 IMF 给出的建议和指标，对本国的财政政策进行修正。因此，IMF 颁布了《财政透明度准则》（The Fiscal Transparency Code，以下简称《准则》），作为成员国增强财政政策透明度的范本。该《准则》包括两部分的内容。第一部分是财政透明度原则，第二部分是财政实践标准详解。不同于 OBS（Open Budget Survey，公开预算调查）的一点是，IMF 从性质上将政府财政指标分为三个等级，而没有进行量化。

二、财政透明度原则

IMF 提出的财政透明度原则包括预算报告、财政预测与预算、财政风险分析与管理三部分内容。可见，IMF 认为财政透明度的提高不局限于预算报告的公开，还应当包括财政预算的内容和财政风险分析与管理的公开。

（一）预算报告

IMF 认为预算报告应该是一份提供有关政府财政状况及其绩效的概述，提供公共部门及其分支机构的财政行为概览。提高预算报告的透明度，不是仅仅将报告公开，还应当满足经常性与及时性的要求，预算报告内的信息也应当是完整的、具有可比性的。

1. 预算报告的内容

预算报告覆盖的范围应该是参与公共活动的全部实体，采用国际通行的标准，凡是参与公共活动的实体的财政活动都要公开。报告内容应涵盖公共资产、负债和净资产的资产负债表，以及税收、预算支出与融资的流量表以及税收成本支出①。

2. 预算报告的经常性与及时性

年中报告、经审计的年终报告都要及时、定期公布。预算报告一般以年度为单位接受议会审议及独立审计部门的审计。对于预算报告的公布，除了定时、定期外，预算报告的审议、审计结果也应当公开，接受社会公众监督。

3. 预算报告的质量

预算报告内的信息应该具有相关性、国际可比性、内在一致性与历史一致性。预算报告要依据利于阐明公共资源利用及国际对比的方法来进行信息分类，对预算报告的数据如果进行任何修订，都应该进行披露。

4. 预算报告完整性

预算报告的内容编制和公布应该按照国际标准进行，建立起对预算报告内容的问责机制，接受独立的最高审计机关的公开审计，保证内容的真实性。财政预测、预算和预算报告数据要有可比性，如有偏差，需要作出解释。

（二）财政预测与预算

财政预测作为预算基础，应该和预算报告一起阐明政府的预算目标、政策意图和全面、及时、真实的公共财政规划。对财政预测变动或者宏观经济假设的改变导致的决算与预算的不同之处，预算报告要进行说明。

1. 预算规划应提供宏观经济预测

预算规划应提供公开且明确的全面宏观经济预测。财政预测和预算应全面概括财政前景，提供每个主要政府政策领域目标及绩效信息。预算文件应该披露财政收入、支出及中央政府部门的融资的总额度，并提交立法机关审议通过。预算文件中还应该包括中期预算框架（含财政收入、支出和融资）

① 税收成本支出的内容参见 OECD 部分的介绍。

的内容。在跨年度平衡方面，政府应定期披露其在多年度投资项目下承担的财政义务，并保证其全部主要项目接受成本收益分析和公开竞争投标。

2. 立法保证预算活动的有序性

为了保证预算活动的有序性，宪法或其他法律应该明确规定行政机关与立法机关在预算程序中的权力与义务划分，政府应该向公民提供财政政策含义的概要和参与预算讨论的机会；明确规定预算准备和通过的时间表、预算文件的关键内容等，此外，有序性还体现在预算文件是否及时公示、审议通过。政府经济与财政预算及执行情况应该接受独立评估，任何对预算法案的实质性变更都应该取得立法机关的授权。

（三）财政风险分析与管理

IMF 指出，政府对于公共财政风险应该及时分析并向公众披露，给出有效协调公共事业风险的财政决策。政府应定期公布财政预算风险报告、财政前景风险报告以及长期公共财政规划。对于财政风险，要以预防为主，定期监控，针对预算执行中的紧急情况，政府应采取适当、透明的应急措施。除了宏观经济失控，政府对财政危机的主要来源，如公共资产与负债、政府担保和 PPP 模式融资以及自然资源、环境风险等要建立预警和应对机制。在 PPP 领域，政府要将公私合营企业中承担的义务和权利纳入预算管理，对非可再生自然资源的管理开发、自然灾害等环境风险中潜在的财政风险要进行分析、评估和披露。在财政协调方面，地方政府作为一个综合部门，其财政状况和预算执行信息应单独进行收集和披露；国有企业财政执行中的信息要定期进行披露，在横向管理和纵向领导上实现财政协调。

根据 IMF 的报告分析，在金融危机和欧债危机后，财政风险管理的重要性越发凸显出来。因为世界经济的全球化发展趋势，使得一国的危机比历史上任何时候都更可能蔓延到其他国家，也使私人部门的危机比以往更可能扩大到公共部门。从 2009 年起，IMF 开始发布《财政监测报告》，对公共政策最新情况进行调查和分析，就危机对财政的影响和中期财政预测的最新情况进行说明，以可持续发展的眼光评估公共财政政策。最新一期的《财政监测报告》（2016年10月）的主题是《适当举债》（Debt: Use it Wisely）。《适当举债》主要根据从新兴市场、低收入国家和发达经济体获取的数据，梳理了全球范围内公共债务的范围和结构，探讨财政政策在经济调整中扮演的角色。《适当举债》的分析框架将公共债务和私人债务之间的内在联系模型用于分析财政政策在去杠杆化过程中的作用。《适当举债》选取的国家案例研究提供了财政政策如何在去杠杆化过程中发挥作用的内在视角。

三、财政实践标准详解

《准则》的第二部分是根据第一部分中的原则对一国的财政透明度状况进行分级，每个原则分为合格、良好、优秀三级标准，对国家在实践中的财政表现进行评价。

序号	领域	原则	实践		
			合格	良好	优秀
1	财政报告	财政报告应全面、及时地提供政府财政状况及其绩效的信息。			
1.1	覆盖范围	财政报告应按照国际标准提供公共部门及其所有分支机构的财政活动数据。			
1.1.1	覆盖机构	财政报告按照国际标准覆盖参与公共活动的全部实体。	财政报告按照国际标准覆盖参与公共活动的中央政府实体。	财政报告覆盖所有一般性政府机构，并按照国际标准针对不同行业出具报告。	财政报告覆盖所有公共事业实体，并按照国际标准针对不同行业出具报告。
1.1.2	覆盖内容	财政报告应包含一份关于公共资产、债务与净资产的资产负债表。	财政报告包含现金、存款、负债。	财政报告包含全部金融资产与负债。	财政报告包含全部金融与非金融资产与负债，以及资本净值。

续表

序号	领域	原则	实践		
			合格	良好	优秀
1.1.3	覆盖流水	财政报告应包含所有公共税收收入、开支与融资。	财政报告包含现金收入、支出与融资。	财政报告包括现金流水、应计收入、支出、融资。	财政报告包含现金流水、应计收入、支出、融资，以及其他经济变动。
1.1.4	覆盖税收成本	政府应定期披露税收成本支出带来的财政收入减少。	至少每年公布一次因税收成本支出导致的预计收入减少。	按照行业或政策进行专项评估，至少每年公布一次因税收成本支出导致的财政收入减少。	按照行业或政策进行专项评估，至少每年公布一次因税收成本支出导致的财政收入减少。对税收成本支出额度或上限进行管控。
1.2	经常性与及时性	财政报告应经常、定期、及时公布。			
1.2.1	年中报告的经常性	年中财政报告应经常、定期公布。	在下一个季度内公布上季度年中财政报告。	在下一个月内公布上月年中财政报告。	按月公布各月年中财政报告。
1.2.2	年度财政报告的及时性	经审计的或最终年度财务报告应及时公布。	经审计的或最终年度财务报告在上一财政年度结束后十二个月内予以公布。	经审计的或最终年度财务报告在上一财政年度结束后九个月内予以公布。	经审计的或最终年度财务报告在上一财政年度结束后六个月内予以公布。
1.3	质量	财政报告内信息应具有相关性、国际可比性、和历史一致性。			

续表

序号	领域	原则	实践		
			合格	良好	优秀
1.3.1	分类	财政报告依据利于阐明公共资源利用及国际比较的方式进行信息分类。	依据适用的国际标准，分为管理与经济财政报告。	依据适用的国际标准，分为管理、经济与功能财政报告。	依据适用的国际标准，分为管理、经济、功能与项目财政报告。
1.3.2	内在一致性	财政报告应具有内在一致性。	财政报告包括以下至少一项调节措施：（1）财政收支平衡与融资；（2）债券发行与持有；（3）融资与债券持有量调整。	财政报告包括以下至少两项调节措施：（1）财政收支平衡与融资；（2）债券发行与持有；（3）融资与债券持有量调整。	财政报告包括以下全部三项调节措施：（1）财政收支平衡与融资；（2）债券发行与持有；（3）融资与债券持有量调整。
1.3.3	历史修订	应披露并解释对历次预算数据的主要修订。	报告包含对历史预算数据的主要修订。	报告包含对历史预算数据的主要修订，并对每次修订予以解释。	报告包含对历史预算数据的主要修订，对每次修订予以解释，并附新旧数据的对比表格。
1.4	完整性 预算数据与财政报告应真实可信，接受外部监督，并促进问责制的建立。				
1.4.1	数据完整性	预算数据内容的编译和传播应根据国际标准进行。	预算数据依照国际标准公开。	预算数据由一特定政府机构作出，并依照国际标准公开。	预算数据由一专业独立机构作出，并依照国际标准予以公布。

续表

序号	领域	原则	实践		
			合格	良好	优秀
1.4.2	外部审计	年度预算报告应接受独立最高审计机关的公开审计，以保证其符合实际情况。	独立最高审计机关对政府年度财政报告进行审计，作出并公布审计报告。	独立最高审计机关公布审计报告，说明政府年度财政报告是否符合财政状况，不附免责声明或负面审计意见。	独立最高审计机关依照国际标准进行不受限的全面审计，公布审计报告，说明政府年度财政报告是否符合财政状况。
1.4.3	财政数据可比性	财政预测、预算、财政报告应具有可比性，任何偏差都应被释明。	至少有一份预算报告是基于与财政预测相同的基础作出。	财政预测与结算具有可比性，财政结算与预算数据或决算相一致。	财政预测、预算与结算都具有可比性，且财政结算与预算数据和决算相一致。
2	财政预测与预算	财政预算与财政预测应全面、及时释明政府的预算目标、政策意图以及真实的公共财政规划。			
2.1	全面性	财政预测与预算应全面概括财政前景。			
2.1.1	预算统一	财政收入、支出，与全部中央政府机构的融资额度都应在预算文件中披露，并交由立法机关审议通过。	预算文件包含税收总值、财政支出与中央政府机构融资等全部内容。	预算文件包括税收与非税收收入总值、财政支出与中央政府机构融资以及预算外资金。	预算文件应包括税收与非税收收入总值、财政支出与中央政府机构融资以及预算外资金、社会保险资金。
2.1.2	宏观经济预测	公开、全面的宏观经济预测是预算编制的基础。	预算文件应包含对关键宏观经济变量的预测。	预算文件应包含对关键宏观经济变量及其基础假设的预测。	预算文件应包括对关键宏观经济变量及其组成部分、基础假定的预测与说明。

续表

序号	领域	原则	实践		
			合格	良好	优秀
2.1.3	中期预算框架	在与年度预算相同的基础上，预算文件应包含中期结算与财政收入、支出和融资。	预算文件应包含两年内决算与总收入、支出、融资的中期规划。	预算文件应包含两年内决算与按产业类别的总收入、支出、融资的中期规划。	预算文件应包含两年内决算与按经济及部门或项目分类的总收入、支出、融资的中期规划。
2.1.4	投资项目	政府应定期披露其在多年度投资项目中承担的财政义务，并保证其全部主要项目接受成本收益分析与公开竞争投标。	满足以下任一要求:（1）政府定期披露在多年投资项目中的总负债；（2）所有重大项目在通过前应制作并公开成本收益分析；（3）所有重大项目经由公开竞争性投标。	满足以下任两项要求:（1）政府定期披露在多年投资项目中的总负债；（2）所有重大项目在通过前应制作并公开成本收益分析；（3）所有重大项目经由公开竞争性投标。	满足以下全部要求:（1）政府定期披露在多年投资项目中的总负债；（2）所有重大项目在通过前应制作并公开成本收益分析；（3）所有重大项目经由公开竞争性投标。
2.2	有序性	法律应明确规定政府行政与立法机关在预算程序中的权力与义务；应及时公示、审议并决定预算通过与否。			
2.2.1	财政立法	法律框架应明确规定预算准备与通过的时间表、预算文件的关键内容和行政与立法机关在预算程序中的权力与义务。	法律框架明确规定以下任意一项:（1）预算准备与通过的时间表；（2）行政预算提案的关键内容要求；（3）立法机关修订行政预算提案的权力。	法律框架明确规定以下任意两项:（1）预算准备与通过的时间表；（2）行政预算提案的关键内容要求；（3）立法机关修订行政预算提案的权力。	法律框架明确规定以下全部事项:（1）预算准备与通过的时间表；（2）行政预算提案的关键内容要求；（3）立法机关修订行政预算提案的权力。

续表

序号	领域	原则	实践		
			合格	良好	优秀
2.2.2	预算文件的时限性	立法机关享有充分时间以审查并通过年度预算。公众享有充分的时间进行监督。	预算最晚于财政年度开始之前一个月提交立法机构并公布，并最晚于财政年度开始后一个月内通过并公布。	预算最晚于财政年度开始之前两个月提交立法机构及公布，并最晚于财政年度开始时通过并公布。	预算最晚于财政年度开始之前三个月提交立法机构及公布，并最晚于财政年开始前一个月内通过并公布。
2.3	政策导向	财政预测与预算应促进政策分析与监督问责。			
2.3.1	财政政策目标	政府声明与报告应符合公共财政清晰明确、可衡量的目标。	政府声明与定期报告应符合财政金额量化的目标，该财政总量应当是精确或有时限的。	政府声明与定期报告应符合财政金额量化的目标，该财政总量应当精确且有时限。	政府声明与定期报告应符合财政金额量化的目标，该财政总量应当精确、有时限且实行三年以上。
2.3.2	完成信息	预算文件应提供每个主要政府政策领域目标及成果的信息。	预算文件包含每个主要政策领域的资金投入情况。	预算文件包含每个主要政策领域的产出目标与执行情况。	预算文件包含每个主要政策领域的目标、执行情况及成果。
2.3.3	公众参与	政府应向公民提供财政政策说明与参与预算审议的机会。	政府应公布近期经济财政执行情况与前景，以及针对普通公民的预算说明。	政府应公布近期经济财政执行情况与前景，以及针对普通公民的详尽预算说明，并提供预算审议报告。	政府应公布近期经济财政执行情况与前景，以及针对不同区域公民的详尽预算说明，并提供预算审议报告。
2.4	可靠性	经济与财政预测、预算都应真实可信。			

续表

序号	领域	原则	实践		
			合格	良好	优秀
2.4.1	独立评估	政府经济与财政预测、执行状况应接受独立评估。	预算文件应包含政府经济财政规划与独立机构预测文本的对比。	独立机构负责评估政府经济财政预算的可信度。	独立机构评估政府经济财政预算的可信度以及财政政策目标的实行状况。
2.4.2	补充预算	任何对已通过预算的实质性变更都应取得立法机关的授权。	补充预算调整超出已通过预算的开支。	应在总预算支出发生实质性变更前编制补充预算。	应在总预算支出发生实质性变更或调整之前编制补充预算。
2.4.3	预测调整	预算文件与其后续的任何修订都应说明政府财政预测发生的任何实质性变更，以区分预测基础和新政策措施对财政产生的影响。	对连续年份中政府预算收入、支出、融资与预算预测的差别进行说明，深入讨论财政预测对新政策产生影响。	分析新政策与宏观经济不利因素如何对连续年份中政府预算收入、支出、融资与财政预测产生影响。	分析个别政策改变、宏观经济不利因素及其他因素（如技术或计算调整）如何对连续年份中政府收入、支出、融资与财政预测产生影响。
3	财政风险分析与管理	政府应披露、分析、管理公共财政风险并制定有利于协调公共事业的财政政策。			
3.1	风险披露与分析	政府应定期发布财政风险预测报告。			
3.1.1	宏观经济风险	政府应说明不同宏观经济假定导致的决算与预算预测的不同之处。	预算文件包括预算预测中宏观经济假设的灵敏度说明。	预算文件中包括灵敏度分析与替代性宏观经济、预算预测方案。	预算文件中包括灵敏度分析、替代性方案与预算结果的可能性预测。

续表

序号	领域	原则	实践		
			合格	良好	优秀
3.1.2	具体财政风险	政府应定期发布财政预测主要风险的总结报告。	财政预测的主要风险在报告中披露，并以定性条款说明。	财政预测的主要风险在报告中披露，并进行量化评估。	财政预测的主要风险在报告中披露，进行量化评估并预测发生概率。
3.1.3	长期财政可持续性分析	政府应定期公布长期公共财政规划。	政府定期公布至少未来十年以内主要财政总量及健康与社会保险资金的可持续性规划。	政府依据一系列宏观经济假定，定期公布至少未来三十年以内主要财政总量及健康与社会保险资金的可持续性规划。	政府依据一系列宏观经济、地理、自然资源及其他假定，定期公布至少未来三十年以内主要财政总量及健康与社会保险资金的可持续性规划。
3.2	风险管理	应定期监控、披露并管理公共财政的具体风险。			
3.2.1	预算应急	针对预算执行中的紧急情况，应有适当、透明的应急措施。	预算案包含应急措施。	预算案包含公开的应急措施。	预算包括公开的应急措施，且政府定期在年中报告中说明其使用情况。
3.2.2	资产与负债风险管理	应披露并管理主要资产及负债风险。	政府举债应由法律授权；分析并披露政府债券的风险。	政府举债应由法律授权；分析并披露政府金融资产与负债的风险。	所有负债、重大资产取得及处置全部经由法律授权；公开披露并管理与资产负债相关的风险。

续表

序号	领域	原则	实践		
			合格	良好	优秀
3.2.3	担保	政府担保应定期披露并取得法律授权。	至少每年公布一次政府的全部担保、其受益方及其总支出。	至少每年公布一次政府的全部担保、其受益方及其总支出。担保的最高金额或其总量由法律规定。	至少每年公布一次政府的全部担保、其受益方、其总支出及其可行性。担保的最高金额或其总量由法律规定。
3.2.4	公私合营	应定期披露并主动管理公私合营企业中承担的义务。	政府至少每年公布一次其在公私合营企业中享受及承担的全部权利、义务与其他披露事项。	政府至少每年公布一次其在公私合营企业中享受及承担的全部权利、义务与其他披露事项，以及合同存续期间的预计收入或支出。	政府至少每年公布一次其在公私合营企业中享受及承担的全部权利、义务与其他披露事项，及合同存续期间的预计收入或支出。承担的总义务由法律限制额度。
3.2.5	财政部门风险	应分析、披露并管理政府财政部门的潜在风险。	政府至少每年一次量化财政部门风险并明示表达其对财政部门的肯定。	政府至少每年一次量化财政部门风险并明示表达其对财政部门的肯定，并负责定期评估财政部门稳定性。	政府至少每年一次量化财政部门风险并明示表达其对财政部门的肯定，并负责基于合理的宏观经济与金融市场运行情况，定期评估财政部门稳定性。

续表

序号	领域	原则	实践		
			合格	良好	优秀
3.2.6	自然资源	应评估、披露并管理政府在不可持续自然资源及其开发中享有的利益。	政府每年公布当年及上一年主要自然资源资产的总量及价值评估。	政府每年公布按不同方案对当年及上一年主要自然资源资产的总量及价值评估。	政府每年按不同价格与方案公布对当年主要自然资源资产的总量及价值评估，及上一年交易收入总量与价值评估。
3.2.7	环境风险	应分析、披露并管理自然灾害与其他环境风险中的潜在财政风险。	政府规定和说明自然灾害引发的主要财政风险。	政府规定和说明自然灾害引发的主要财政风险，并根据历史经验量化以上风险。	政府规定和说明自然灾害引发的主要财政风险，根据历史经验量化，并遵守公开策略管理以上风险。
3.3	财政协调	应分析、披露并协调公共事业中的财政关系与执行。			
3.3.1	地方政府	地方政府作为一个综合部门，其财政状况与执行信息应单独收集与披露。	每年至少一次公布地方政府的财政状况与执行信息。	每年至少一次公布地方政府的财政状况与执行信息；对其负债或借款无限制。	每年至少一次公布地方政府的财政状况与执行信息；对其负债或借款有限制。
3.3.2	国有企业	政府应定期公布国有企业财政执行中的信息，包括可能发生的财务活动。	每年至少公布一次政府与国有企业之间的交易。	每年至少公布一次政府与国有企业之间的交易。公开国有企业的股权结构和财务状况。	每年至少公布一次政府与国有企业之间的直接与间接资助。公开国有企业的股权结构和财务状况，包括可能发生的财务活动。

四、世行机构简介

世界银行集团由五个机构组成：国际复兴开发银行（IBRD）、国际开发协会（IDA）、国际金融公司（IFC）、多边投资担保机构（MIGA）和国际投资争端解决中心（ICSID）。国际复兴开发银行和国际开发协会一起组成了世界银行，国际复兴开发银行向中等收入国家政府和信誉良好的低收入国家政府提供贷款；国际开发协会则是向最贫困的国家提供无息贷款和援助赠款；国际金融公司是专注于私营部门的全球最大发展机构，通过投融资、动员国际金融市场资金以及为企业和政府提供咨询服务，帮助发展中国家实现可持续增长；多边投资担保机构成立于1998年，通过向投资者和贷款方提供政治风险担保促进对发展中国家的直接投资，支持经济增长和改善人民生活，多边投资担保机构对投资东道国和投资国都有一定的条件要求，需要符合相应的标准；国际投资争端解决中心是针对国际投资争端的调解和仲裁机构，享有独立的法律人格。

世行的机构预算由世行执行董事会（boards of executive directors）下属的预算委员会（budget committee）负责。预算委员会协助执行董事会对世界银行集团的五个部门机构预算统一审批、监督。国际复兴开发银行和国际开发协会的贷款项目和商业项目预算要经过执行董事会的批准。这是由其业务性质决定的。按照地区和贫富程度划分，世界银行将世界分为非洲、东亚和太平洋、欧洲和中亚、拉丁美洲和加勒比、中东和北非、南亚六个大区，项目资金投入在六个大区之间要有重点的保持平衡和平均，这类似于国内预算法上的重点支出项目或法定支出项目。如非洲，尤其是撒哈拉以南非洲是世行重点消除贫困的区域，在预算支出上表现为，世行项目在这个区域投入了更多的资金。2016年，世行在非洲批准了109个、总计93亿美元的项目。

五、世行与财政透明度

世行在1998年颁布了一份完整的《公共支出管理手册》(Public Expenditure Management Handbook),《公共支出管理手册》正文部分包括两部分内容：如何提高公共部门的预算和财政管理水平；如何识别预算和财政管理存在的问题。在第一部分中，世行指出，在限制预算部门权力的同时，要兼顾灵活性；财政政策、计划和预算放在同一个中期框架中统筹管理。世行和IMF、欧盟等合作研究出PEFA(public expenditure and financial accountability)模型，作为测试和评估公共财政透明度的工具。国际复兴开发银行和国际开发协会依赖政府公开的财政情况对其进行评估，多边投资担保机构除了对经济宏观运行状况和政治稳定程度进行评估外，还需要根据这些具体的财政、政治情况确定保费和保额。因此，各国政府财政文件的透明度是世行开展工作的前提和基础。

六、结语

国际货币基金组织和世界银行集团是当今世界上最主要的金融组织，成立之初是为了稳定国际金融体系和提供发展贷款。但是IMF目前在国际上承担的主要职责，可以用“一个中心两个基本点”来概括。一个中心是指IMF的核心专长领域：财政事务、货币政策、汇率安排以及加强宏观金融分析；两个基本点是指其他具有宏观重要性问题(金融普惠性、性别不平等、腐败、移民和气候变化等问题)和支持成员国能力建设(成立地区培训中心)。IMF与世行虽然都向国家提供贷款，但IMF主要贷款的对象是陷入流动性(liquidity)困境的国家；而世行贷款的对象主要是贫困的发展中国家，贷款期限以中期、长期为主。与世行相比，IMF更像是一个银行，而世行则是援助性基金。IMF救急，而世行救穷。

IMF 的数据来源广泛，不同国家、不同地区之间的财政制度差别很大。为了使财政数据的横向可比性更强，IMF 尤其强调财政政策的透明度。即使国家间政府会计核算基础不同、口径不一，但只有保证了财政文件公开、透明，IMF 才能对数据进行技术性调整。此外，对于接受 IMF 贷款的国家来说，它们不得不将财政数据公开，以接受 IMF 的评估，并根据 IMF 给出的建议和指标，对本国的财政政策进行修正。因此，IMF 颁布了《财政透明度准则》（The Fiscal Transparency Code，以下简称《准则》），作为成员国增强财政政策透明度的范本。该《准则》包括两个部分的内容。第一部分是财政透明度原则，第二部分是财政实践标准详解。

IMF 提出的财政透明度原则包括预算报告、财政预测与预算、财政风险分析与管理三部分内容。可见，IMF 认为财政透明度的提高不局限于预算报告的公开，还应当包括财政预算的内容和财政风险分析与管理的公开。

IMF 认为预算报告应该是一份提供有关政府财政状况及其绩效的概述，提供公共部门及其分支机构的财政行为概览。提高预算报告的透明度，不是仅仅将报告公开，还应当满足经常性与及时性的要求，预算报告内的信息也应当是完整的、具有可比性的。财政预测作为预算基础，应该和预算报告一起阐明政府的预算目标、政策意图和全面、及时、真实的公共财政规划。对财政预测变动或者宏观经济假设的改变导致的决算与预算的不同之处，预算报告要进行说明。预算规划应提供公开且明确的全面宏观经济预测。财政预测和预算应全面概括财政前景，提供每个主要政府政策领域目标及绩效信息。预算文件应该披露财政收入、支出及中央政府部门的融资的总额度，并提交立法机关审议通过。预算文件中还应该包括中期预算框架（含财政收入、支出和融资）的内容。为了保证预算活动的有序性，宪法或其他法律应该明确规定行政机关与立法机关在预算程序中的权力与义务划分，政府应该向公民提供财政政策含义的概要和参与预算讨论的机会；明确规定预算准备和通过的时间表、预算文件的关键内容等。政府经济与财政预算及执行情况应该接受独立评估，任何对预算法案的实质性变更都应该取得立法机关的授权。

IMF 指出，政府对于公共财政风险应该及时分析并向公众披露，给出有效协调公共事业风险的财政决策。政府应定期公布财政预算风险报告、财政前景风险报告以及长期公共财政规划。对于财政风险，要以预防为主，定期监控，针对预算执行中的紧急情况，政府应采取适当、透明的应急措施。除了宏观经济失控，政府对财政危机的主要来源，如公共资产与负债、政府担保和 PPP 模式融资以及自然资源、环境风险等要建立预警和应对机制。

《准则》的第二部分是根据第一部分中的原则对一国的财政透明度状况进行分级，分为合格、良好、优秀三级标准，对国家在实践中的财政表现进行评价。评估内容与第一部分的财政透明度原则相对应，包括 3 章，第 1 章是财政报告、第 2 章是财政预测与预算、第 3 章是财政风险分析与管理。又按节分为若干细目。评估方法是根据财政透明表现进行详解，并给出合格、良好、优秀的结论。

世界银行在全球经济和金融的改革参与度相对有限，其财政评估主要是用于成员国的贷款授信。世行和 IMF、欧盟等合作研究出 PEFA（public expenditure and financial accountability）模型，作为测试和评估公共财政透明度的工具。国际复兴开发银行和国际开发协会依赖政府公开的财政情况对其进行评估，多边投资担保机构除了对经济宏观运行状况和政治稳定程度进行评估外，还需要根据这些具体的财政、政治情况确定保费和保额。因此，各国政府财政文件的透明度是世行开展工作的前提和基础。

第十三章

经济合作与发展组织关于改善预算治理与增强预算透明度的范本

一、经济合作与发展组织机构简介

经济合作与发展组织（Organization for Economic Co-operation and Development，以下简称 OECD）是由 35 个市场经济国家组成的政府间国际组织，成立于 1961 年。OECD 与 IMF、世界银行虽然都致力于推动全球化进程和世界经济增长，但 OECD 不提供经济援助和贷款。IMF 和世界银行将政府财政指标作为合格贷款人的一项要求，而 OECD 的财政指导范本和财政治理建议是对成员国宏观政策进行数据收集和分析后，提出改善意见。

OECD 具有独立的法律人格，机构预算由成员国资助，每年预算为 3 亿多欧元。各成员国向 OECD 年度预算捐款与其经济规模呈正相关，最大捐款国是美国。OECD 的年度预算及工作方案都由理事会决定，理事会是 OECD 的决策机构，由每个成员国及欧洲委员会各派一名代表组成，每年举行一次部长级会议，确定 OECD 的工作重点。秘书处按照业务司局进行划分，吸收了近千名研究人员，服务于 OECD 工作的数据研究和分析，研究成果通过 OECD 出版物发布，涵盖贸易、金融、发展援助、农业、能源等多个领域。OECD 工作方式包含一种高效机制，它始于数据收集和分析，进而发展为对政策的集体讨论，然后完成决策和实行。通过政府间的双边审查，多边监督，及平行施压促使成员国遵守规则或进行改革。

OECD 向成员国预算制度改革提供了两个范本，一是《预算治理建议书》(Recommendation of the council on budgetary governance)，二是《OECD 政府预算透明度最优实践》(Best practices for budget transparency)。

二、OCED 的预算治理建议

(一)《预算治理建议书》的产生背景

OECD 在 2015 年 2 月 18 日颁布新的《预算治理建议书》，这是 OECD 对比较成熟的预算国家给出的预算建议，所以对于以往的传统预算要求如全面性、公开性等并没有进行过多的强调。建议书是在 1960 年《经济合作与发展组织公约》的基础上，整合了包括数届部长理事会会议成果在内的众多文件内容，总结了 10 条良好预算管理的原则。这一文件的发布主要是在金融危机和全球经济发展状况的背景之下，OECD 组织和其他国际组织主持进行的有关预算管理问题的分析和研究成果，同时考虑到各个成员国之间的预算实践因为政治制度、法律体系和文化传统的差异而有较大区别，OECD 给出这一预算原则框架，以供成员国根据本国的具体情况选择适用。

OECD 试图传递给成员国的信号是：预算不仅仅是中央政府的职责，虽然国家之间各级政府的任务、自治水平不同，但预算管理同样要求各级政府的参与，预算制度和程序应该在各级政府之间协调、连贯、一致，政府有责任促进公民对预算管理的知情讨论。极为重要的一点是，预算是立法行为，应该符合立法程序，虽然与其他立法行为可以有一定程序差异，但总体上应适用同一法律框架。

(二)《预算治理建议书》的具体内容

1. 通过预算管理巩固财政政策

(1) 财政管理制度与预算管理的关系

财政管理制度的范围很广，预算管理是其中的一个方面。根据 OECD 的预算治理建议书，财政管理可以从三个层面去理解：一是财政管理权限制度建设。在这个层面主要解决的是各级别政府之间，政府与非政府组织之间的财政管理权限与财政资金的分配，只有建立起财政管理的权力分配制度，才能进行二、三层面的制度管理；二是财政资金的获得与支出制度。这是财政资金的动态管理，解决的是财政资金从何处来到何处去的问题；三是财政资金的具体管理制度。这是财政资金的静态管理，解决的是财政资金存放在哪里，如何储存等问题。如税收实体法是财政资金的获得与支出制度的内容，但税收征收管理法是财政资金的具体管理制度。OECD 指出，预算制度属于财政管理第二个层面的问题。预算制度既要解决财政资金从何处来，又要解决财政资金向何处去的问题。预算制度是规范预算问题的，但不是所有的预算问题都由预算制度来规范。如预算职能机构的权限，是财政管理权限制度的内容，属于财政管理制度的范畴。

（2）财政管理制度与财政政策的关系

如上所述，OECD 认为，财政管理制度是法律制度的构建，是由立法程序产生的，往往具有长期性和基础性。而财政政策，除了立法产生的财政管理制度外，还包括中央政府颁布的临时性行政法规或部门规章，是政府调节经济发展常用的手段之一。预算制度属于财政管理制度的范围，年度预算一般由中央政府的财政部门编制，所以预算资金的来源和用途可以体现一国的财政政策。如要不要有财政赤字，以及多大规模的财政赤字，是否需要预算平衡等都是财政政策要解决的问题。

（3）通过预算管理巩固财政政策

OECD 认为，在政府的财政政策中，预算管理应采用明确、可信、全面的标准，形成对财政政策的有力支撑。如果政府决定在某一时间段内实行扩张性的财政政策，预算赤字可以适度提高；反之，如果政府实行紧缩性的财政政策，则应该减少预算支出，审慎使用预算资源。

就此，OECD 建议，实行自上而下的预算管理，在财政政策的目标之内，以中期财政视角校准每年财政政策。为了稳固财政政策，应该全面审查预算的收入、支出与财政政策的目标是否是一致的，并与财政政策的其他方面统一进行管理。

关于稳健的财政政策如何定义，OECD 认为，稳健的财政政策应当首先避免超额的不可持续的累积债务，在经济繁荣的时期就应该建立应对经济低迷的弹性政策和缓冲带，尽量避免经济危机的出现，让公民和利益相关者的需要可以通过有效和持有的方式得到实现。

2. 协调预算与政府中期经济发展战略的关系

（1）跨年度平衡预算与政府中期战略

政府中期战略在预算制度中以跨年度平衡或者中、长期预算的方式体现。OECD 国家的中期预算一般为 3 至 5 年，长期预算则超过 10 年，长达 30 至 50 年不等。当今世界主要预算国家的中、长期预算制度主要分为三种形式。一是有中、长期经济发展规划，但缺少中、长期预算。二是年度预算为主，中、长期预算为辅。三是中、长期预算为主，年度预算为辅。缺少中、长期预算的国家，跨年度平衡统筹财政资金的能力相对较弱。原因主要有二：一是预算管理的核心是收支平衡，而非支出项目产出能力。二是数据收集和分析的能力不足。而以中、长期预算制度为主的国家，将年度预算视为中、长期预算的具体施行，根据年度经济运行情况对年度预算进行调整。这也是第二类与第三类跨年度平衡预算的最大区别。第二类跨年度平衡预算以年度预算为主，对中期预算进行滚动编制，以年度预算的视角调整中期预算。欧盟机构层面实行的就是最为先进的第三类跨年度平衡预算，这与其强大的数据收集和分析能力是分不开的。欧盟的中、长期预算并不是宏观的指引，而是具体的、有执行力的预算法案。将 7 个财政年度的预算编制作为一个整体进行审议，再将跨年度预算拆分为 7 个财政年度具体执行，每个财政年度的预算执行都是中、长期预算执行的一部分。

OECD 认为，预算编制不应该仅仅局限于下一财政年度的经济状况，除了年度预算之外，政府应该以更加长远的眼光筹划中期、长期的预算编制。建议书指出，应该采取有效方式充分发挥中期支出框架的潜在作用：

①在中期视角上规范年度支出主要类别细目划分，并在各级政府预算编制中统一口径。

②中、长期预算必须建立在对实际收入与支出的合理预测上，包括对经济假设进行阐释。

③中、长期预算应当体现出国家经济战略，在此基础上与支出目标协调配合。

④中期支出框架的短板之一在于其制定基础缺乏足够的现实支撑，因此必须保持其充分的灵活性，能够及时进行适当的调整。

（2）调动相关者的参与积极性

建议书指出，虽然预算编制的主导机关是财政部，但预算编制的准备工作和预算执行却需要贯彻到政府的各个部门和机构。因此，在中央层面，要形成以财政部为中心，各中央政府部门之间相互交流沟通的密切工作关系。在中央与地方层面，要协调好中央与地方的关系。OECD 成员国之间的政治制度差别很大，尤其是单一制国家和联邦制国家的纵向分权对预算制度的影响十分显著。对于德国、美国这样的联邦制国家来说，联邦政府不会干涉州政府的预算管理制度，以州为单位进行预算统筹，州和州之间实行不同的预算制度，按照联邦制的组织形式，州的预算自主权会比较大。对于法国、日本这样的单一制国家来说，中央政府权力集中，限制了地方政府的权限，但是，OECD 中的单一制国家普遍都在进行地方分权改革，赋予地方政府更大的自治权力。

3. 重视资本预算编制

政府性基金纳入预算管理后，预算资本化比较高的一些国家应该重视资本预算编制的程序和内容。以挪威为例，挪威的主权财富基金规模位于全球首位，由独立的基金公司进行管理，如此庞大的基金，一旦发生投资损失，对于预算收入影响非常大。建议书认为，资本预算编制是预算编制中的重要内容，相比于其他方面，资本预算编制更加强调审慎性评估。而且，资本性预算对资金需求往往比较大，资本项目期限比较长，所以资本预算要求具有前瞻性和长期性。

对于评估内容，建议书认为应当包括：（1）投资计划的成本和收益；（2）期间费用；（3）投资项目之间的优先顺序；（4）设置资本减值账户。

此外，对投资决策的评价应该独立于融资机制，也就是说作出投资决定的人不能做投资决定评价。资本运作的目的是增值，为国家财政收入开源，因此政府应对公共投资给予一定的支持，如：（1）为大型资本项目的评价、采购和管理颁布规章制度；（2）建立稳定的法律、行政监管框架；（3）协调中央和地方政府之间的投资计划；（4）将资本预算整合在政府中期支出框架中。

4. 确保预算文件公开、透明、可获得

预算报告应该向公民、利益相关者和社会各界充分、及时、定期公开。

（1）预算报告

预算报告通常是以政府作为会计主体编制的运营表、资产负债表、现金流量表等。OECD 强调预算报告的可读性，指出预算报告不应该是预算数据的组合，应该对预算数据的来源、会计方法、经济假设等进行阐释，保证公开的预算报告中应该附有预算摘要，以及对政策制定、审议和辩论等关键阶段的说明。

以会计核算基础为例，传统的政府会计以收付实现制作为核算基础，收付实现制以收到或支付的现金作为确认收入和费用的基础。权责发生制是指无论当期是否已经收付款项，只要是当期已经实现的收入和已经发生或应当负担的费用，都应当作为当期的收入和费用确认。新西兰是最早将权责发生制引入政府会计的国家。1986 年，新西兰颁布了《国有企业法》，推行私有化政策，在国有企业中开始引入权责发生制的概念，1994 年编制完成第一份以权责发生制为基础的整体政府预算。在从收付实现制向权责发生制转变的过程中，需要对政府资产进行评估，核算账面价值，登记入账，作为资产负债表期初余额，因此工作量非常大。因为在收付实现制的核算基础上，没有预提和摊销的费用，损益波动很大。大部分 OECD 国家都采用了权责发生制作为政府会计核算的基础，但是采用了不同的模式。一是完全的权责发生制，以英国为代表，完全抛弃了收付实现制；二是务实的权责发生制，以美国为代表，主要在养老金等或有债务领域采用权责发生制，不需要进行大规模的资产评估；三是保守的权责发生制，以法国、德国为例，审慎地进行会计核算。

（2）预算信息公开透明

在决算之前，预算信息公开应该采取比较格式，中期、年终预算报告公布后要提供充足的时间进行有效的辩论，推动预算决策、问责和监督。提高预算文件的透明度，推动公民对预算过程的参与，最终实现“公民预算”社会是 OECD 成员国的目标之一。预算透明是如此之重要，以至于 OECD 专门制定了一个范本进行讨论，该范本将在本章下个部分进行论述。

5. 促进预算辩论

预算编制是特殊的立法程序，预算资金的分配是政府正常运转的基础之一，政府支出项目的优先顺位体现了国家的战略安排。OECD 反复强调预算辩论的重要性，在事前和事后都应该进行辩论，通过有效辩论，在各级政府之间、同级政府的不同部门之间、行政机构与立法机构、政府与公民之间建立起有效沟通，以节约成本、提高预算绩效。

预算辩论既包括口头的，也包括书面的。在预算编制程序中，OECD 国家通常采用“自上而下”和“自下而上”相结合或者“自上而下”的方式进行。自上而下的程序按照政府部门设定支出上限，在各部门范围内，对自己的活动资金安排再进行分配，减少支出部门与预算部门之间的扯皮，另外也可以减轻预算部门的工作负担。

6. 预算文件全面、真实、准确

各级政府提交或者公布预算文件时，对所有支出和收入的计算都应该全面，不省略或隐瞒涉及公共安全原因之外的任何数据。对于以非传统手段融资的项目（如 PPP 等）也要在预算文件中进行说明，以体现国家公共财政报告的完整性，为预算辩论提供基础。各级政府都应该采用口径一致的公共会计方法，OECD 提倡政府采用与私人部门会计准则大致对应的权责发生制为基础编制预算报告。

这里的“预算文件全面”与“预算的全面性”不是一回事。预算的全面性（comprehensiveness）是指全部政府收支都要纳入政府预算进行管理，与窄口径预算相对，预算的全面性要求是消除预算外资金（off-budget）。而预算文件全面是指预算公开要求全面公开预算文件，而不是有选择性的公开一部分或者部分公开。预算文件全面公开与预算全面性的相同之处在于，预算全面性要求将预算外资金纳入预算；预算文件全面公开要求对预算外资金的预算文件也进行公开，即使是那些不需要经过立法机关审批的预算（entitlement program），也要作为预算辅助性或补充性文件进行公开。

7. 积极规划、管理和监督预算

预算执行主体和监督主体在预算法案付诸实施后，应当注重预算执行、监督的主动性和灵活性。对于政府而言，在执行预算法案时应该严格按照法案的规定，全面、忠实地履行，审慎地分析、控制和监测现金支出，明确预算相关工作人员及其所在机构的作用、责任和授权。实行集中、单一的国库资金管理制度，提高对公共收入和支出的管理效率，降低成本，在议会授权的范围内，保持有限的灵活性，预算调整要符合有效管理和经济原则，如果涉及大量资金额度或改变用途，应该听取议会的建议，并根据法律决定是否需要议会重新授权。议会问责的基础是年度内以及年终经过审计的预算报告，根据问责结果为下一年度的预算编制与执行提供借鉴。

8. 提高预算支出管理水平

高水平的预算管理不仅可以告诉公民和议会钱花到哪里去，而且可以说明花了这些钱带来了什么结果，也就是说预算支出目的与预算支出目标是“硬币的两面”。确保绩效水平，评价标准以及物有所值分析被纳入预算程序，定期披露绩效信息。为了保证绩效信息的有用性，应当：（1）将绩效指标精炼到具体的项目或领域；（2）明确、易于理解；（3）绩效结果要参照绩效目标和其他国际标准；（4）明确绩效信息与政府战略目标之间的关系。

定期对预算支出项目和额度进行清点、总结和评价，优化预算资源分配，评价基础是绩效水平指标，如相关性、持续性、全面性和可比性等。在出台新的政策时应该进行事前评价，以判断其是否符合财政目标和支出优先性的要求。

提高预算支出的管理水平，是 OECD 国家绩效预算改革的一部分。绩效改革也是利用私人部门的管理方法改革公共部门管理。与传统的预算管理模式不同，绩效改革的预算管理放松了对公共部门支出项目和支出额度的约束，使得公共部门可以在行政决策上享有更大的预算自主权。优化资金配置组合，提高预算资金利用效率。审计机关，包括独立的审计署和议会，将关注的重点转向绩效目标是否实现。绩效改革的重点，在于绩效目标如何设定。美国、澳大利亚等 OECD 成员国专门发布了成果和产出的规范指南，制定了绩效报告的编制指南对绩效改革进行指导。绩效评价的信息可以作为对下一财政年度进行目标设定的资料来源，使跨越年度的信息之间具有可比性，这也有助于公民社会对政府绩效进行评价和监督。

9. 财政风险管理措施

OECD 指出，风险管理不仅仅要着眼于眼前，还应该从更长远的角度关注财政风险和财政政策的可持续性，增强预算弹性，减轻财政风险，促进公共财政的稳定发展。对于可能发生的财政风险，应当在预算报告中进行披露，对财政风险应该尽可能地定性、定量、分类、说明。例如在会计账户的设置上，对固定资产和不动产要进行折旧处理、金融资产要设立减值准备账户、对应收账款账户要根据收回的可能性计提坏账准备等。

10. 确保审计的独立性

外部审计机关必须独立于行政机关和立法机关，在人事安排和财政来源上都要与一般机构有所区别，通过定期公布审计报告等方式，提高最高审计机关在财务工作中的权威。同时，充分发挥内部审计机构在提高政府机构预算质量和财务管理水平上的保障作用。通过独立审计机构或其他制度性监督安排的公正审查，增强预算报告（包括经济预测、财政规则、长期可持续性和财政风险处理机制）的可信性。从国家层面来看，应不断提高内部或者外部审计人员的工作水平和技能。根据内外部审计系统在单个项目或者预算报告整体审计的结果，建立起绩效问责制度。

三、《预算治理建议书》的效力

OECD 在《预算治理建议书》中特别指出，上述 10 项预算原则不是并列的关系，对不同国家的重要性也不同，在实践中的地位也不一样。对于成员国来说，这些原则并非强制适用，而是引导性的建议。以“建议书”的形式发布，是 OECD 研究成果的体现。OECD 建议成员国从本国国情出发，适用不同的预算管理制度，这也是 OECD 与欧盟对成员国财政预算约束最大的不同之处。

四、OECD 关于增强预算透明度的建议

在《预算治理建议书》发布之前，OECD 曾经在 2000 年发布《OECD 政府预算透明度最优实践》，它是关于阐释如何提高预算透明度的范本，以供成员国参考。该范本包括预算报告、信息披露和预算监督三个方面的内容，从全面性、公开性、及时性、有效性和问责性五个角度进行了阐释。

（一）预算的全面性

预算是政府的关键性政策文件，它应当是全面的，涵盖所有的政府收入和支出，也就是我们通常所说的全口径预算，只有全面的预算报告才是制定政策、权衡利弊的基础。政府预算如果不是包含所有财政资源，而是有一部分游离于预算控制和公众监督之外，很难实现真正的预算平衡。

全面的预算报告，应该囊括以下内容：（1）预算或相关文件应当包括各项收入与支出项目的细目说明；（2）财务绩效数据，包括绩效目标，应提交具体支出项目；（3）中期预算：预算报告应该对之后至少 2 个会计年度的收入和

支出发展情况进行预测；同时，本年度的预算草案应该体现之前预算案的预测结果，如果出现偏差，应当在预算案中作出解释；（4）决算与绩效：决算时要提供本年度预算案中的项目在过去一年中的实际收入和支出，以及绩效目标的实现情况也要与预算案中的绩效预测进行比较；（5）即使某些收入和支出项目是永久性的，也应该和其他年度项目一样计入预算报告；（6）支出应以总额的方式呈现，专项的收入和收费应该单独明确核算；（7）支出按照部门进行分类，依照经济和功能进行分类的支出也应该在报告中予以说明。

（二）预算的公开性与及时性

预算公开是预算透明度的核心和基础。预算公开包括预算资源的筹集、分配、使用及结果，实现预算全过程的公开。范本中对预算前报告、月度报告、中报、年终报告、选举前报告和长期报告分别进行了阐释。

1. 预算前报告

预算前报告用于促进对预算额度和预算资源分配的讨论，加强部门之间沟通，提高资源利用率。范本规定，预算前报告最迟应于预算提交前一个月公布。报告应该对政府的长期经济政策和财政政策目标进行说明，就收入、支出、预算赤字或盈余以及债务水平给出一般性的说明。

2. 月度报告

月度报告实时显示预算执行的进展情况，是决算报告的重要参考资料之一，应当在每月结束后 4 周内公布。月度报告包括每个月的收入和支出金额，以及年初至当月的收入和支出金额；月度报告内容应该与预算案中的预测金额进行比较，严重的违背或者分歧需要作出解释；此外，月度报告中还需要体现预算调整的内容，无论是支出项目的改变还是预算收入的延迟，任何对预算案中的预算调整都应当在月度报告中单独列出；月度报告中的支出按照部门进行分类，依照经济和功能进行分类的支出也应该在报告中予以说明；报告中还应当包括政府部门的借贷活动。

3. 中期报告

年度中期报告提供关于预算执行状况的更新信息，包括当前会计年度和至少未来 2 个会计年度预算预测更新。该报告应该在会计中期后 6 周内公布。中期报告应当审查预算所依据的经济假设，并解释预算变动所带来的相关影响，并披露任何可能会对预算产生实际影响的其他政府决定；此外，年中报告不同于月度报告的一个重要特点是，年中报告需要对政府的金融资产、负债、非金融资产、雇员养老支出及或有负债的存量进行披露。年中报告更像是企业的半年度“资产负债表”，它体现的是，在一个会计年度中期这个点上，年初至年中的资产负债存量情况，所以年中报告并不是 6 个月度报告之和。

4. 年终报告

年终报告，也就是我们通常意义上所指的决算报告。范本指出，年终报告是政府最主要的责任文件，应该由最高审计机构进行审计，并在会计年度结束后 6 个月内公布。年终报告内所有预算调整都应单独列示，年终报告的格式要与预算案的编制格式相对应，以方便将绩效结果和绩效目标进行比较，判断预算执行是否符合议会批准的收入和支出预算的水平。除了考察当年的预算执行情况外，还应当与上年同期预算结果进行比较。年终报告还需遵循一般预算报告的部分格式，如部门分类、单独列示等等。

5. 选举前报告

选举前夕，选举前报告披露政府财政的一般状态，使得选民对本届政府财务状况有所了解，并起到促进公众辩论的作用。制作选举前报告一般是根据宪法的规定和选举活动的可行性，该报告的公布时间最好不迟于选举前 2 周。选举前报告的内容与年中报告类似。

6. 长期报告

长期报告评估当前政府政策的可持续性，比如人口数量和结构变化对预算产生的影响。长期报告至少每 5 年或者当实质性收入或支出项目发生重大变化的时候，应当公布。在内容上，长期报告应当披露重要的经济假设及有重大影响的或有事项。

（三）预算的有效性

预算有效性要求政府部门通过预算报告或其他形式发布的预算信息，除了全面、及时之外，还必须是有效的数据信息。因此，预算的有效性主要用于约束报告内容细目。根据范本，OCED 国家在预算报告中披露的有效信息应当包括以下内容。

1. 经济假设

经济假设是预算决策的重要参考因素之一，预测失误可能使政府面临财政风险。预算报告应当对所有重要的经济假设都予以阐述，如 GDP 增长率、GDP 增长构成、失业率、经常账户、通货膨胀和利率（货币政策）等，并对重要经济假设可能对预算产生的影响进行敏感性分析。这种敏感性分析是从定量分析的角度测算经济假设的某一项因素发生变化时对预算收支的影响程度。其实质是通过逐一改变相关变量数值的方法来解释关键指标受这些因素变动影响大小的规律。

2. 税收成本支出

税收成本支出是特定税收活动的经济成本，也称税式支出。具体来说，是政府根据税法的规定，主动放弃部分税收收入，将其作为向特定纳税人提供的无偿性资助，是一种税收优惠政策。数额较大的税收成本支出应当作为预算报告的补充资料予以披露，将税收成本支出纳入一般性支出进行讨论。

3. 金融负债和金融资产

政府的金融负债和金融资产都要在预算报告中进行披露。月度报告中应当包括本月的借款活动，金融负债应当根据债务币种、偿还期限、利率等进行分类；金融资产应当按公允价值计量，依据资产形式分类，如现金、有价证券、持有到期投资、发放贷款等，对企业或其他实体的投资、贷款应当单独在报告中列示。违约历史、债务工具都应当重点披露，不论是政府债务违约还是政府发放的贷款没有按时收回；债务工具的形式有期货合同和掉期合约等。为判断利率和汇率变动对筹资成本的影响而进行的敏感性分析，也应该在预算报告中公布。

4. 非金融资产

非金融资产包括固定资产、不动产和流动资产等，范本指出政府应当采用权责发生制对非金融资产进行确定和计量。根据权责发生制会计的要求，对这些资产要进行估值并按照一定的会计手段进行折旧，体现了谨慎性的要求。同样的，估值和折旧方法也应当被披露。而对于那些没有采用权责发生制计量的政府，范本建议，应详实记录资产状态，并在预算报告、年中报告、年终报告中进行充分披露。

5. 公务员养老金费用

范本指出公务员养老金费用是公务员提供服务产生的权益和政府为这些权益支付的费用之间的差额，按照公允价值计量，也应该在预算报告、年中报告、年终报告中披露。公务员养老金费用的计算基础，如经济假设等也应当一并披露。

6. 或有负债

从会计的角度来看，或有事项体现的也是谨慎性要求。常见的或有负债包括政府贷款担保、政府保险计划及政府赔偿或补偿等。或有负债应该按照其性质分类，将其总量在预算报告、年中报告和年终报告中披露；对于不能量化的负债，应当在报告中列明并尽量详实地进行描述。

（四）预算的问责性

预算的问责性是全面性、公开性与及时性、有效性的“安全阀”，“有权必有责，用权受监督”是政府行政的一项基本原则。在范本中，预算的问责性主要从以下几个方面体现出来。

1. 会计制度披露

与企业会计的“四表一注”类似，公共会计中的会计制度概要也应该与预算报告一起披露，只有通过会计制度的披露，监督者才能了解政府在编制预算报告时所使用的会计决策基础，并接受可能产生的会计失误。政府应该保证所有的预算报告适用统一会计制度，以体现财政政策的稳定性要求；如果需要变更会计制度，则应该充分披露变更的原因及变更的性质，并对之前期间的报告内容进行调整，使变更前后的预算报告具有可比性。

2. 内部负责制

预算报告的编制机关应该设有包括内部审计在内的财务监督制度，保证披露的预算信息全面、完整。每一份预算报告应该包括财政部长及预算专门机构，如预算司负责人的负责声明，承诺并保证信息的全面、真实、有效，且已经尽到足够的提示义务。

3. 外部审计制

议会应该享有审议任何政府预算报告的权力和渠道。对于公民而言，财政部应该积极推进公民个人和非政府组织对预算监督过程的参与，保证预算报告公开，且免费获得。

五、结语

与欧盟对成员国的一体化财政约束相反，OECD 重视国家之间政治、经济发展水平的不同，采用“范本”“建议书”的形式向成员国提供建议，允许各国之间采取适合自己的预算制度。这些文件对预算制度进行了学理上的阐述，是国际组织学者或官员们的研究成果，致力于展现给成员国或非成员国，何为良性的预算制度，以及如何在国家范围内推进绩效预算改革。在本文所提到的两份文本之前，OECD 也发布过类似的文件，这些文本之间不存在替代关系，之前的原则性文件是对于预算制度基础理论的阐释，《预算治理建议书》是 OECD 最新的研究成果，体现了较高的制度要求。因为透明度对预算制度的重要性，所以 OECD 将如何提高透明度作为范本发布。今后，OECD 还可能在预算制度的其他方面颁布新的范本，适应经济、政治制度新的发展变化。

OECD 试图传递给成员国的基本原则是：预算不仅仅是中央政府的职责，

虽然国家之间各级政府的任务、自治水平不同，但预算管理同样要求各级政府的参与，预算制度和程序应该在各级政府之间协调、连贯、一致，政府有责任促进公民对预算管理的知情讨论。

OECD给出的具体建议包括如何发挥预算管理的工具作用，通过预算管理巩固财政政策；政府应该以更加长远的眼光筹划中期、长期的预算编制。采取有效方式充分发挥中期支出框架的潜在作用，而不是仅仅局限于下一财政年度的经济状况；在中央层面，要形成以财政部为中心，各中央政府部门之间相互交流沟通的密切工作关系。在中央与地方层面，要协调好中央与地方的关系；预算资本化比较高的一些国家应该重视资本预算编制的程序和内容，对投资决策的评价应该独立于融资机制，资本预算编制更加强调审慎性和长期性；预算报告应该向公民、利益相关者和社会各界充分、及时、定期公开。OECD强调预算报告的可读性，指出预算报告不应该是预算数据的组合，应该对预算数据的来源、会计方法、经济假设等进行阐释，保证公开的预算报告中应该附有预算摘要，以及对政策制定、审议和辩论等关键阶段的说明；强调预算辩论的重要性，在事前和事后都应该进行辩论，通过有效辩论，在各级政府之间、同级政府的不同部门之间、行政机构与立法机构、政府与公民之间建立起有效沟通；预算文件全面、真实、准确，对预算外资金的预算文件也进行公开，即使是那些不需要经过立法机关审批的预算，也要作为预算辅助性或补充性文件进行公开；积极规划、管理和监督预算；提高预算支出管理水平，优化资金配置组合，提高预算资金利用效率。绩效评价的信息可以作为对下一财政年度进行目标设定的资料来源，使跨越年度的信息之间具有可比性，这也有助于公民社会对政府绩效进行评价和监督；增强预算弹性，减轻财政风险，促进公共财政的稳定发展。对于可能发生的财政风险，应当在预算报告中进行披露，对财政风险应该尽可能地定性、定量、分类、说明；确保审计的独立性，外部审计机关必须独立于行政机关和立法机关，在人事安排和财政来源上都要与一般机构有所区别，充分发挥内部审计机构在提高政府机构预算质量和财务管理水平上的保障作用。

因为透明度对于预算制度的重要性，OECD发布《OECD政府预算透明度最优实践》，阐释如何提高预算透明度的范本，以供成员国参考。该范本包括预算报告、信息披露和预算监督三个方面的内容，从全面性、公开性、及时性、有效性和问责性五个角度进行了阐释。

预算是政府的关键性政策文件，它应当是全面的，涵盖所有的政府收入和支出，只有全面的预算报告才是制定政策、权衡利弊的基础。政府预算如果不是包含所有财政资源，而是有一部分游离于预算控制和公众监督之外，很难实现真正的预算平衡。预算公开是预算透明度的核心和基础。预算公开包括预算资源的筹集、分配、使用及结果，实现预算全过程的公开。范本中对预算前报告、月度报告、中报、年终报告、选举前报告和长期报告分别进行了阐释。预算有效性要求政府部门通过预算报告或其他形式发布的预算信息，除了全面、及时之外，还必须是有效的数据信息。因此，预算的有效性主要用于约束报告内容细目。根据范本，OCED国家在预算报告中披露的有效信息应当包括经济假设、税收成本支出、金融负债和金融资产、非金融资产公务员、养老金费用和或有负债。预算的问责性是全面性、公开性与及时性、有效性的“安全阀”，“有权必有责，用权受监督”是政府行政的一项基本原则。在范本中，预算的问责性主要从会计制度披露、内部负责制、外部审计制几个方面体现出来。

第十四章

NGO 的预算透明度调查方法

——以国际预算合作组织为例

国际预算合作组织[1]（International Budget Partnership，简称 IBP）是一个非政府间的专门性国际组织，在世界范围内开展预算公开化调查，通过问卷方式将国家预算透明状况量化。2006 年，IBP 公布了第一个关于预算透明度和公信力的独立性、比较性调查报告——《预算公开调查》（Open Budget Survey，以下简称 OBS），OBS 包括三个部分：预算文件的公开性、预算过程的参与性和正式机构（包括立法机关和最高审计机关）的监督力度。OBS 中的大部分问题是从预算实践得出答案，而非直接来源于法律的规定，以最大限度地减少法律执行带来的误差。OBS 是对问题进行打分后，得出一个预算公开指数（Open Budget Index，简称 OBI），指数越大，说明该国预算透明度越高。

IBP 根据公认的公共财政管理良好实践准则，通过衡量所有国家在预算过程中都应公布的八项重要预算文件的内容和及时性来评估预算信息的可用性。许多准则都源自多边国际组织，如国际货币基金组织的（IMF）的《财政透明度良好实践准则》，《公共支出与财政责任倡议》，经济合作与发展组织（OECD）的《政府预算透明度最优实践》与最高审计机关国际组织的《最高审计规则方针利马宣言》。上述指导方针的优势在于其对不同收入水平、不同

① 网址 http://www.internationalbudget.org/。

预算制度国家的普遍适用性。

本书以 2015 年 IBP 的预算公开调查问卷为例，展示 OBI 是如何被计算出来的。

一、评分机制

在 OBS 发布之前的 18 个月里，IBP 与来自 102 个国家的民间社会组织合作完成了 2015 年公开预算调查。上述 102 个国家来自不同地区且拥有不同收入水平。2015 年公开预算调查为第五轮调查，前四轮分别于 2006 年、2008 年、2010 年与 2012 年完成。调查通常每两年进行一次。2012 年之后，IBP 因改进调查问卷内容、采用新的在线平台收集调查结果而延迟了最近一轮调查。

每个国家的调查结果都基于一份调查问卷，该问卷包含 140 个问题，由研究人员根据被调查国家的现状完成。负责完成问卷的研究人员几乎都来自有关预算问题的学术机构或民间组织。虽然各研究小组的工作任务与关注领域各不相同，但是他们有着共同的目标，即推动透明、交互式的预算实践发展。

大部分调查问题要求研究人员从五个选项中选出一个最合适的答案。选项“a”或“b”为优秀或良好的预算实践，“a”指达到甚至超过全部标准，“b”指达到各标准最基础的要求。选项“c”指为达到相关标准已尽到最低程度的努力，“d”指标准完全没有达到。选项“e”指标准不适用，如询问 OECD 国家接受的外国援助。此外，部分特定问题仅有三个选项：“a”（达到标准），“b”（未达到标准）及“c”（标准不适用）。

问卷填写完成后即进入评分阶段。含五个选项的，选项“a”合 100 分，选项“b”合 67 分，选项“c”合 33 分，选项“d”合 0 分，选项“e”不计入总分。含三个选项的，选项“a”合 100 分，选项“b”合 0 分，选项“c”不计入总分。

二、研究过程

研究人员自2014年5月开始收集数据并于同年6月底完成对国家的问卷调查。因此，2015年公开预算调查仅评价发生于2014年6月30日之前的事件、活动、发展，此后发生的事件不在2015年的调查结果中列出。

调查问卷的每个答案均有证据支持，包括引用的预算文件、国家法律，以及对政府官员、立法者或国家预算程序专家的采访。在调查过程中，IBP工作人员协助研究人员遵从调查问题填写方法。完成问卷后3到6个月内，IBP工作人员将与各研究人员单独分析、讨论收到的每份问卷。IBP尽力确保回答问卷问题的方法在被调查国内部和各被调查国家之间保持一致。这些答案还将通过查阅国际组织如国际货币基金组织、世界银行、OECD发布的预算文件、财政透明度报告等进行交叉检验。

每份调查问卷都交由通晓被调查国预算制度的匿名审查员进行同行审查（peer review）。在咨询了其他研究机构的意见后，IBP决定邀请被调查国政府对调查结果初稿进行评议。IBP尽最大努力鼓励各国政府进行评议，对许多没有回应IBP邀请信函的政府，IBP都尝试了五到六次单独进行联系。在IBP接触的98国政府中，53国对本国调查结果进行了评论。这些评论可见于相关调查问卷中。①

IBP也对同行审查评议进行审查，以确保其符合研究方法，不符合标准的评议已经被删除。研究人员对同行评议与政府评价作出回应，IBP也将对有争议的答案进行再次审查，确保各个国家选择答案时采用统一的标准。

三、公开预算指数

根据109个评估预算信息公开性的问卷问题答案，取其对应分值的简单

---

① 调查问卷见 www.openbudgetsurvey.org。

平均数，公开预算指数对各国的评分为 0 到 100 分之间，以此评估各国预算信息的可用性。公开预算指数的分数反映了被调查国家八项关键预算文件公开的及时性与全面性。

衡量预算构成中预算信息公开的及时性			
预算文件	公开文件的最后期限	2015 年调查的问题序号	该文件相关的问题数量
预算前声明	应当在行政预算提案提交立法机关予以审议前一个月公开	54-58, 表 3- 预算前声明	6
行政预算提案及相关文件	应当在立法机关审议期间并在通过前予以公开。任何情况下在立法机关通过后公开的提案不应视为公共可用。	1-53 表 3- 行政预算提案	54
生效预算案	应当不晚于立法机关通过后三个月内予以公开。	59-63, 表 3- 生效预算案	6
公民预算案	应当与其基础文件同期公开。例如，为行政预算提案做出的公民预算案应在立法机关审计期间并在通过前予以公开。	64-67	4
期间报告	应在报告期结束后三个月内予以公开。	68-75, 表 3- 年中报告	9
半年审查	应在报告期结束后三个月内予以公开。	76-83, 表 3- 半年审查	9
年终报告	应在财政年度（报告期）结束后十二个月内予以公开。	84-96, 表 3- 年终报告	14
审计报告	应在财政年度（报告期）结束后十八个月内予以公开。	97-102, Table 3- 审计报告	7

除了评估八项关键预算文件的 102 个问题以外，调查问卷的表 3 中的问题也涉及上述八项文件的七项文件内容。这些问题以文件首字母缩写标示。例如，“表 3- 预算前报告”是指表 3 中关于预算前报告的问题。

四、监督力度与公众参与度

问卷中剩余的31个问题则用于评估预算程序中的公众参与以及立法机关、最高审计机关的监督能力。为衡量公共参与预算决策制定及参与程度的大小及立法机关与最高审计机关的监督力度，针对每个主体的问题分值被平均分别计算。因此每个区域内的公众参与、立法机关、最高审计机关各有独立评分。

与公开预算指数相比，这些评估的综合性较弱（每个区域内问卷问题较少），因此不是对国家公众参与、立法机关、最高审计机关的详细评估，而仅是参考性意见。

评估监管角色及其实践		
衡量指标	2015 调查中相关问题序号	问题数量
预算程序公众参与性	114, 119-133	16
立法机关力度	103-113	11
最高审计机关力度	115-118	4

五、计算方法

上文中已经提到，每个国家的2015年公开预算指数通过109个调查问题的答案分值计算得出。尽管针对八项关键预算文件的问题数量各不相同，但公开预算指数是109个问题答案分值的简单平均数。在计算公开预算指数时，加权平均数并不适用。

尽管调查适用简单平均数进行计算，但事实上特定预算文件会占较高权重。109个问题中的54个问题评估的是行政预算提案的可用性及全面性，是被调查国家整体公开预算指数中的决定性因素。与之相反，公民预算案与生效预算案分别仅占 4 个、6 个问题。

IBP 指出这种隐含的加权是正当的。从公民社会的角度来看，行政预算提案是最重要的预算文件，因为其确定了政府的预算政策目标及下一年度的预算计划。该文件主要提供无法从其他文件中获取的详细政府财政信息。在预算提案通过前获取这些信息并作为贯穿全年的信息来源对于公民和社会各界理解、参与预算非常关键。

六、结语

作为独立的第三方非盈利机构，国际预算合作组织的调查报告对于各国预算公开程度通过排名的方式，向我们传达出另一个观察预算制度的视角：通过预算透明度的量化分析，找出预算公开程序中的薄弱之处，督促预算制度的完善。

OBS 是关于预算透明度和公信力的独立性调查报告，源自非政府间的专门性国际组织——IBP（国际预算合作组织）。IBP 在世界范围内开展预算公开化调查，通过问卷方式将国家预算透明状况量化。OBS 包括三个部分：预算文件的公开性、预算过程的参与性和正式机构（包括立法机关和最高审计机关）的监督力度。OBS 中的大部分问题是从预算实践得出答案，而非直接来源于法律的规定，以最大限度地减少法律执行带来的误差。OBS 是对问题进行打分后，得出一个预算公开指数（Open Budget Index，简称 OBI），指数越大，说明该国预算透明度越高。IBS 根据公认的公共财政管理良好实践准则，通过衡量所有国家在预算过程中都应公布的八项重要预算文件的内容和及时性来评估预算信息的可用性。每个国家的调查结果都基于一份调查问卷，该问卷包含 140 个问题，由研究人员根据被调查国家的现状完成。负责完成问卷的研究人员几乎都来自有关预算问题的学术机构或民间组织。调查问卷的每个答案均有证据支持，包括引用的预算文件、国家法律，以及对政府官员、立法者或国家预算程序专家的采访。这些答案还将通过查阅国际组织如国际货币基金组织、世界银行、OECD 发布的预算文件、财政透明度报告等进行交叉检验。尽管调查适用简单平均数进行计算，但事实上特定预算文件会占较高权重。也就是说，OBS 默认了不同文件在预算过程中的不同权重。

附件：2015 年公开预算指数排名

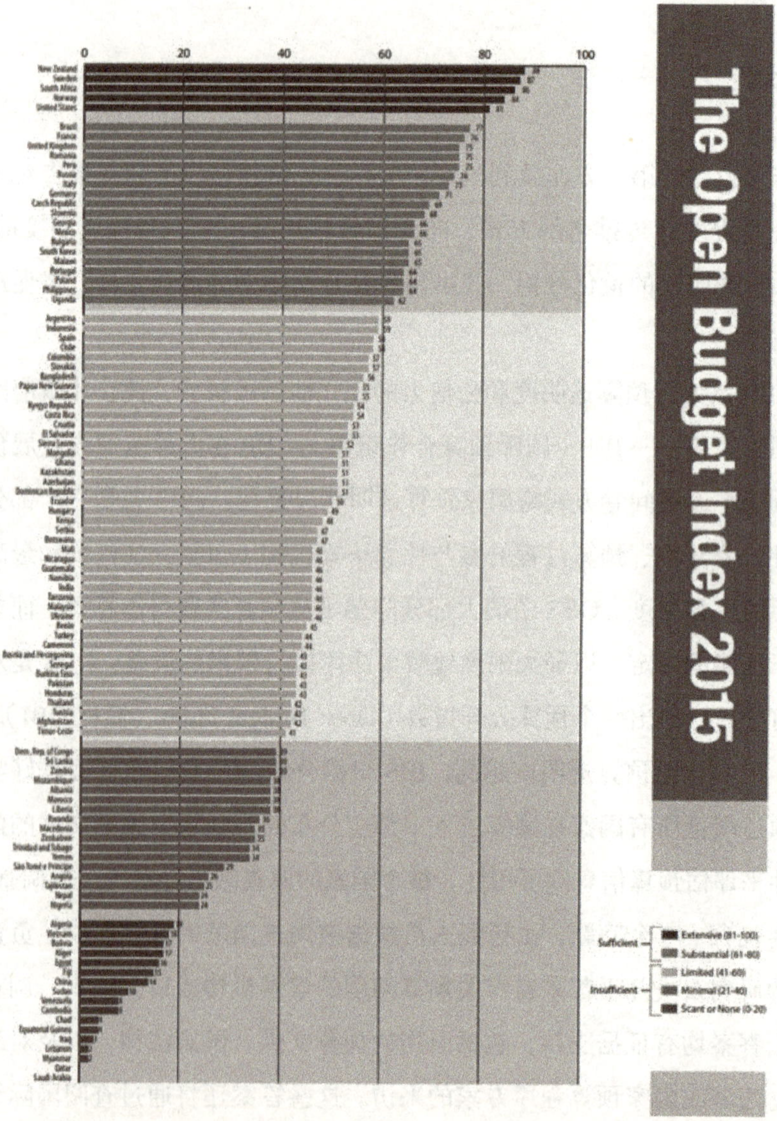

图书在版编目（CIP）数据

预算法律问题国别研究 / 傅宏宇，张明媚著. —北京：中国法制出版社，2017.5

ISBN 978-7-5093-8514-2

Ⅰ. ①预… Ⅱ. ①傅… ②张… Ⅲ. ①预算法—研究—世界 Ⅳ. ① D912.204

中国版本图书馆 CIP 数据核字（2017）第 092079 号

策划编辑 / 责任编辑 马金风 (editormjf@163. com) 封面设计 李 宁

预算法律问题国别研究

YUSUAN FALÜWENTI GUOBIEYANJIU

著者 / 傅宏宇 张明媚

经销 / 新华书店

印刷 / 北京京华虎彩印刷有限公司

开本 / 710 毫米 ×1000 毫米 16 开 印张 / 19.5 字数 / 278 千

版次 / 2017 年 5 月第 1 版 2017 年 5 月第 1 次印刷

中国法制出版社出版

书号 ISBN 978-7-5093-8514-2 定价：65.00 元

北京西单横二条 2 号 值班电话：010-66026508

邮政编码：100031 传真：010-66031119

网址：http://www.zgfzs.com **编辑部电话：010-66070046**

市场营销部电话：010-66033393 **邮购部电话：010-66033288**

（如有印装质量问题，请与本社编务印务管理部联系调换。电话：010-66032926）